KB269912

공동 서신·요한계시록 강의

공동 서신·요한계시록 강의

공동 서신·요한계시록 강의

지은이 | 양진일
초판 발행 | 2025.9.25

등록번호 | 제 2022-000023호
펴낸이 | 이현걸
펴낸곳 | 미션앤컬처

주소 | 서울시 동작구 여의대방로 22길 121
전화 | 02-877-5613 / 010-3539-3613
팩스 | 02-877-5613
E-mail | missionlhg@naver.com

표지 디자인 | 이시우
내지 디자인 | 정영수
인쇄 | (주)한솔에이팩스

책 값은 뒤표지에 있습니다.
ISBN 979-11-993626-5-9

공동 서신 · 요한계시록 강의

가을은 그 이름만으로도 사람을 기분 좋게 합니다. 시원한 바람을 벗 삼아 기도하기에도 좋고 책을 읽기에도 좋은 계절입니다. 여름과 겨울이라는 극과 극을 연결하는 중용의 시간인 이 가을에 「공동 서신·요한계시록 강의」를 출간하게 된 것을 기쁘게 생각합니다.

신약 성경 27권 가운데 21권이 서신서입니다. 그래서 신약을 '편지들의 책'이라고 부르기도 합니다. 서신서는 바울의 편지를 앞에 배치하였고 예루살렘 교회의 지도자들인 야고보, 베드로, 요한, 유다의 편지를 뒤에 배치하였습니다. 예루살렘 교회의 지도자들이 쓴 편지를 공동 서신이라고 부릅니다. 공동 서신은 수신자가 공동이라는 말입니다. 하나님의 백성이자 예수의 제자인 누구라도 읽기를 기대하는 마음으로 쓰여진 편지입니다. 하나님의 백성이자 예수의 제자임을 고백하는 사람이라면 자신에게 보내어진 편지라는 마음으로 열심히 공동 서신을 읽어야만 합니다.

바울의 편지를 받았던 사람들은 대부분이 초신자였습니다. 오랜 세월 이방의 신들을 섬기다가 하나님과 예수 그리스도를 자기 인생의 주인으로 고백하며 신앙의 대전환을 이룬 사람들입니다. 그러나 공동 서신의 수신자들은 오랜 세월 하나님을 믿어왔지만 예수 그리스도를 통해 전달된 새로운 계시를 받아들이며 신앙의 성장과 성숙을 경험해야 할 사람들이 주 대상들이었습니다. 오랜 세월 한국 교회는 바울 서신에 대해서는 깊은 사랑과 애정을 드러냈지만 공동 서신에 대해서는 무관심했습니다. 이제부터는 공동 서신에 대한 제대로된 공부를 통하여 신앙의 성장과 성숙을 맛보아야 합니다.

요한계시록은 하나님의 궁극적인 승리를 선포하며 세속의 물결에 휩쓸리지 말 것을 권고하는 본문입니다. 요한계시록을 단순히 마지막 종말의 때와 연관된 책으로만 이해해서는 안 됩니다. 모든 시대 모든 신앙인들이 취해야 할 자세가 무엇인지를 요한계시록을 통해 온전히 깨달을 수 있습니다. 오늘 우리 시대를 향한 하나님의 가장 적합한 계시라는 마음으로 요한계시록도 함께 살펴보면 좋겠습니다.

이번에 출간하는 책을 포함하여 3년 동안 12권의 책을 썼습니다. 구약과 신약의 개론서인 「구약성경, 책별로 만나다」, 「신약성경, 책별로 만나다」를 시작으로 구약의 각 장르에 해당하는 「모세오경 강의」, 「역사서 강의」, 「시가서 강의」, 「예언서 강의」를 냈습니다. 그리고 구약에 대한 다양한 질문들에 답한 「백문백답 I」과 「백문백답 II」가 나왔습니다. 신약의 각 장르인 「복음서 강의」, 「사도행전 강의」, 「바울 서신 강의」를 출간하였고 이번에 「공동 서신·요한계시록 강의」를 마지막으로 장르별 출간을 완료하게 되었습니다. 책이 출간될 때마다 뜨겁게 격려해주시고 축하해주신 모든 분들께 진심으로 감사드립니다.

언제나 그러하듯 많은 분들에게 은혜의 빚을 지고 살아갑니다. 그분들에게 머리 숙여 감사를 표합니다. 길벗 모임을 통해 저의 성경 연구를 지속적으로 격려해주시고 응원해주시는 길벗님들, 허심탄회하게 속마음을 나눌 수 있는 친구들, 저의 성경 선생이신 김회권 교수님, 저를 초대해주셔서 말씀을 나눌 수 있도록 기회를 주신 목사님들, 정성스레 책을 만들어주고 계신 친구 이현걸 목사님, 멋진 신앙의 걸음을 내딛어가고 있는 공동체 식구들, 무엇보다 신앙의 기쁨을 어린 시절부터 깨닫게 해주신 사랑하는 어머니에게 이 책을 바칩니다. 무익한 자를 사용하셔서 당신의 일을 행하시는 하나님께 이 모든 영광을 올려드립니다.

2025년 9월 25일
양진일 목사

히브리서 I

신약 성경은 총 27권의 본문이 있는데 그 가운데 21권이 서신서입니다. 그런데 21개의 서신서가 배치된 순서를 보면 바울 서신이 제일 앞에 그다음에 히브리서가 중간에 마지막에 공동 서신이 위치하고 있습니다. 바울 서신 중에서는 교회에게 보낸 편지가 앞에 개인에게 보낸 편지가 뒤에 위치하고 있습니다. 로마서부터 데살로니가후서까지는 교회에 보낸 편지이고 디모데전서부터 빌레몬서까지는 개인에게 보낸 편지입니다. 바울의 편지는 특정 교회와 개인에게 보낸 것인데 공동 서신은 수신자들이 공동입니다. 하나님의 백성 가운데 누가 읽어도 상관이 없습니다. 공동 서신의 저자들은 모두가 예루살렘 교회 지도자들입니다. 즉 서신서는 바울 서신을 앞에 예루살렘 교회 지도자들의 편지를 뒤에 배치하고 있습니다. 그 중간에는 저자가 누구인지 정확하게 알 수 없는 히브리서를 배치하고 있습니다. 서신서의 배치 순서를 정리해보면 바울 서신이 제일 앞에 저자가 누구인지 알 수 없는 히브리서가 중간에 예루살렘 교회 지도자들의 편지인 공동 서신이 뒤에 있다고 이해하시면 되겠습니다.

바울은 여러 교회와 개인에게 편지를 보냈습니다. 그렇다면 여러 교회에 보낸 편지가 왜 로마서부터 시작해서 데살로니가후서 순서로 배치되었을까요? 서신을 배치할 때 중요한 원칙이 있습니다. 서신들의 배치 순서는 분량이 많을수록 앞에 배치했다는 것입니다. 그래서 로마서부터 데살로니가후서 순서로 배치되어 있습니다. 또한 한 교회에 여러 개의 편지를 보냈을 경우에는 전서가 후서보다 분량이 많습니다. 요한서신과 같이 요한일서, 이서, 삼서가 있을 경우에는 분량이 긴 것이 요한일서 그다음이 이서 제일 분량이 작은 것이 삼서가 됩니다. 즉 요한일서가 이서보다 길고 이서가 삼서보다 분량이 많습니다. 그렇다면 고린도전서와 후서 가운데 어떤 것이 분량이 많겠습니까? 전서입니다. 분량 순서로 서신이 배치되었다는 것을 기억하시면 좋겠습니다.

공동 서신에서 공동은 수신자들이 공동이라는 의미입니다. 바울 서신의 중요한 특징은 특정한 교회와 개인에게 보낸 편지라는 것입니다. 오늘날에는 신앙인들이 바울이 보낸 다양한 편지들을 읽고 있습니다. 그러나 바울이 직접 편지를 작성했던 그때 거기에서는 바울이 보낸 편지는 그 편지를 수신해야 할 교회에게 일차적 의미를 갖는 것이었습니다. 우리가 바울 서신을 공부할 때 강조했던 것이 무엇입니까? 바울 서신의 중요한 특징은 상황 서신이라는 것입니다. 바울이 그러한 내용을 쓸 수밖에 없는 상황이 먼저 있었던 것입니다. 일차적으로 로마 교회에 보내려고 했던 편지가 에베소 교회로 배달되면 안 되는 것이고 에베소 교회에 보내려고 했던 편지가 고린도 교회에 배달되면 안 되는 것입니다. 바울의 편지는 상황 서신이기 때문에 바울이 염두에 두었던 바로 그 교회와 그 개인이 수신해야만 하는 것입니다. 그런데 공동 서신은 그렇지 않습니다. 공동 서신이라고 할 때 공동이라는 말은 수신자가 공동이라는 것입니다. 하나님의 백성, 예수 제자 중 누구나 읽어도 상관없는, 문제가 되지 않는 편지가 바로 공동 서신입니다. 이 공동 서신을 썼던 사람들은 하나같이 예루살렘 교회의 지도자들입니다. 야고보, 베드로, 요한, 유다 모두가 예루살렘 교회의 지도자들입니다. 그렇다면 왜 야고보서, 베드로전후서, 요한일서, 이서, 삼서, 유다서 순서로 배치되었을까요?

큰 틀에서 보면 공동 서신은 예수님의 동생들인 야고보의 편지로 시작해서 유다의 편지로 마무리하고 있습니다. 그러면 왜 야고보, 베드로, 요한의 순서로 공동 서신이 배치되었을까요? 갈라디아서 2장 9절에 보면 바울은 다메섹 회심 사건 이후 17년 만에 예루살렘 교회로부터 사도성을 인정받게 됩니다. 그때 바울과 교제하며 악수한 예루살렘 교회 지도자들의 이름이 명시되어 있는데 그 순서가 야고보, 베드로, 요한입니다. 그런데 공동 서신을 보면 정확하게 이 순서대로 그들이 쓴 서신들이 배치되어 있습니다. 야고보서, 베드로전후서, 요한일서, 이서, 삼서 순서입니다. 학자들은 이 순서를 두 가지로 이해합니다. 하나는 예루살렘 교회 안에서의 권위의 순서로 보는 것이고 다른 하나는 나이 순서로 보는 것입니다. 둘 다 타당한 견해로 보입니다. 야고보는 예루살렘 교회의 최고 지도자였고 그다음이 베드로 그다음이 요한입니다. 그리고 실제 나이도 이 순서입니다. 갈라디아서 2장 9절에 나오는 순서가 권위의 순서일 수도 있고 나이 순서일 수도 있습니다. 재미있는 것은 갈라디아서 2장 9절에 기술된 그 서열 순서대로 공동 서신도 배치되어 있다는 것입니다.

　마태복음부터 요한계시록까지 신약의 27권의 목록이 정경으로 확정된 것은 397년의 카르타고 종교 회의입니다. 신약 성경은 4권의 복음서, 1권의 역사서, 21권의 서신서, 1권의 묵시록의 순서로 배치되어 있습니다. 이 순서는 본문이 쓰인 순서가 아닙니다. 쓰인 순서로는 바울 서신이 복음서보다 앞섭니다. 신약은 구약의 장르 배치 순서를 따른 것입니다. 구약이 율법서, 역사서, 시가서, 예언서로 배치된 것처럼 신약도 복음서, 역사서, 서신서, 묵시록의 순서로 배치되었습니다. 이렇게 신약 27권이 정경으로 확정된 것은 397년입니다. 그런데 주목해야 할 문헌이 하나 있습니다. 397년보다 정확하게 30년 빠른 367년에 아타나시우스라는 교회 지도자가 남긴 편지가 있습니다. 이 편지에 아타나시우스는 하나님의 영감으로 기술된 신약 성경을 27권으로 명시하고 있는데 그것이 397년에 확정된 성경 본문과 동일하다는 것입니다. 아타나시우스의 편지에 신약 27권의 목록 순서는 장르별로 복음서, 역사서, 서신서, 묵시록으로 동일합니다. 그런데 중요한 차이가 하나 있습니다. 아타나시우스의 목록에는 서신서의 배치 순서에서 공동 서신이 앞에 나오고 바울 서신이 뒤에 배치되어 있다는 것입니다. 즉 사도행전 다음에 서신서가 나오는데 제일 먼저 나오는 본문이 공동 서신인 야고보서입니다. 야고보서 다음에 베드로 전후서, 요한일서, 이서, 삼서, 유다서가 나오고 그다음에 로마서가 나옵니다.

　신약 성경 27권이 정경으로 최종 확정된 것은 397년입니다. 그런데 367년 아타나시우스의 편지에 27권의 목록이 그대로 기술되어 있습니다. 4권의 복음서, 1권의 역사서, 21권의 서신서, 1권의 묵시록의 순서도 그대로입니다. 그런데 서신서의 배치에 있어서 공동 서신이 바울 서신보다 앞에 배치되어 있습니다. 그래서 사도행전 다음에 야고보서를 시작으로 공동 서신이 먼저 나오고 뒤에 바울 서신이 배치되어 있습니다. 그리고 히브리서를 바울 서신에 포함시켜 바울이 쓴 편지가 총 14권입니다. 그런데 30년이 지난 397년에 열린 카르타고 종교 회의에서 아타나시우스의 편지에 나와 있던 27권의 목록이 그대로 정경으로 확정되었는데 중요한 차이는 역사서인 사도행전 다음에 서신서를 배치한 것은 동일한데 공동 서신이 아닌 바울 서신이 앞에 배치되었다는 것입니다. 바울 서신 다음에 저자가 누구인지 알 수 없는 히브리서를 중간에 마지막에 예루살렘 교회 지도자들의 편지인 공동 서신을 배치한 것입니다.

이처럼 아타나시우스의 편지가 쓰인 367년과 카르타고 종교 회의가 열린 397년 사이에 중요한 변화가 있었음을 알 수 있습니다. 신약 27권을 정경으로 확정할 때 당시 교회에서 바울의 권위가 예루살렘 교회 지도자들의 권위보다 더 중시되어졌다는 것입니다. 그렇다면 어떻게 바울의 권위가 예루살렘 교회 지도자들의 권위보다 더 우위에 있게 된 것일까요? 크게 두 가지 이유를 주목해야 합니다. 첫째는 당시 초대 교회는 로마로부터 300년 동안 엄청난 박해를 받았습니다. 그래서 박해의 시기에 배교한 사람들이 많았습니다. 그런데 로마로부터 초대 교회가 300년 이상 박해를 받았다고 할 때 300년 동안 계속 박해를 받은 것은 아닙니다. 약 3년 정도 박해를 받다가 20

년 동안은 평화의 시대가 도래했고 그러다가 다시 2년 정도 심한 박해를 받았습니다. 그러니까 박해와 평화가 교차적으로 일어난 것입니다. 그런데 박해의 시기에 배교했다가 평화의 시대가 도래하면 배교했던 사람들 가운데 상당수가 다시 교회로 돌아오고자 했습니다. 그런데 이런 사람들을 부담스럽게 하는 말씀이 공동 서신에 많은 반면 상대적으로 배교했던 사람들을 위로해 주는 말씀이 바울 서신에 많았습니다. 과거에 어떤 삶을 살았건 간에 예수를 구원자로 믿는 믿음이 있다면 구원받을 수 있음을 말해주는 말씀들이 바울 서신에 많았습니다. 즉 배교 이후에 교회로 다시 들어온 사람들이 많은 상황에서 공동 서신을 말하는 것은 쉽지 않았고 상대적으로 믿음으로 구원받는다는 것을 강조하는 바울 서신에 대한 선호가 초대 교회에 강력해지기 시작했습니다. 그래서 397년에는 예루살렘 교회 지도자들의 권위보다 바울의 권위가 더 중시되었던 것입니다. 특히 392년 로마가 기독교를 국교로 선포합니다. 박해받던 종교인 기독교가 이제는 박해하는 종교가 되었습니다. 황제를 비롯한 모든 사람들은 의무적으로 기독교 신앙을 가져야 하는 상황이 도래하게 된 것입니다. 이런 상황에서 행함을 강조하는 공동 서신보다 믿음을 강조하는 바울 서신이 더욱 강조되었습니다.

둘째는 보편적 교회가 바울 서신을 더 좋아했다는 것입니다. 신약 정경이 채택됨에 있어서 중요한 기준 가운데 하나가 보편적 교회로부터의 승인이었습니다. 얼마나 많은 교회가 그 본문을 영감 받은 하나님의 말씀으로 인정하고 있는가 하는 것이 정경 채택에 있어서 아주 중요했습니다. 이런 기준에 근거할 때 예루살렘 교회 지도자들은 불리할 수밖에 없었습니다. 초대 교회 당시에 이방에 많은 교회들이 세워지게 됩니다. 이방에 세워진 교회들은 예루살렘 교회 지도자들보다 이방인의 사도였던 바울을 중시할 수밖에 없었습니다. 자연스럽게 신약 정경이 채택될 때도 많은 이방의 교회들은 바울의 편지를 공동 서신보다 더 중시했던 것입니다.

이상에서 두 가지 이유를 주목해야 합니다. 하나는 로마 박해 때 신앙을 배교했던 사람들이 다시 교회로 돌아옴에 있어서 믿음의 행동을 강조하는 공동 서신은 그들을 부담스럽게 만들었습니다. 그러나 바울이 말하는 이신칭의는 그들을 다시 신앙의 세계로 들어오게 만들었습니다. 특히 392년에 기독교가 로마의 국교가 되면서 많은 사람들이 교회로 들어오게 되었고 자연스럽게 믿음으로 구원받음을 강조하는 바울 서신을 더욱 선호하게 되었습니다. 다른 하나는 얼마나 많은 교회로부터 그 본문이 하나님의 영감 받은 말씀으로 인정을 받았는가 할 때 이방 교회의 절대적인 지지를 바울이 받았다는 것입니다. 이런 이유로 367년의 아타나시우스의 편지에는 예루살렘 교회 지도자들의 편지가 바울 서신보다 앞에 배치되었지만 397년에는 바울의 편지가 앞에 배치되고 예루살렘 교회 지도자들의 편지는 뒤에 배치되게 됩니다. 이후 교회 역사에서도 바울 서신은 공동 서신보다 더욱 사랑받게 됩니다. 믿음의 행위를 강조하는 공동 서신에 대해서는 신앙인들 대부분이 부담스러워 합니다. 그들이 선호하는 이신칭의 교리가 나오지 않는다는 것도 공동 서신을 멀리하게 된 주요 이유 가운데 하나라고 할 수 있습니다. 그래서 기독교 역사 내내 공동 서신은 바울 서신에 비해서 상대적으로 무시되거나 덜 사랑받았음을 볼 수 있습니다.

바울 서신과 공동 서신에는 어떤 차이가 있을까요? 바울은 초신자들을 대상으로 목회했습니다. 반면 예루살렘 교회는 오랜 시간 하나님을 믿어왔던 신앙인들을 대상으로 목회했습니다. 자연스럽게 그들을 교육했던 신앙의 내용들이 상이할 수밖에 없었습니다. 바울은 주로 어떤 사람들에게 복음을 전하고 어떤 사람들과 교회를 세웠습니까? 오랜 세월 이방의 신들을 섬기다가 이제는 하나님과 예수 그리스도를 믿고자 하는 사람들을 대상으로 복음을 전했습니다. 바울이 목회했던 대상은 초신자들이었습니다. 그런데 예루살렘 교회 지도자들이 목회했던 대상은 신앙의 초보자들이 아니었습니다. 예루살렘 교인들 대다수는 어린 시절부터 할례를 받고 음식 정결법을 지키고 절기를 준수했던 사람들이었습니다. 그들은 오랜 세월 유대교 신앙 안에 머물러 있다가 예수가 그리스도이심을 믿고 초대 교회로 개종한 사람들입니다.

바울이 목회했던 이방 교회 구성원들과 예루살렘 교회 지도자들이 목회했던 예루살렘 교회의 교인들은 전혀 상이한 존재들입니다. 예루살렘 교회에 있었던 사람들은 태어날 때부터 하나님과 관계를 맺은 사람들이고 삶의 중간에 예수가 그리스도이심을 고백하면서 초대 교회로 개종한 사람들입니다. 이들은 신앙의 연륜이 보통 깊은 것이 아닙니다. 그러나 바울이 목회했던 사람들은 오랜 세월 이방의 신들을 섬기다가 최근에 회심한 사람들입니다. 바울은 신앙 안에서 영적 어린아이들을 대상으로 목회한 것입니다. 자연스럽게 목회의 대상이 달랐기 때문에 바울 서신과 공동 서신은 표면적으로 보게 되면 상이한 주장들이 많이 등장합니다. 이렇게 상이한 주장들이 나올 수밖에 없는 이유는 그들이 목회했던 대상들이 전혀 다른 존재였기 때문입니다. 바울은 주로 초신자들을 대상으로 목회한 것이고 공동 서신의 저자들은 하나님을 오랜 시간 믿어왔던 신앙인들을 대상으로 목회한 것입니다.

그런 면에서 오늘 한국 교회는 공동 서신에 대한 관심을 높여야 한다고 생각합니다. 교회에서 신앙의 연수가 높은 교인들을 대상으로 공동 서신에 대한 교육이 강화되어야 합니다. 그런데 현실은 신앙생활을 한 지 수십 년이 지난 교인들도 언제나 바울 서신의 이신칭의만을 주목하게 합니다. 신앙인다운 삶을 구체적인 일상에서 더욱 치열하게 살아내도록 교회가 도와야 하는데 그런 면에서 한국 교회는 교육의 부재를 그대로 드러내고 있습니다. 교인들 스스로도 영적 어린아이 같은 신앙 단계에 만족하면서 거기에만 머물고자 하는 경우들도 많습니다. 이것은 영적 나태와 게으름의 모습이라고 할 수 있습니다. 교회에서 진행하는 행사들을 보십시오. 매년 똑같은 행사를 무한 반복하는 경우들이 얼마나 많습니까? 이런 상황에서 참된 영적인 성장을 기대하기는 요원할 수밖에 없습니다. 발전이나 진보가 없이 매년 쳇바퀴 도는 경우들이 대부분입니다.

예수를 처음 믿은 초신자들에게는 바울 서신을 강조하는 것이 필요합니다. 그런데 예수를 믿은 지 10년 20년이 된 교인들에게도 계속 바울 서신만을 강조하는 것은 바른 목회가 아닙니다. 신앙의 성장과 성숙을 위해서라도 신앙의 연수가 있는 신앙인들은 공동 서신을 주목해야 합니다. 공동 서신에 대한 집중적인 공부가 필요하고 공동 서신의 말씀 앞에 자기 삶을 비추어 실제적 삶의 전환을 이루어내야 합니다. 그런데 한국 교회의 현실은 언제나 바울 서신만을 강조하고 있다는 것입니다. 목사님들도 바울 서신은 자주 설교하고 성경 공부를 하지만 공동 서신을 설교하거나 공부하는 경우는 그리 많지 않습니다. 한국 교회가 바울 서신을 지나치게 짝사랑하는 이유는 바울 서신이 강조하고 있는 이신칭의 때문입니다. 이신칭의는 '믿음으로 의롭다 함을 받는다'는 뜻입니다. 문제는 바울이 말하는 믿음을 헬레니즘이 말하는 믿음으로 착각하는 교인들이 많다는 것입니다. 헤브라이즘이 말하는 믿음은 하나님만을 믿는 것이고 하나님께 자기 인생을 전적으로 의탁하는 것입니다. 그분이 가라고 하면 가는 것이고 멈추라고 하면 멈추는 것입니다. 그러나 헬레니즘이 말하는 믿음은 그런 것이 아닙니다. 헬레니즘이 말하는 믿음은 어떤 주장에 대한 인지적 동의입니다. '예수가 우리의 구원자이시다'라는 문장을 인지적으로 동의하는 것을 믿음이라고 생각하는 것입니다. 이런 상황에서 머리로는 믿고 입술로는 고백하지만 삶으로는 믿지 않는 자들이 등장하게 됩니다.

바울 서신은 사람이 어떻게 하나님 앞에서 의롭게 되는가에 주목합니다. 여기서 의롭게 된다는 것은 하나님과의 관계가 회복되었다는 의미입니다. 즉 의롭게 되었다는 말은 하나님의 백성이 되었다는 말입니다. 그렇다면 죄의 지배 가운데 있던 사람들이 어떻게 하나님의 백성이 될 수 있습니까? 예수를 믿음으로 가능해집니다. 이처럼 바울 서신은 사람이 어떻게 의롭게 될 수 있는가에 대한 원인을 강조합니다. 여기서 핵심은 예수에 대한 믿음입니다. 그런데 공동 서신의 강조점은 여기서 더 나아갑니다. 바울 서신이 사람이 하나님 앞에서 어떻게 의롭게 되는가 하는 이신칭의의 원인을 주목한다면 야고보서를 비롯한 공동 서신은 의롭게 된 사람은 이제 어떻게 살아야 하는가 하는 칭의의 결과를 주목합니다. 즉 믿음과 행위의 관계를 말하고 있습니다. 이처럼 바울 서신과 공동 서신은 강조점이 다릅니다. 이것을 꼭 기억하셔야 합니다. 바울 서신이 초신자들을 대상으로 쓴 편지라면 공동 서신은 기존 신자들을 대상으로 쓴 편지입니다. 바울 서신의 강조점은 어떻게 사람이 구원을 받을 수 있는가 하는 이신칭의의 원인에 주목한다면 공동 서신의 강조점은 구원 받은 사람이 어떻게 살아야 하는가 하는 이신칭의의 결과에 주목합니다.

로마서 강의에서 말씀드렸지만 구원을 받는다는 것은 하나님의 백성이 되는 것이고 하나님의 통치 안에 거하는 것입니다. 이 구원을 시점으로 구분하게 되면 과거적 구원이 있고 현재적 구원이 있고 미래적 구원이 있습니다. 과거적 구원이 무엇입니까? 과거의 어느 시점에 내가 하나님의 은혜로 하나님의 백성이 된 것입니다. 현재적 구원이 무엇입니까? 오늘도 하나님의 통치 안에 거하는 하나님의 백성으로 살아가는 것이 현재적 구원입니다. 미래적 구원이 무엇입니까? 우리가 꿈꾸고 소망하는 하나님 나라에서 영원토록 하나님의 백성으로 살아가는 것이 미래적 구원입니다. 이처럼 구원에는 과거적 구원이 있고 현재적 구원이 있고 미래적 구원이 있습니다. 바울 서신은 우리가 어떻게 하나님의 백성이 되었는가를 주목하고 공동 서신은 하나님의 은혜로 받게 된 이 구원을 어떻게 지켜낼 것인가를 주목합니다.

그렇다면 현재적인 구원을 거부하는 자들이 미래적 구원을 받을 수 있겠습니까? 현재 하나님의 통치를 거부하고 하나님의 백성이 되기를 거부하는 사람들이 미래적 구원을 받을 수 있느냐는 말입니다. 공동 서신은 하나님의 은혜로 하나님의 백성이 되었지만 오늘 여기에서 하나님의 백성 되기를 거부하는 자들은 구원을 상실하게 됨을 끊임없이 경고합니다. 이런 말씀들이 로마의 박해 때 신앙을 저버렸다가 다시 교회 안으로 들어온 사람들을 부담스럽게 만들었습니다. 그리고 오늘날 구원 절대주의를 신봉하고 있는 한국 교인들을 부담스럽게 만듭니다. 그래서 예나 지금이나 공동 서신은 신앙인들로부터 사랑받지 못합니다. 인지적 동의인 믿음만 고백하면 구원받을 수 있다고 생각하며 신앙 생활하는 분들이 너무도 많기 때문입니다.

다시 강조하지만 신앙의 성장과 성숙을 위해서 공동 서신을 주목하는 것이 너무도 필요합니다. 특히 공동 서신은 바울 서신의 사상을 오해한 오직 믿음주의를 교정하여 신앙의 정상화를 회복하는데 기여하고 있습니다. 너무나 많은 분들이 바울의 주장을 헬레니즘의 믿음으로 오해했습니다. 헬레니즘이 말하는 믿음이 무엇입니까? 어떤 주장에 대한 인지적 동의입니다. '하나님은 창조자이시다', '예수는 구원자이시다'라는 문장을 인지적으로 동의하고 수용하는 것을 믿음으로 착각하는 것입니다. 이것은 성경이 말하는 믿음도 아니고 바울이 말했던 믿음도 아닙니다. 바울이 말하고 성경이 말하는 진짜 믿음이 무엇입니까? 하나님만을 내 인생의 주인 삼는 것이고 그분이 가라고 하면 가는 것이고 그분이 멈추라고 하면 멈추는 것입니다. 삶 속에서 하나님에 대한 전적인 순종을 드러내는 것이 참된 믿음입니다. 그런데 이방에 세워진 많은 교회들은 자신들이 살고 있는 지역의 세계관과 철학에 기반 하여 바울이 말했던 믿음을 헬레니즘의 믿음으로 착각하여 받아들였습니다. 이런 사람들의 오해를 교정시켜주는 본문이 공동 서신입니다. 그래서 우리는 바울 서신과 공동 서신을 함께 살펴봐야 합니다. 그럴 때 균형 잡힌 신앙을 가질 수 있습니다.

공동 서신은 야고보서로 시작해서 유다서로 끝납니다. 저자인 야고보나 유다 모두 예수님의 형제입니다. 예루살렘 교회 지도자들의 편지가 공동 서신인데 지금의 공동 서신은 예수님의 형제이자 예루살렘 교회의 지도자였던 야고보의 편지를 제일 앞에 유다의 편지를 제일 마지막에 배치했습니다. 그리고 중간에 예루살렘 교회 지도자였던 베드로와 요한의 편지를 배치하고 있습니다. 개신교에서는 야고보나 유다를 예수님의 친동생으로 봅니다. 그런데 가톨릭은 예수님의 친동생으로 보지 않고 이복형이나 사촌으로 봅니다. 개신교와 가톨릭이 이해가 다르다는 것을 아시면 좋겠습니다. 개신교는 예수님을 마리아와 요셉 사이에 태어난 첫째 아들로 이해합니다. 물론 마리아와 요셉의 결혼 이전에 예수는 마리아가 동정녀 상태로 출산했습니다. 그리고 요셉과 마리아가 정식으로 결혼한 이후에 두 사람 사이에서 야고보와 유다가 태어났다고 봅니다. 자연스럽게 야고보와 유다는 예수님의 친동생이 되는 것입니다. 이것이 개신교의 이해입니다.

　그런데 가톨릭은 그렇게 보지 않습니다. 가톨릭의 입장은 크게 두 가지인데, 첫째는 야고보나 유다를 예수의 이복형제로 보는 것입니다. 아빠는 같지만 엄마는 다르다는 것입니다. 이렇게 보는 근거가 무엇입니까? 야고보의 원복음서라는 외경이 있는데 여기에 보면 요셉과 첫 번째 아내가 있었습니다. 요셉과 첫 번째 아내 사이에 여러 자녀가 태어납니다. 그런데 아내가 죽게 됩니다. 첫째 아내와 사별한 이후에 요셉은 마리아와 재혼하게 됩니다. 그래서 성경에 나와 있는 예수의 형제를 첫 번째 아내가 출산한 예수의 이복형들로 보는 것입니다. 둘째는 예수의 형제들을 사촌으로 이해하는 것입니다. 성경에 형제로 번역된 단어는 사촌으로도 해석할 수 있습니다. 그래서 야고보나 유다를 예수의 사촌 형제로 이해하는 것입니다. 이처럼 개신교와 가톨릭은 예수의 형제들에 대한 이해가 다르다는 것을 기억하시면 좋겠습니다.

　그렇다면 왜 개신교와 가톨릭이 예수님의 형제에 대한 이해가 다를까요? 가장 중요한 것은 마리아에 대한 4대 교리 때문입니다. 가톨릭 신자들이 믿는 마리아에 대한 4대 교리라는 것이 있습니다. 첫째는 마리아는 하나님의 어머니라는 것입니다. 둘째는 마리아는 평생 동정녀였다는 것입니다. 셋째는 마리아는 원죄 없이 예수를 잉태했다는 것입니다. 마지막으로 마리아는 죽지 않고 승천했다는 것입니다. 이 네 가지 교리가 마리아 4대 교리입니다. 마리아 4대 교리는 초대 교회 때 만들어진 교리가 아니라 시간이 지나면서 하나씩 추가된 교리입니다. 마리아가 하나님의 어머니라는 교리는 431년에, 마리아 평생 동정녀설은 553년에 확정된 교리입니다. 마리아의 원죄 없이 예수 잉태 교리는 1854년에, 마리아 승천 교리는 1950년에 확정된 교리입니다. 이처럼 마리아 4대 교리는 시간의 흐름과 함께 추가된 교리인데 중요한 것은 시간이 지날수록 마리아를 점점 신격화하고 있다는 것입니다.

가톨릭에서 어떤 교리가 확정되려면 교리성에서 추기경들이 투표를 해서 결정하게 됩니다. 이 교리성에 자주 올라오는 탄원 중에 하나가 성부, 성자, 성령 삼위일체에다가 마리아까지 포함해서 '사위일체 교리'를 확립해 달라는 탄원입니다. 이런 탄원을 올린 대표적 인물이 마더 테레사입니다. 그런데 지금까지는 거부되었습니다. 그래서 가톨릭과 개신교가 삼위일체라는 공통된 신앙 안에서 하나 될 수 있는 것입니다. 그런데 어느 순간 교리성에서 마리아를 포함하여 사위일체 교리를 결정하게 된다면 그때는 가톨릭과 개신교는 완전히 별개의 종교가 될 수밖에 없습니다. 중요한 것은 시간이 지날수록 마리아에 대한 신격화가 강화되고 있다는 것입니다.

마리아를 하나님의 어머니로 보는 교리는 예수에 대한 이해와 연관이 있습니다. 초대 교회 당시 가장 치열한 논쟁 가운데 하나가 예수를 인간으로 볼 것인지 신으로 볼 것인지에 대한 논쟁이었습니다. 예수를 인간으로만 보려고 하는 자들의 견해를 반박하기 위해서 예수가 신이심을 강조하는 맥락에서 이 교리가 탄생했습니다. 마리아는 예수의 어머니이기에 자연스럽게 예수가 신이라면 마리아도 당연히 신의 어머니가 되는 것입니다. 그래서 마리아를 하나님의 어머니라고 하는 교리가 탄생한 것입니다. 이처럼 이 교리는 예수의 신성을 강조하는 맥락에서 나온 주장입니다. 마리아 평생 동정녀설은 마리아가 죽을 때까지 하나님께 전적으로 헌신했다는 교리입니다. 평생 동정녀설을 수용하게 되면 마리아는 평생 누구와 잠자리를 가진 적도 없고 자녀를 출산한 적도 없게 됩니다. 따라서 개신교가 주장하는 것처럼 마리아가 동정녀로 출산한 자녀가 예수이고 이후의 자녀들은 마리아와 요셉 사이에서 정상적으로 태어난 자녀라는 주장은 수용할 수 없게 됩니다. 자연스럽게 개신교가 예수의 친동생으로 이해하는 야고보나 유다는 요셉의 첫 번째 아내가 출산한 이복형제이거나 사촌 형제로 봐야 하는 것입니다.

시간이 흐르면서 원죄 교리로 인해 신앙인들은 남성의 정자를 통해서 원죄가 유전된다는 생각을 갖게 되었습니다. 그래서 남성의 정자를 통하지 않고 아이를 출산한 동정녀 탄생 교리를 중시하게 되었습니다. 그런데 이런 질문이 나오게 된 것입니다. 마리아가 남성의 정자 없이 성령의 도우심 가운데 예수를 낳았다 하더라도 예수를 9개월 이상 잉태하고 있었던 마리아 자체가 원죄를 가진 인간이 아니냐는 것입니다. 결국은 원죄를 가진 마리아가 아기 예수를 품은 거 아닌가 하는 질문에서 예수도 원죄의 영향을 받은 것이 아닌가 하는 주장이 나오게 된 것입니다. 이런 주장에 대한 반박으로 나온 것이 원죄 없는 잉태 교리입니다. 즉 마리아는 잉태된 순간부터 원죄가 없다고 보는 것입니다. 최근에는 마리아 승천 교리까지 결정이 되었습니다. 이로써 가톨릭은 마리아 4대 교리를 확립하게 된 것입니다. 개신교인들에게는 낯선 주장이지만 가톨릭 교인들에게는 아주 중요한 교리입니다. 마리아 4대 교리에 근거해 보면 마리아는 평생 동정녀였기 때문에 성경에 나와 있는 야고보와 유다가 예수의 동생일 수는 없다고 봅니다. 만약 야고보나 유다를 예수의 친동생으로 본다면 이들도 예수와 동일하게 마리아가 동정녀로 출산했다고 봐야 합니다. 그래서 개신교는 야고보와 유다를 예수의 친동생으로 보지만 가톨릭에서는 이복형제 또는 사촌으로 본다는 것을 기억하시면 좋겠습니다.

히브리서는 권면의 책입니다. 13장 22절을 보겠습니다.

형제들아 내가 너희를 권하노니 권면의 말을 용납하라 내가 간단히 너희에게 썼느니라.

히브리서의 가장 중요한 특징은 '권면의 말'이라는 것입니다. 히브리서는 서신의 형식을 갖춘 설교문입니다. 즉 이 편지를 받는 사람들에게 무엇인가를 설득하고 권면하기 위해서 쓴 글입니다. 무엇을 권면하기 위한 것일까요? 계속하여 초대 교회에 머물도록 하기 위한 권면의 글입니다. 초대 교회에 머물도록 하기 위한 권면의 글이 히브리서입니다. 당시 유대교에서 초대 교회로 개종했다가 박해로 인해 다시 유대교로 역개종하는 사례가 많이 생겨났습니다. 이 역개종을 막기 위한 권면의 말씀이 히브리서라고 이해하시면 되겠습니다. 히브리서는 신약 성경 가운데 가장 엄중하고 분명하게 한 번 배교하면 다시 구원의 길로 돌이킬 수 없다는 점을 강조합니다. 6장 4~6절을 보겠습니다.

한 번 빛을 받고 하늘의 은사를 맛보고 성령에 참여한 바 되고 하나님의 선한 말씀과 내세의 능력을 맛보고도 타락한 자들은 다시 새롭게 하여 회개하게 할 수 없나니 이는 그들이 하나님의 아들을 다시 십자가에 못 박아 드러내 놓고 욕되게 함이라.

하나님의 은혜로 하나님의 백성이 되고 하나님의 놀라운 은혜를 무수하게 경험했음에도 불구하고 하나님의 통치를 거부하고 뛰쳐나가거나 하나님의 백성 됨을 포기한 사람들은 다시 회개할 수 없다는 것입니다. 이 얼마나 무서운 경고의 말씀입니까? 이런 말씀들은 역개종을 고민하던 사람들을 향해 선포된 말씀입니다. 이후 핍박의 상황에서 신앙을 저버렸다가 평화의 시대에 다시 교회로 돌아온 사람들에게 이런 말씀이 참으로 불편했을 것입니다. 이 말씀은 박해의 때에 배교했다가 다시 하나님의 백성이 되고자 하는 사람들을 좌절시키는 말씀입니다. 그들로 하여금 다시 교회 공동체 안으로 들어오지 못하게 막고 있는 말씀인 것입니다. 이런 말씀으로 인하여 히브리서는 박해의 때는 배교했다가 평화의 시기가 도래하면 다시 교회로 돌아왔던 사람들이 싫어하는 본문이 되었습니다. 실제 히브리서가 정경으로 채택됨에 있어서도 본문이 큰 걸림돌이 되었습니다. 히브리서 안에 이런 강력한 경고의 말씀이 있는 이유는 초대 교회에서 발생했던 유대교로의 역개종을 막기 위함이 목적임을 기억하시기 바랍니다.

오늘날도 마찬가지입니다. 상황이나 환경이 너무 급박한데 사람들이 정신을 못 차리고 있으면 더욱 강하게 말하고 행동해야 합니다.

극단적인 말이나 행동을 할 때만이 사람들의 시선을 사로잡을 수 있기 때문입니다. 히브리서가 왜 이렇게 극단적인 경고의 말씀을 하고 있는가에 대해 그 이유를 주목하는 것이 필요합니다. 우리는 이 말씀을 볼 때마다 질문하게 됩니다. 정말 본문이 말하는 것처럼 믿음의 길에서 한 번 탈락하고 나면 다시는 하나님의 백성이 될 수 없는 것인가요? 그렇지 않습니다. 이것을 문자 그대로 받아들이면 안 됩니다. 하나님께서는 언제든지 진심으로 회개하는 자를 용서해 주시는 자비와 긍휼이 많으신 분이십니다. 그럼에도 불구하고 히브리서가 이렇게 강력하게 경고하는 말씀을 선포하는 이유는 유대교로의 역개종을 막기 위해서입니다. 그러나 이후에 로마의 박해로 인해 배교의 경험이 있던 사람들에게 이 말씀은 너무나 부담스럽게 다가오게 되었습니다. 그래서 히브리서가 정경이 됨에 있어서 최대 걸림돌이 6장 4~6절 말씀입니다.

우리가 구원에 대해서 정확한 이해를 가지는 것이 필요합니다. 구원이라고 하는 것은 하나님의 백성이 되는 것입니다. 로마서가 말하는 것처럼 하나님의 은혜로 신분의 변화가 먼저 일어나게 됩니다. 그리고 이후에 존재의 변화인 성화가 요청됩니다. 오늘날 구원을 위해서는 칭의는 꼭 필요하지만 성화는 있으면 좋고 없어도 상관없다고 말하는 분들이 있습니다. 절대 그렇지 않습니다. 성화는 반드시 필요한 것입니다. 왜 그렇습니까? 성화가 이루어졌다는 말은 하나님의 통치를 기뻐한다는 뜻입니다. 하나님의 뜻을 기뻐한다는 말입니다. 성화가 이루어지지 않으면 여전히 하나님의 통치를 부담스러워하게 됩니다. 하나님의 통치가 부담스럽고 하나님의 통치를 받고 싶어 하지 않는 사람이 어떻게 하나님의 백성이 될 수 있겠습니까? 우리가 꿈꾸는 하나님 나라는 영원토록 하나님의 통치를 받는 것입니다. 그런데 하나님의 통치를 받고 싶지 않은 사람이 영원토록 하나님의 통치를 받는 일이 기쁨이겠습니까? 도리어 큰 곤욕일 것입니다. 그래서 참된 구원의 기쁨을 누리기 위해서라도 성화는 반드시 필요한 것입니다. 그런데 안타깝게도 성화의 여정에서 과거로 회귀하려고 하는 사람들이 있습니다. 이런 사람들을 구원의 중간 탈락자라고 할 수 있습니다. 구원은 과거적 구원인 칭의가 있고 현재적 구원인 성화가 있고 미래적 구원인 영화가 있습니다. 하나님의 통치 안에 거하는 하나님의 백성이 되는 것이 참된 구원임을 기억해야 합니다. 칭의와 성화와 영화를 종교 개혁가들은 구원의 여정이라고 했습니다. 그런데 한국 교회는 칭의에서 마치 모든 구원이 완성되는 것처럼 생각하는 분들이 많습니다. 이것은 성경적으로도 맞지 않고 종교 개혁가들의 주장과도 맞지 않습니다.

히브리서는 저자를 알 수 없는 본문입니다. 초대 교회 교부였던 오리겐은 "히브리서의 저자는 오직 하나님만이 아신다"고 했습니다. 그만큼 히브리서의 저자가 누구인지 알기 어렵다는 말입니다. 실제로 히브리서의 저자라고 언급된 사람들이 20명이 넘습니다. 누가 히브리서를 썼는지에 대해서 정확하게 말할 수 없습니다. 그런데 중세 시대에 유일한 라틴어 성경인 벌게이트 성경과 17세기 초에 나온 킹 제임스 역본에 히브리서에 '사도 바울의 히브리서'라는 제목을 붙였습니다. 이로 인해서 많은 분들이 바울이 히브리서의 저자라고 생각합니다. 만약 히브리서까지 바울이 썼다면 바울 서신은 14권이 됩니다. 367년에 기술된 아타나시우스의 편지에도 바울 서신을 14권으로 보고 있습니다. 그런데 바울이 히브리서의 저자임을 확신할 수 없기에 바울 서신을 13권으로 보는 것입니다.

히브리서의 기록 연대는 정확하게 알 수 없습니다. 다만 제사가 현재형으로 기록된 것을 보면 70년 이전일 가능성이 높습니다. 왜냐하면 70년에 예루살렘 성전이 무너졌기 때문입니다. 성전이 무너진 이후에는 성전에서 제사를 드리는 것이 불가능했습니다. 그런데 히브리서를 보면 제사가 현재형으로 기술되고 있습니다. 이를 통해 성전에서 제사를 드렸던 어느 시기에 히브리서가 기술된 것이 아닐까 생각하는 것입니다. 기술 시점과 관련하여 참고해야 할 중요한 자료가 있습니다. 96년경에 클레멘트가 쓴 편지입니다. 클레멘트는 로마 교회의 지도자였는데 96년경에 고린도 교회에 편지를 보냅니다. 그런데 그 편지에 히브리서에 나오는 여러 구절들이 인용되고 있습니다. 로마의 클레멘트가 고린도 교회의 문제를 해결하기 위해서 편지를 썼는데 그 편지에 히브리서에 나와 있는 말씀들이 많이 인용이 된 것입니다. 그렇다면 히브리서는 아무리 늦어도 96년 이전에는 기술되어야 합니다. 그래서 저술 시기는 빠른 시기로 잡으면 70년 이전으로 보고 아무리 늦어도 96년 이전에는 히브리서가 기술되었을 것으로 봅니다.

다음으로 히브리서의 수신자는 누구인가요? 히브리서의 수신자가 누구인지를 정확하게 알 수는 없습니다. 다만 유대교로 역개종하고자 하는 교인이나 그들을 목회하고 있던 목회자들에게 보낸 편지가 아닐까 추측할 뿐입니다. 히브리서라는 책의 제목은 2세기 말경에 붙여졌습니다. 우리가 알고 있는 대부분의 신약 성경의 제목은 저술 시점에 붙여진 것이 아닙니다. 예를 들면 마태가 마태복음을 쓰고 나서 책의 제목을 마태복음이라고 한 것이 아닙니다. 처음부터 마태가 쓴 복음서라는 인식은 가지고 있었지만 마태복음이라는 책의 제목은 후대에 만들어진 것입니다. 마찬가지로 히브리서라는 책 제목은 2세기 말경에 붙여진 이름입니다.

수신자의 문제와 관련하여 학자들이 가장 선호하는 주장이 있습니다. 그것은 히브리서가 로마에 있는 디아스포라 유대인들에게 쓰인 편지라고 보는 것입니다. 히브리서에는 곳곳에 구약 말씀들이 인용되어 있습니다. 이를 통해서 히브리서가 구약 말씀을 잘 알고 있던 유대 기독교인들에게 보낸 편지가 아닐까 하고 생각합니다. 그런데 유대 기독교인들은 크게 두 부류가 있습니다. 하나는 디아스포라 유대 기독교인이고 다른 하나는 가나안 땅에 살고 있는 유대 기독교인입니다. 그중에서도 학자들은 로마 교회에 있던 디아스포라 유대인들에게 히브리서가 쓰인 것이라고 봅니다. 왜 로마 교회에 있던 디아스포라 유대인들에게 쓰인 것이라고 볼까요? 여기에는 몇 가지 이유가 있습니다.

첫째는 히브리서를 보게 되면 율법 준수나 할례 문제가 전혀 언급되지 않고 있습니다. 율법 준수나 할례 문제가 심각했던 사람들이 누구입니까? 이방 기독교인들입니다. 유대인들은 이미 할례를 받고 율법 준수에 열심이었기 때문에 유대인들에게 보낸 편지에서는 할례나 율법 준수에 대한 언급이 나올 필요가 없습니다. 히브리서 본문 안에 할례나 율법 준수와 관련된 언급이 없는 것을 볼 때 수신자는 유대 기독교인일 가능성이 높다는 것을 알 수 있습니다. 유대 기독교인들은 크게 두 부류가 있습니다. 하나는 가나안 땅에 살고 있는 유대 기독교인이고 다른 하나는 디아스포라 유대 기독교인입니다. 히브리서는 아람어가 아닌 고급 헬라어로 기술되어 있습니다. 만약 수신자들이 가나안 땅에 살고 있는 유대 기독교인들이라면 그들이 읽을 수 있는 아람어로 써야 하지 않겠습니까? 그런데 히브리서는 헬라어로 쓰였고 그것도 고급 헬라어를 사용했습니다. 다시 말해 교포들 가운데도 재일 교포가 있고 재미 교포가 있지 않습니까? 그런데 국제 통용어인 영어를 누가 더 잘하겠습니까? 당연히 재미 교포일 것입니다. 당시 로마 제국의 중심지가 어디입니까? 로마입니다. 따라서 히브리서가 헬라어로 기술된 것을 보면 디아스포라 유대 기독교인이 수신자일 가능성이 높은 것이고 더욱이 고급 헬라어가 사용된 것을 보면 로마에 있던 디아스포라 유대 기독교인들에게 보낸 편지가 아닐까 추측하는 것입니다. 무엇보다 결정적인 근거가 13장 24절입니다.

여기 '이달리야에서 온 자들'이 누구입니까? 로마 교인들이었던 사람들입니다. 이 사람들이 지금 수신자에게 문안 인사를 건네고 있습니다. 문안 인사를 건네는 것을 보면 로마 교인들이었던 사람들과 수신자는 알고 있는 관계일 가능성이 높습니다. 즉 알고 있다는 것을 통해 히브리서의 수신자들이 '로마에 있는 유대 기독교인'이 아닐까 하고 추측하는 것입니다. 학자들이 이렇게 추측하는 이유가 또 있습니다. 위에서 언급한 클레멘트의 서신 때문입니다. 클레멘트의 서신에는 히브리서의 많은 말씀이 인용되어 있습니다. 클레멘트가 어떤 사람인가 하면 로마 교회 지도자였습니다. 로마 교회 지도자였던 클레멘트는 어떻게 히브리서를 알고 있었을까요? 히브리서가 로마에 있는 유대 기독교인들을 대상으로 쓰인 편지라면 클레멘트도 당연히 히브리서를 읽었을 가능성이 높다고 봐야 합니다. 그 내용을 읽었기 때문에 히브리서의 말씀들을 인용했을 가능성이 높은 것입니다. 이처럼 여러 가지를 종합해 볼 때 히브리서의 수신자들은 로마에 있던 유대 디아스포라 기독교인들이 아니었을까 추측하기도 합니다.

히브리서는 구약과의 비교를 통해서 우리가 예수 그리스도의 피의 공로에 의존하여 구원받을 뿐만 아니라 예수 그리스도의 믿음의 삶을 모방하여 세속화된 삶의 구태에서 구원을 받아야 한다고 말하고 있습니다. 이것이 히브리서의 주제입니다. 히브리서는 세속 한복판에서의 기독교인의 삶을 선한 싸움이 이루어지는 현장, 배교와 타협의 위험이 도사리는 광야 여정, 그래서 끝까지 믿음의 경주를 감당해야 할 마라톤 경주임을 일깨워주고 있습니다. 히브리서 저자는 세상을 선한 싸움이 이루어지는 현장이라고 봅니다. 이 세상은 신앙인들을 넘어뜨리려고 하는 죄악과 불의로 가득한 곳입니다. 죄악과 불의가 충만한 땅에서 신앙인으로 살아간다는 것은 결코 쉬운 일이 아닙니다. 무엇보다 세상은 우리의 믿음을 뒤흔들고 무너뜨리려고 하는 것들로 가득합니다. 그 유혹과 핍박에 넘어지지 않기 위해서는 깨어 있음과 참된 믿음이 필요합니다. 믿음의 삶은 하나님이 우리를 부르시는 그 순간까지 지속되어야 할 마라톤 경주입니다. 그래서 믿음의 동의어는 신실함입니다.

히브리서는 유대교로 역개종하고자 하는 사람들을 막기 위해서 쓰인 서신입니다. 그렇다면 왜 당시에 유대교로 역개종하려고 하는 사람들이 많았을까요? 여기에는 몇 가지 이유가 있습니다. 첫째는 로마의 박해 때문입니다. 로마는 유대교 신앙인들은 박해하지 않았습니다. 그러나 초대 교회 신앙인들은 박해했습니다. 왜 유대교는 박해하지 않고 초대 교회는 박해했을까요? 당시 로마는 무신론자들을 박해했습니다. 여기서 무신론자라는 것은 신을 믿지 않거나 신이 없다고 주장하는 자들이 아닙니다. 당시 로마 정부가 인정하는 신을 믿으면 유신론자인 것이고 로마 정부가 인정하지 않는 신을 믿으면 무신론자가 되는 것입니다. 로마는 유대인들이 믿는 야웨 신앙은 공적으로 인정해 주었습니다. 그러나 초대 교회가 믿는 예수 그리스도는 신으로 인정하지 않았습니다. 따라서 유대인들은 유신론자로 보호를 받았지만 초대 교인들은 무신론자로 박해를 받은 것입니다. 313년에 콘스탄틴 황제가 밀라노 칙령을 발표합니다. 밀라노 칙령은 로마 정부가 기독교를 공적으로 인정해 준 칙령입니다. 많은 분들이 313년 밀라노 칙령을 기독교를 국교로 선언한 것으로 생각합니다. 그러나 밀라노 칙령은 기독교를 공인해 준 것입니다. 이때부터 기독교는 무신론이라는 이유로는 핍박받지 않았습니다. 유대교에 있다가 초대 교회로 개종했던 사람들이 다시 유대교로 역개종하고자 한 가장 중요한 이유는 무신론자라는 이유로 로마로부터 박해를 받았기 때문입니다. 그래서 생명을 보존하기 위해서 로마가 인정하는 유대교로 다시 돌아가려고 했던 것입니다. 이것이 첫째 이유입니다.

둘째는 유대교 예배는 초대 교회가 드리는 예배에 비해서 종교 제의적인 엄숙함도 있었고 규모도 있었습니다. 이렇게 이해하면 좋을 것 같습니다. 유대교 예배는 주일날 드리는 대예배라고 생각하면 되고 초대 교회 예배는 주중에 드리는 구역 예배라고 생각하면 되겠습니다. 규모나 형식적인 면에서 볼 때 엄청난 차이가 나는 것입니다. 많은 사람들이 모여서 정해진 순서에 따라 드려지는 주일 대예배와 10여명 미만의 사람들이 모여서 드리는 구역 예배 가운데 여러분은 어떤 예배가 더 예배를 드렸다는 생각을 하게 만듭니까? 당연히 대예배입니다. 주일날 대예배에는 성가대도 있고 교인들이 함께 찬양을 부를 때 그 소리를 듣는 것만으로도 은혜를 받습니다. 그리고 성스러운 가운을 걸친 목회자의 모습을 보는 것만으로도 무엇인가 성스러운 공간에 있다는 생각을 하게 됩니다. 그런데 초대 교회는 그렇지 못했습니다. 대부분의 초대 교회 예배는 가정에서 모였습니다. 남자와 여자가 좁은 공간에 함께 모여서 드리는 예배는 장엄함의 측면에서 보면 아쉬울 수밖에 없습니다. 당시 유대교에 있다가 초대 교회로 개종한 사람들은 오랜 세월 동안 유대교 예배 문화에 익숙한 사람들이었습니다. 이 사람들은 제사장의 예복, 성전의 스케일, 레위인들의 화려한 찬양 등에 익숙했던 사람들입니다. 유대교는 철저하게 남성 중심의 종교인 반면 초대 교회는 한 가정에서 남자와 여자와 어린아이들까지 함께 모여 예배를 드렸습니다. 일단 아이들로 인해 조금은 시끄러웠을 것입니다. 성전 예배에서 경험하는 엄숙함과 거룩함도 담보할 수 없습니다. 자연스럽게 유대교에 있다가 초대 교회로 넘어온 사람들 가운데 '예배가 너무 예배 같지 않다'는 불만이 터져 나오게 되었을 것입니다. 대형 교회를 다녔던 분들이 작은 교회에 가서 예배드릴 때 이런 비슷한 느낌을 받는다고 합니다. 이런 상황에서 예배의 엄숙함이나 거룩함을 다시 회복한다는 미명하에 다시 유대교로 역개종하고자 한 사람들이 생겨난 것입니다. 이런 상황에서 기독교 신앙이 유대교보다 우위에 있음을 변증하는 것이 히브리서입니다.

히브리서를 보게 되면 유대교가 중시하는 천사, 예언자, 모세, 여호수아, 아론 같은 인물들을 쭉 나열합니다. 그리고 이 모든 것들보다 예수가 우위에 있음을 강조합니다. 이런 비교를 통해 하위의 종교인 유대교로 다시 돌아가는 것은 너무도 어리석은 일임을 강조합니다. 유대인들이 중시하는 천사, 예언자, 모세, 여호수아, 아론은 예수에 비해서 하위적인 존재들입니다. 그런데 더욱 소중한 예수를 거부하고 하위적인 존재를 붙잡으려고 하는 것이 얼마나 어리석은 일입니까? 이것을 폭로하면서 '유대교로 다시 돌아가지 말라'고 강력하게 권면하는 편지가 히브리서입니다.

히브리서에는 예수님에 대한 새로운 주장이 등장하는데 예수는 대제사장입니다. 이것을 대제사장 기독론이라고 합니다. 기독론이라는 것은 예수가 어떤 분인가에 대한 신학적인 논의라고 할 수 있습니다. 기독이라는 말은 그리스도를 한문으로 표현한 것입니다. 그래서 예수는 누구신가, 예수는 어떤 사역을 행하셨는가처럼 예수에 대한 신학적인 논의를 정리해 놓은 것을 기독론이라고 합니다. 히브리서는 기독론과 관련해서 새로운 주장을 선포하는데 예수님을 대제사장으로 보는 것입니다. '예수님이 대제사장이다'라는 것이 대제사장 기독론의 핵심 주장입니다. 이 주장에 대해 유대교는 즉각적으로 반박을 합니다. 대제사장이 되려면 레위 지파여야 하는데 예수는 레위 지파가 아닌 유다 지파입니다. 그런데 레위 지파도 아닌 예수가 어떻게 대제사장이 될 수 있는가 하는 것이 유대인들이 제기한 반박 질문입니다. 여기에 대해 히브리서 저자는 뭐라고 답변을 할까요? 예수가 레위 지파는 아니지만 제사장의 역할을 감당했던 멜기세덱과 똑같다고 주장합니다. 창세기에 보면 멜기세덱이라는 인물이 나옵니다. 멜기세덱은 제사장이 아니고 살렘의 왕입니다. 물론 이때는 제정일치 사회입니다. 왕이 종교 제사장의 역할을 함께 겸했던 시기입니다. 멜기세덱은 레위 지파가 아니었음에도 제사장 역할을 감당했습니다. 그 멜기세덱과 동일한 존재가 예수라고 말씀합니다. 6장 20절을 보겠습니다.

그리로 앞서 가신 예수께서 멜기세덱의 반차를 따라 영원히 대제사장이 되어 우리를 위하여 들어 가셨느니라.

예수를 멜기세덱의 반차를 따라 영원한 대제사장이 되었다고 말합니다. 히브리서 저자가 멜기세덱을 언급하는 이유는 레위 지파가 아니었지만 제사장의 역할을 감당한 인물이기 때문입니다. 이와 마찬가지로 예수님도 레위 지파가 아니었지만 제사장의 역할을 감당하셨음을 히브리서 기자는 강조하고 있습니다. 많은 신앙인들에게 히브리서는 걸림돌 같은 존재로 취급 받고 있습니다. 읽어도 무슨 내용인지 이해하기가 쉽지 않다는 것이 히브리서에 대한 일반적인 평가입니다. 히브리서는 구약의 레위기와 많이 비슷합니다. 우리가 한 번도 경험해 보지 못한 제사와 관련된 용어들이 많이 등장합니다. 그래서 생소하고 낯설다는 느낌을 받습니다. 그럼에도 히브리서가 어떤 책인가에 대한 분명한 이해를 갖게 되면 조금은 이해하기가 쉽습니다. 히브리서는 권면의 책입니다. 어떤 권면을 하고 있습니까? 초대 교회에서 유대교로 역개종하고자 하는 사람들을 막기 위한 권면의 글입니다. 그래서 유대교와 초대 교회를 비교하면서 유대교가 중시하는 것보다 예수가 훨씬 더 우위에 있음을 강조합니다. 이것이 히브리서가 강조하고자 하는 핵심적인 내용입니다. 히브리서의 저술 목적을 기억하게 되면 히브리서는 그리 어렵거나 낯선 책이 절대 아닙니다.

히브리서는 총 13장으로 구성되어 있는데 각 장마다 구약 말씀이 인용되고 있습니다. 그런데 인용 구절을 보면 율법서, 예언서, 성문서를 모두 인용하고 있습니다. 구약의 특정 장르만 인용한 것이 아니고 구약의 다양한 장르에서 골고루 인용하고 있습니다. 그런데 인용은 하면서도 그 말씀을 어디에서 인용하고 있는지는 밝히지 않습니다. 히브리서의 수신자들이 이 말씀들을 어디에서 인용하고 있는지를 나름 알고 있었기 때문에 그 출처를 밝히지 않았다고 봐야 합니다. 그래서 히브리서의 수신자들을 구약에 대한 해박한 이해를 가지고 있던 유대 기독교인들로 보는 것입니다. 헬라어로 편지가 쓰인 것을 보면 수신자는 가나안 땅에 거주하는 유대 기독교인이 아니라 이방 땅에 거주하는 유대 기독교인일 가능성이 높습니다. 학자들은 히브리서의 수신자가 로마에 살고 있던 디아스포라 유대 기독교인일 것으로 봅니다. 그렇게 보는 이유는 크게 세 가지입니다. 첫째는 히브리서가 고급 헬라어로 기술되었다는 것입니다. 둘째는 '이달리야에서 온 자들도 너희에게 문안한다'는 구절 때문입니다. 셋째는 로마 교회의 지도자였던 클레멘트의 서신에서 히브리서의 말씀들이 많이 인용되고 있기 때문입니다. 이상을 종합하면 히브리서는 로마에 있던 디아스포라 유대 기독교인들에게 보낸 편지로 정리할 수 있습니다.

히브리서 II

1장은 하나님이 부리시는 영이자 구원 얻을 사람들을 섬기라고 보냄 받은 천사들보다 예수 그리스도가 뛰어남을 강조합니다. 5절을 보겠습니다.

하나님께서 어느 때에 천사 중 누구에게 너는 내 아들이라 오늘 내가 너를 낳았다 하셨으며 또 다시 나는 그에게 아버지가 되고 그는 내게 아들이 되리라 하셨느냐.

14절을 보겠습니다.

모든 천사들은 섬기는 영으로서 구원 받을 상속자들을 위하여 섬기라고 보내심이 아니냐.

당시 유대교에는 천사 숭배적인 사고가 있었습니다. 그러나 천사 숭배보다 예수 숭배가 옳다는 것입니다. 예수님은 하나님의 아들이

십니다. 아들이라는 말은 '하나님의 지상 대리자'라는 뜻입니다. 하나님의 지상 대리자는 어떤 사람을 가리킵니까? 하나님의 뜻을 이 땅에서 대신하고 대표하는 존재입니다. 하나님이 원하시는 바를 이 땅에서 하나님을 대신하여 살아내는 자가 하나님의 지상 대리자입니다. 그 지상 대리자를 아들이라고 하는 것입니다. 즉 '너는 내 아들이다'라는 말 속에는 무슨 의미가 있는 것입니까? '내가 이 땅에서 행하고자 하는 바를 너는 대신해야 한다'는 의미가 포함되어 있는 것입니다.

구약 시대 하나님의 기름 부음을 받은 왕, 제사장, 예언자는 하나님의 지상 대리자로 부름 받은 존재들입니다. 그들은 자신들의 사역을 통해서 하나님의 뜻을 대행하고 대언해야 할 임무를 부여 받았습니다. 그러나 예수님은 그들보다 더 높으신 분이십니다. 하나님의 뜻을 대신 선포했던 예언자들과 달리 예수님은 하나님의 뜻을 가장 온전히 드러내 주셨습니다. 우리는 하나님께서 구약 시대에 '예언자를 통해서 하나님의 뜻을 이 땅 가운데 선포했다'는 이야기를 많이 하는데 하나님이 전하시고자 하신 것이 10이라고 할 때 예언자는 그 10을 온전히 선포했을까요? 그런 예언자도 있겠지만 하나님이 맡기신 것은 10이지만 7정도만 선포한 예언자도 있었습니다. 예언자들이 하나님과 사람 사이의 중간 매개자의 역할을 잘 감당했지만 그럼에도 불구하고 예언자 개인이 가지고 있는 인간적인 한계에 의해서 하나님의 말씀이 우리에게 충분히 전달되지 못했을 수도 있습니다. 그런데 예수님은 존재 자체가 하나님이시다 보니 그분이 선포하시는 말씀과 그분이 보이시는 행동 하나하나가 '이것이 바로 하나님의 뜻이

다'라는 것을 우리에게 온전히 보여주신 것입니다. 예수님은 살아 있는 실체의 모양으로 하나님이 어떤 분이신지, 하나님이 원하시는 바가 무엇인지를 사람들에게 알려주신 것입니다. 이런 예수님의 위상을 천사와 비교할 수는 없는 것 아니겠습니까?

3장은 출애굽 1세대들의 불순종을 본받지 말라고 말합니다. 이것은 구약 어느 본문의 주제입니까? 신명기의 주제입니다. 신명기는 모세가 출애굽 2세대에게 선포했던 유언적인 메시지입니다. 주제가 무엇입니까? 실패했던 1세대를 본받지 말라는 것입니다. 그렇다면 출애굽 1세대는 왜 실패했습니까? 가나안을 향해 힘 있게 걸어가야 하는데 그들은 힘들 때마다 자기들의 의지로 나왔던 애굽으로 다시 돌아가고자 했습니다. 향가나안을 해야 하는데 환애굽을 한 것입니다. 15~19절을 보겠습니다.

성경에 일렀으되 오늘 너희가 그의 음성을 듣거든 격노하시게 하던 것 같이 너희 마음을 완고하게 하지 말라 하였으니 듣고 격노하시게 하던 자가 누구냐 모세를 따라 애굽에서 나온 모든 사람이 아니냐 또 하나님이 사십 년 동안 누구에게 노하셨느냐 그들의 시체가 광야에 엎드려진 범죄한 자들에게가 아니냐 또 하나님이 누구에게 맹세하사 그의 안식에 들어오지 못하리라 하셨느냐 곧 순종하지 아니하던 자들에게가 아니냐 이로 보건대 그들이 믿지 아니하므로 능히 들어가지 못한 것이라.

여기서 18절과 19절을 연결시켜 보면 출애굽 1세대들은 순종하지 아니하던 자들입니다. 그들이 왜 하나님 나라에 들어가지 못했습니까? 하나님의 능력과 바른 길로 인도하심을 온전히 믿지 않고 거부했기 때문입니다. 이것을 연결시키면 어떻게 됩니까? 출애굽 1세대는 하나님을 제대로 믿지 않았기 때문에 순종하지 않은 것이고 그 결과 그들은 실패했습니다. 그들이 실패했던 현장이 광야입니다. 광야는 하나님의 임재 경험과 하나님의 부재 경험이 혼재되어 있는 곳입니다. 하나님의 임재 경험은 무엇입니까? 하나님이 우리와 함께하신다는 것을 온전히 느끼며 하나님이 우리에게 은혜를 베풀어 주심을 인정할 수밖에 없는 순간입니다. 하나님 부재 경험은 무엇입니까? 하나님이 우리를 떠나신 것 같은 느낌, 이제는 우리에 대해서 그 어떤 관심을 기울이지 않으신 것 같은 느낌, 그래서 마치 현재의 삶의 현장에서 하나님은 계시지 않는 것 같은 느낌을 갖는 순간입니다. 광야는 이런 하나님의 임재 경험과 하나님의 부재 경험이 혼재되어 있는 곳입니다. 이스라엘 백성들은 그 광야에서 실패했습니다. 오늘 우리에게는 어느 곳이 광야입니까? 우리의 인생길 자체가 광야의 여정이라고 할 수 있습니다. 하나님의 임재를 느끼는 순간에는 우리의 믿음이 흔들릴 일은 거의 없습니다. 그러나 하나님의 부재를 경험하게 되는 순간 우리의 믿음은 흔들리며 요동칩니다. 사실은 이때 우리 믿음의 진가가 드러나야 합니다. 우리가 진정 하나님의 사람임을 드러내야 할 시간은 하나님 부재를 경험하는 순간입니다. 하나님 부재의 순간에 우리의 믿음을 지켜내기 위해서라도 하나님이 우리에게 그동안 베푸셨던 은혜를 기억하는 것이 중요합니다. 하나님의 은혜를 기억함을 통해서 지금은 비록 고난 가운데 있지만 모든 것을 합력하여 선을 이루실 하나님을 소망할 수 있게 됩니다. 은혜를 받는 것도 중요하지만 내가 받은 은혜를 기억하는 것이 너무 중요합니다. 그럴 때만 우리의 믿음은 더욱 단단해질 수 있습니다.

신앙생활을 10년이나 20년 하신 분들 가운데도 조금만 어렵고 힘든 일이 닥치게 되면 내가 언제 하나님과 관계 맺었나 싶을 정도로 너무 쉽게 하나님과의 관계를 단절하는 사람들이 있습니다. 왜 이런 일이 벌어지는 것입니까? 10년이나 20년의 신앙의 연수 동안 믿음이 성장하지 못했기 때문입니다. 그 10년과 20년이라는 세월 동안 하나님으로부터 얼마나 많은 은혜를 받았겠습니까? 그런데 힘들고 어려운 순간에는 그 은혜를 전혀 기억하지 못하는 것입니다. 마치 20년 동안 하나님은 늘 자기를 버리시고 내팽개치셨던 것처럼 하나님에 대한 온갖 불평과 불만을 쏟아내는 분들이 많이 있습니다. 다시 한 번 강조합니다. 우리가 하나님의 은혜를 받는 것도 중요하지만 받은 은혜를 기억하는 것이 더욱 중요합니다. 받은 은혜를 언제 기억해야 합니까? 하나님 부재의 순간에 기억해야 합니다. 그렇게 할 때 우리의 믿음이 꺾이지 아니하고 더욱 단단한 믿음의 사람으로 살아갈 수 있는 것입니다.

3장에서 히브리서 저자가 출애굽 1세대의 불순종을 본받지 말라고 하는 이유가 무엇 때문입니까? 지금 히브리서의 수신자들이 이런 상황 가운데 있기 때문입니다. 지금 그들은 예수를 믿는 것으로 인해서 너무 힘든 고난의 상황 가운데 놓여 있습니다. 예수를 믿는 것으로 인해 너무 괴롭습니다. 언제 죽을지 모르는 위험한 상황에서 그들은 탄식하고 절규하고 있습니다. 이런 상황 가운데 놓여 있는 사람들에게 출애굽 1세대를 반면교사로 제시하면서 그들은 구원의 여정에서 실패했지만 당신들은 구원의 여정에서 실패하지 말라고 히브리서 저자가 당부하고 있습니다. 끝까지 승리하는 자가 되어 달라고 권면하고 있습니다.

4장 1절을 보겠습니다.

그러므로 우리는 두려워할지니 그의 안식에 들어갈 약속이 남아 있을지라도 너희 중에는 혹 이르지 못할 자가 있을까 함이라.

이런 말씀들은 오늘 한국 교회에서 선포되지 않고 있습니다. 한국 교회는 예배드리는 모든 사람들이 하나님의 구원을 다 받을 것처럼 말하지 않습니까? 만약에 목사님이 주일 강대상에서 1절의 말씀만 제대로 선포해도 신앙인들은 웅성웅성하며 큰 혼란에 빠질 것입니다. 목사님께서 "여러분 가운데서 하나님의 최종적인 구원에 이르지 못할 사람이 있을 것입니다"라고 말하면 교인들이 얼마나 큰 충격을 받겠습니까? 한국 교회는 교인들에게 큰 혼란과 충격을 줄 이런 말씀은 전혀 선포하지 못하고 있습니다. 11절도 마찬가지입니다.

그러므로 우리가 저 안식에 들어가기를 힘쓸지니 이는 누구든지 저 순종하지 아니하는 본에 빠지지 않게 하려 함이라.

히브리서 저자는 수신자들에게 끝까지 긴장을 늦추지 말 것을 권면합니다. 그러나 소비자 중심의 목회를 하고 있는 목회자들이 교인들의 눈치를 살피며 이런 말씀들을 주변부로 밀어내고 있습니다. 하나님의 말씀을 가감 없이 선포하는 곳이 참 교회라고 할 때 안타까운 모습이 아닐 수 없습니다. 3장 19절을 다시 보겠습니다.

우리가 입술로 하는 고백이나 머릿속에 있는 생각이 나의 믿음이라고 착각해서는 안 됩니다. 중요한 것은 자신의 신앙 고백에 걸맞은 믿음의 삶입니다. 머리로 생각하는 것은 관념에 불과합니다. 입으로 말하는 것은 주장에 불과합니다. 신앙과 믿음은 그 이상이 되어야 합니다. 삶으로 살아내는 그것이 진짜 신앙이고 진짜 믿음입니다. 입으로는 하나님이 자기 인생의 주인이라고 고백할 수 있지만 실제 삶에서는 맘몬과 욕망과 권력을 자기 인생의 주인으로 섬기며 살아가는 사람들이 얼마나 많습니까? 여기서 그가 모시는 진짜 주인은 누구이겠습니까? 입술로 고백한 그분입니까, 머릿속으로 생각하는 그분입니까, 실제 삶에서 그가 섬기고 있는 그분입니까? 믿음은 결국 삶으로 발현될 수밖에 없는 것입니다. 한 사람이 어떤 삶을 살고 있는가를 보면 우리는 그 사람의 신앙과 그 사람의 가치와 지향, 그 사람의 인생에 주인이 누구인가를 알 수 있습니다. 그런데 많은 신앙인들이 자기 머릿속에 생각이나 입술의 고백을 신앙이라고 착각합니다. 그리고 거기에 머물고자 합니다. 무엇보다 자기는 믿음과 신앙 고백이 있기에 하나님의 구원을 받을 것이라고 확신하고 있습니다. 히브리서 기자는 그렇게 자기 착각에 빠져 있는 사람들에게 단호하게 그렇지 않다고 말합니다. 12절에 보면 하나님의 말씀의 능력이 나옵니다.

하나님의 말씀은 살아 있고 활력이 있어 좌우에 날선 어떤 검보다
도 예리하여 혼과 영과 및 관절과 골수를 찔러 쪼개기까지 하며 또
마음의 생각과 뜻을 판단하나니.

이것이 말씀의 능력입니다. 말씀은 세상에서 형성된 우리의 옛 자
아를 찔러 쪼갭니다. 그래서 사람들은 말씀의 능력 앞에 온전히 서고
자 하지 않습니다. 자기를 지키고 싶기 때문입니다. 오늘날 한국 교
회는 설교 무용론이라는 비판을 받고 있습니다. 설교 무용론은 아무
리 많은 설교를 들어도 사람은 바뀌지 않는다는 조롱 섞인 말입니
다. 실상 말씀 안에는 한 존재를 근원적으로 변화시켜내는 힘이 있는
데 오늘날 한국 교회에는 말씀 앞에서 자기를 변화시켜낸 살아 있는
증인들을 배출해내지 못하고 있습니다. 그래서 오늘날 말씀의 능력
이 세상 사람들에 의해 조롱을 받고 있는 것입니다. 말씀을 많이 알
고 있는 것이 삶의 변화로 이어지지 않게 되면 말씀이 얼마나 능력이
없는지를 증거하는 부정적인 모델이 될 수 있음을 기억해야 합니다.
예를 들면 예배를 수백 번 드린 사람과 예배를 한 번도 드리지 않은
사람이 세계관이나 가치관이나 삶의 모습이 다르지 않다면 무슨 말
이 나오겠습니까? '예배를 많이 드려봤자 별 차이가 없네'라는 말이
나올 것입니다. 이것을 예배 무용론이라고 합니다. 성경을 한 구절도
읽어보지 않은 사람과 성경을 수십 번 읽고 설교도 수천 번 들은 사
람의 세계관과 가치관과 사람을 대하는 자세와 태도 그리고 물질을
소비하는 모습을 비롯한 삶의 모습이 세상 사람과 다르지 않다면 무
슨 이야기가 나오겠습니까? 성경을 아무리 많이 읽고 설교를 아무리
많이 들어봐도 사람은 바뀌지 않는다는 말이 나올 것입니다. 이것이

설교 무용론입니다.

이것은 매우 비극적이고 부끄러운 일입니다. 특별히 말씀을 사랑한다는 분들일수록 자기 성찰과 자기반성이 있어야 합니다. 하나님의 말씀에는 한 존재의 생각과 행동을 변화시켜내는 힘이 있습니다. 우리가 정직하게 말씀 앞에 서게 되면 나의 삶을 돌아보게 됩니다. 그러면서 말씀으로 자신을 담금질도 하게 되고 하나님 앞에서 마음을 새롭게 붙잡으며 말씀대로 살아가고자 하는 의지도 발동하지 않습니까? 말씀에는 잠자던 사람을 다시 깨어나도록 만드는 힘이 있고 자기중심적인 존재를 이타적인 존재로 전향시켜내는 힘이 있습니다. 말씀과 정직하게 대면하려고 하는 자에게는 그러한 말씀의 능력이 지금도 강력하게 역사하고 있습니다. 문제는 백날 말씀은 읽지만 말씀으로 자기를 변화시켜내려고 하지 않으면 아무리 말씀을 많이 접한다고 하더라도 말짱 '꽝'입니다.

오늘날 교인들 가운데 평균적으로 말씀을 가장 많이 보는 사람들은 신학자나 목회자일 것입니다. 그렇다면 신학자와 목회자들의 삶이 가장 많이 변해야 하는 것 아닙니까? 그런데 사실 그분들은 잘 변하지 않습니다. 왜 그럴까요? 실용적인 목적으로만 말씀을 접하기 때문입니다. 목회자들은 성경 연구에 목숨을 걸지 않습니다. 자기가 설교를 해야 할 때만 성경을 읽거나 남들의 설교를 듣습니다. 설교라는 과업을 위해서 성경을 읽을 뿐이지 일상의 삶에서 말씀으로 자신을 채우는 목회자들이 생각보다 많지 않습니다. 교인들의 상황은 어떠할까요? 말씀을 통하여 하나님에 대한 더욱 깊은 앎을 사모하고 말씀으로 자기를 변화시켜내고자 하는 신앙인들이 점점 사라져가고 있음이 참으로 안타까울 뿐입니다. 오늘날 한국 교회가 새로워지기 위해서는 목사님과 장로님과 권사님들이 정신을 똑바로 차려야 합니다. 소위 지도자와 중직자라고 자처하는 분들이 책임감을 가지고 신앙인의 삶이 어떠한지를 보여줄 수 있어야 합니다. 무엇보다 자기의 삶을 통하여 말씀의 능력이 여전히 유효함을 증거해야 합니다. 그것만이 한국 교회가 건강하게 소생할 수 있는 길입니다.

5장 11~14절에서 저자는 수신자들의 한계를 지적하고 있습니다.

멜기세덱에 관하여는 우리가 할 말이 많으나 너희가 듣는 것이 둔하므로 설명하기 어려우니라 때가 오래 되었으므로 너희가 마땅히 선생이 되었을 터인데 너희가 다시 하나님의 말씀의 초보에 대하여 누구에게서 가르침을 받아야 할 처지이니 단단한 음식은 못 먹고 젖이나 먹어야 할 자가 되었도다 이는 젖을 먹는 자마다 어린 아이니 의의 말씀을 경험하지 못한 자요 단단한 음식은 장성한 자의 것이니 그들은 지각을 사용함으로 연단을 받아 선악을 분별하는 자들이니라.

젖만 먹기 원하는 사람들은 선악을 분별하지 못합니다. 여기에 나오는 히브리서 수신자들은 고린도 교회 교인들의 모습과 매우 유사합니다. 바울도 고린도 교인들에게 보낸 편지에서 '내가 너희에게 밥을 먹이고 싶었는데 젖밖에 먹이지 못했다'고 한탄했습니다(고전 3:1). 한마디로 고린도 교인들이 어린아이의 신앙 단계에 머물러 있다는 책망입니다. 어린아이의 신앙 단계가 무엇입니까? 자기중심적인 신앙생활을 하는 것을 말합니다. 하나님을 믿기는 믿지만 자기를 위하여 믿는 것입니다. 하나님은 자기를 위한 존재가 되어야 하고 자기가 무엇을 구할 때마다 신속하게 자기 필요를 채워주어야 합니다. 그래야만이 하나님과의 관계가 유지될 수 있습니다. 이런 어린아이의 신앙 단계에서는 하나님을 위해 자기를 부인하고 하나님께 전적으로 순종하는 것이 불가능합니다. 나를 위해 하나님이 존재해야 한다고 생각하기 때문에 이들은 자기 부인을 할 줄 모릅니다. 하나님 앞에서 자기를 꺾어낼 줄 모르는 것입니다. 이런 어린아이의 신앙 단계를 뛰어 넘어야 합니다. 나를 위해 하나님이 존재하는 신앙에서 하나님을 위해 내가 존재하는 신앙으로 성장해야 합니다. 그러기 위해서는 제대로 말씀을 숙고해야 합니다. 또한 말씀을 살아냄을 통하여 말씀에 대한 온전한 이해가 깊어져야 합니다.

6장 4~6절을 보겠습니다. 이 말씀으로 인해 서방 교회는 히브리서의 정경성에 대해 오랜 세월 동안 부정적인 태도를 취했습니다.

한 번 빛을 받고 하늘의 은사를 맛보고 성령에 참여한 바 되고 하나님의 선한 말씀과 내세의 능력을 맛보고도 타락한 자들은 다시 새롭게 하여 회개하게 할 수 없나니 이는 그들이 하나님의 아들을 다시 십자가에 못 박아 드러내 놓고 욕되게 함이라.

본문은 배교의 경험이 있는 사람들을 아주 불편하게 만들었습니다. 그렇다면 본문의 의미가 무엇일까요? 본문은 신학적 입장이 무엇이냐에 따라 상이한 해석이 존재합니다. 먼저 알미니안주의자들은 이 말씀에 대하여 실제로 구원을 잃어버릴 수 있다는 것으로 해석합니다. 반면에 칼빈주의자들은 여기에 묘사된 사람들은 영원 전부터 구원받기로 예정된 진정한 그리스도인이 아니라고 봅니다. 왜 그렇습니까? 진짜 하나님의 구원을 받을 사람들은 하나님이 끝까지 견인해주실 것으로 이해하기 때문입니다. 그런데 이들은 중간에 탈락했습니다. 이를 통해서 이들은 하나님이 구원하시기로 작정한 자들이 아니라고 보는 것입니다. 알미니안주의자들과 칼빈주의자들의 해석은 다르지만 둘의 공통점이 있습니다. 무엇일까요? 믿음을 끝까지 지킨 사람만이 진짜 신앙인이라는 것입니다.

그런 의미에서 칼빈주의를 신봉하는 사람들은 너무 쉽게 누군가에게 '당신은 영원 전부터 구원받기로 예정된 사람입니다'라고 말하는 것을 조심해야 합니다. 그 사람이 10년이나 20년 후에 신앙을 저버릴 수도 있지 않습니까? 이후에 그 사람이 신앙을 저버리고 나면 그때는 또 이렇게 말할 것입니다. "가만히 보니까 이 사람은 하나님이 영원 전부터 구원하기로 예정한 사람이 아니었어요." 오늘날 너무 쉽게 구원을 도매급으로 선포하고 있습니다. 교회만 출석하고 세례만 받으면 영원 전부터 하나님의 구원을 받기로 예정된 사람인 것처럼 선포하고 있습니다. 그러나 구원에 대한 선포와 관련하여 우리는 조심하고 또 신중해야 합니다. 우리는 그 누군가에 대해서도 '당신은 구원받았네, 당신은 구원받지 못했네'라는 이야기를 함부로 할 수 없습니다. 구원의 판단 여부는 오직 하나님만이 내릴 수 있는 하나님의 영역입니다. 한 존재가 죽음의 순간까지 신앙을 온전히 붙잡기를 응원할 수는 있지만 그가 인생의 어느 시점에 신앙을 가졌다고 해서 너무 쉽게 구원의 완성을 확보한 것처럼 안심을 시켜주는 것은 조심해야 합니다.

찬송가를 선정할 때도 하나의 원칙이 있다고 합니다. 그 찬송가가 너무 좋다고 해도 그 곡을 작사한 사람과 작곡한 사람이 죽을 때까지 신앙을 잘 지켜내었는가를 주목한다고 합니다. 그 곡은 너무 좋은데 그 곡을 작사 또는 작곡한 사람이 죽기 전에 예수를 부인하거나 신앙을 저버린 사람이라면 우리가 그 곡으로 예배에서 찬양할 수는 없지 않겠습니까? 이처럼 우리가 누군가의 신앙에 대해서는 죽음의 순간까지도 함부로 판단할 수 없는 것입니다. 여담이지만 지금 한국 교회가 부르는 찬송가 가운데 작사가나 작곡가가 살아있을 때 찬송으로 지정된 곡들이 몇 곡 있습니다. 교단 정치적인 차원에서 그렇게 한 것인데 이것은 아주 잘못되었다고 생각합니다. 더욱이 찬송가에 실린 작사가나 작곡가의 삶이 그다지 선한 모델이 되지 못하기에 안타까울 따름입니다.

4~6절의 말씀은 유대교로 다시 돌아가고자 하는 신앙인들을 경고하기 위한 본문임을 기억하셔야 합니다. 경고의 맥락에서 저자가 강하게 말하고 있는 것입니다. 따라서 이 본문을 문자 그대로만 해석하려고 하면 안 됩니다. 경고의 말은 청중으로 하여금 충격을 주어서 좀 더 귀 기울여 듣게 하기 위해서 강하게 말하는 것입니다. 우리도 사람들과 대화를 나눌 때 중요한 말을 할 때나 상대방이 경청하지 않을 때 좀 더 강하게 말하지 않습니까? 예수님에게도 그런 사건이 있

었습니다. 하루는 친족들과 가족들이 공생애 사역을 중단시키기 위해 예수를 찾아온 것입니다. 그때 자신의 어머니와 형제들이 자기를 찾아 왔다는 이야기를 듣고 예수께서 어떻게 말씀하셨습니까? '누가 내 어머니이며 내 형제들인가?' 예수님의 이 말은 어머니 마리아와 형제들에게 아주 충격적이었을 것입니다. 그런데 놀라운 것은 이 이야기를 듣고 난 다음부터 가족들은 더 이상 예수의 사역을 훼방 놓지 않았다는 것입니다. 그리고 예수께서 십자가에 달리시는 그 현장에도 함께했습니다. 심지어 예수의 동생인 야고보는 예루살렘 교회의 지도자가 되어 예수 사역을 계승하는데 앞장섰습니다. 예수의 가족들이 예수에 대한 인식이 정확하게 언제 바뀌게 되었는지는 알 수 없지만 예수의 충격적인 말을 듣고 마리아와 형제들이 많은 생각을 하게 된 것은 분명합니다.

히브리서 저자는 유대교로 역개종하려고 하는 사람들에게 아주 강력한 경고의 말을 하고 있습니다. 강하게 경고하지 않으면 경청할 가능성이 없기에 더욱 강하게 발언하게 되었을 것입니다. 그래서 4~6절의 말씀을 문자 그대로만 해석하는 것을 조심해야 합니다. 세례를 받고 교회를 열심히 다니다가 신앙이 흔들리는 누군가를 향해서 "이제 당신은 다시 타락했기에 이제는 구원을 못 받습니다. 아무리 회개해도 안 됩니다"라고 말할 필요는 없습니다. 왜냐하면 우리 하나님은 정말 오래 참으시는 하나님이시고 긍휼이 많으신 분이기 때문입니다. 본문의 말씀을 문자 그대로만 적용하는 것에 대해 신중해야 합니다. 특히 자신을 점검하는 맥락에서 자기 자신에게 적용할 수는 있지만 다른 이들을 향해서 이 본문의 말씀을 가지고 부정적인 진단을 내리는 것은 조심해야 합니다. 히브리서의 저자가 이렇게 강력하게 말하고 있는 것은 이 정도로 강하게 말하지 않으면 사람들이 귀 기울여 듣지 않기 때문에 약간의 충격 요법으로 사용한 주장임을 기억하시면 좋겠습니다.

7장은 제사장적 기독론의 보고입니다. 먼저 3장 1절을 보겠습니다.

그러므로 함께 하늘의 부르심을 받은 거룩한 형제들아 우리가 믿는 도리의 사도이시며 대제사장이신 예수를 깊이 생각하라.

여기서 예수를 어떻게 수식하고 있습니까? '대제사장이신 예수'라고 말합니다. 예수를 대제사장이라고 할 때 유대인들은 즉각적으로 이렇게 반박할 것입니다. '예수가 대제사장이라면 레위 지파여야 하지 않는가?'하고 문제를 제기한 것입니다. 이런 반박에 대해서 저자는 예수는 멜기세덱과 같은 존재라고 답하고 있습니다. 이미 구약 성경에 레위 지파가 아니었음에도 불구하고 제사장의 역할을 감당했던 모델이 있다는 것입니다. 누구입니까? 멜기세덱입니다. 예수가 그런 멜기세덱과 같은 제사장임을 강조하는 것이 7장입니다.

8장을 보면 이스라엘의 불순종으로 인해서 옛 언약이 파괴되고 새 언약이 체결되었음을 말합니다. 9절을 보겠습니다.

또 주께서 이르시기를 이 언약은 내가 그들의 열조의 손을 잡고 애굽 땅에서 인도하여 내던 날에 그들과 맺은 언약과 같지 아니하도다 그들은 내 언약 안에 머물러 있지 아니하므로 내가 그들을 돌보지 아니하였노라.

13절을 보겠습니다.

새 언약이라 말씀하셨으매 첫 것은 낡아지게 하신 것이니 낡아지고 쇠하는 것은 없어져 가는 것이니라.

9절에는 그들이 내 언약 안에 머물러 있지 아니하므로 내가 그들을 돌보지 아니하였다고 말합니다. 이스라엘은 하나님과 시내산 언약을 체결하였지만 그 언약을 신실하게 준수하지 않았습니다. 언약을 준수하지 않게 되면 그 언약은 파기되고 무효화 됩니다. 언약을 체결하는 것보다 중요한 것은 언약을 신실하게 준수하는 것입니다. 세례 받음도 마찬가지입니다. 세례는 그동안 내 인생에 주인 노릇 해 왔던 것들을 과감하게 내어 버리고 하나님과 무관하게 살아왔던 옛 자아가 죽었음을 인정하면서 이제는 하나님의 백성으로 살겠다는 의식입니다. 세례를 받는 것이 중요합니까, 세례 받은 이후에 세례 받았을 때의 그 다짐과 결단에 걸맞은 삶을 살아내는 것이 중요합니까? 후자가 훨씬 중요합니다. 세례를 받고도 여전히 자기 인생의 옛 주인에게 복종하고 하나님의 뜻을 거역한다면 그 세례는 아무런 의미도 갖지 못하는 것입니다. 다시 한 번 강조하지만 언약을 체결하는 것보다 중요한 것은 언약을 신실하게 준수하는 것입니다.

9장을 보면 지성소에는 대제사장이 일 년에 한 번 속죄일에만 제물의 피를 가지고 들어갈 수 있습니다. 7절을 보겠습니다.

여기 나오는 일 년에 한 번이 바로 '대속죄일'입니다. 히브리 음력 달력으로는 7월 10일입니다. 이스라엘은 7월 1일이 새해 첫 날입니다. 유대인들이 사용하는 유대력으로는 새해가 가을에 시작합니다. 유대력으로 7월 1일이 새로운 해가 시작되는 날입니다. 그래서 이 날에 무엇을 합니까? 나팔을 붑니다. 이것을 나팔절이라고 합니다. 이 날에 나팔을 부는 이유는 새로운 한 해가 시작되었음을 알리는 것입니다. 그리고 7월 10일에 대속죄일을 거행하고 7월 15일부터 일주일 동안은 초막절 잔치를 지킵니다. 초막절은 오곡백과가 가장 풍성한 때입니다. 이스라엘의 음력은 우리가 사용하는 태양력과 두 달 차이가 납니다. 예를 들면 이스라엘의 7월은 우리에게는 9월 정도가 됩니다. 이스라엘의 7월은 종교적으로 가장 풍성한 달입니다. 7월 1일이 새해 첫 날인 나팔절이고 7월 10일은 대속죄일이고 7월 15일부터는 일주일간 초막절을 지킵니다. 7월이 새해가 시작되는 첫 달이기 때문에 이때 중요한 절기들이 많이 모여 있습니다.

4절을 보겠습니다.

여기 언약궤 안에 들어 있다고 언급된 것들은 구약에 나오는 내용과는 조금 상이합니다. 언약궤 안에는 언약의 두 돌 판이 있습니다. 만나를 담은 항아리와 아론의 싹 난 지팡이는 언약궤 앞에 두라고 하셨지 언약궤 안에 있는 것이 아닙니다. 그런데 히브리서 기자는 만나 항아리와 아론의 싹난 지팡이도 언약궤 안에 있다고 기록하고 있습니다. 이러한 기술은 구약과는 맞지 않습니다. 그런데 대부분의 한국 교인들은 9장 4절에 근거해서 언약궤 안에 세 개가 들어 있다고 생각합니다. 이것은 히브리서 기자의 해석이지 구약과는 맞지 않는 내용입니다. 구약에 근거하면 언약의 두 돌 판은 언약궤 안에 있는 것이 맞습니다. 그러나 만나를 담은 항아리와 아론의 싹난 지팡이는 언약궤 앞에 두었습니다. 그런데 기자는 언약궤 앞에 두었던 두 가지를 언약궤 안에 들어 있는 것으로 기술합니다. 아마도 이 모든 것이 지성소 안에 있었기 때문에 그렇게 기술한 것이 아닐까 생각할 수 있습니다.

9장은 예수가 대제사장이라는 주장에 대한 반박과 그것에 대한 답변이 등장합니다. 첫 번째 반박 질문은 예수가 대제사장이라면 그가 사역하는 곳은 어디인가 하는 것입니다. 여기에 대해서는 24절에 답하고 있습니다.

그리스도께서는 참 것의 그림자인 손으로 만든 성소에 들어가지 아니하시고 바로 그 하늘에 들어가사 이제 우리를 위하여 하나님 앞에 나타나시고.

예수님이 사역하시는 곳을 하늘 성소라고 밝힙니다. 두 번째 반박 질문은 예수가 대제사장이라면 예수가 바치는 제물은 무엇인가 하는 것입니다. 여기에 대해서는 26절이 답하고 있습니다.

그리하면 그가 세상을 창조한 때부터 자주 고난을 받았어야 할 것이로되 이제 자기를 단번에 제물로 드려 죄를 없이 하시려고 세상 끝에 나타나셨느니라.

예수가 바치는 제물은 바로 자기 자신임을 드러냅니다. 세 번째 반박 질문은 그렇다면 예수는 지상의 제사장들처럼 계속해서 반복적인 제사를 드리고 있는가 하는 것입니다. 이 질문에 대해서는 예수께서 한 번에 제사를 완성하셨다고 답변합니다. 이것이 9장의 핵심적인 내용입니다.

10장에서는 35절이 중요합니다. 35절은 저자가 말하고자 하는 핵심을 잘 담고 있습니다.

그러므로 너희 담대함을 버리지 말라 이것이 큰 상을 얻게 하느니라.

저자는 담대함 가운데 신앙을 굳게 붙잡을 것을 권면합니다. 박해와 죽음에 대한 두려움 앞에서도 결코 흔들리지 말 것을 촉구합니다. 그다음에 돌이키지 말라고 말합니다. 이것은 유대교로 역개종하지 말고 교회 공동체 안에 머무르라는 것입니다. 이것이 저자가 말하고

자 하는 핵심입니다.

　다음으로 11장을 보겠습니다. 11장을 믿음장이라고 부릅니다. 여기서 말하는 믿음은 헤브라이즘이 말하는 믿음입니다. 헬레니즘처럼 어떤 주장을 내가 동의하거나 인지적으로 수용하는 그런 믿음이 아닙니다. 하나님만을 내 인생의 주인으로 삼는 것, 하나님이 가라고 하면 가고 멈추라고 하면 멈추는 것, 하나님의 말씀에 내 인생을 의탁하는 것이 헤브라이즘이 말하는 믿음입니다. 그 믿음을 살아낸 사람들의 이야기가 11장에 나옵니다. 그런데 11장을 읽으면서 우리가 오해해서는 안 될 것이 있습니다. 11장에 언급된 믿음의 사람의 삶 전체가 하나님으로부터 믿음의 삶으로 인정받고 있는 것은 아니라는 것입니다. 이것을 분별하셔야 합니다. 그 사람이 삶의 여정 가운데 내딛었던 믿음의 사건과 순간을 믿음의 모델로 제시하고 있는 것이지 결코 그의 삶 전체가 믿음의 삶이었다는 평가는 아닙니다. 실제로 많은 신앙인들은 11장에 언급된 사람들을 믿음의 사람이라고 하면서 그들이 마치 태어나서 죽을 때까지 믿음의 삶을 산 것처럼 생각합니다. 그러나 결코 그렇지 않습니다. 그것이 아니라는 것을 우리는 29절을 통해서 알 수 있습니다.

믿음으로 그들은 홍해를 육지 같이 건넜으나 애굽 사람들은 이것을 시험하다가 빠져 죽었으며.

　여기서 말하는 그들은 누구입니까? 출애굽 1세대들입니다. 그런데 출애굽 1세대의 삶 전체가 믿음의 삶이었습니까? 결코 그렇지 않습니다. 홍해를 건너는 그 사건 속에서는 출애굽 1세대가 칭찬받을 만한 믿음을 드러내 보인 것입니다. 32절을 보면 사사 입다와 삼손의 이름이 언급되고 있습니다. 사사기에서 보여주고 있는 입다나 삼손의 삶 전체가 믿음의 삶이었습니까? 결코 그렇지 않습니다. 그러나 특정한 순간과 사건 속에서 그들은 하나님에 대한 믿음을 자신들의 삶으로 입증했습니다. 그것을 히브리서 저자는 칭찬하고 있는 것입니다. 11장에 나오는 사람들의 명단을 보면서 이들의 삶 전체를 믿음의 삶이라고 규정하는 것은 매우 위험한 판단입니다. 저자는 그들이 행했던 특정한 사건 안에서의 믿음을 강조하고 있는 것이지 결코 그들의 삶 전체를 믿음의 삶으로 규정하는 것은 아님을 기억하셔야 합니다. 이들은 자신들의 삶을 통해서 자신들의 믿음을 증거했습니다. 히브리서 저자는 믿음의 사람들이 보여주었던 믿음의 삶을 제시하면서 수신자들이 자신들 앞에 놓여 있는 그 믿음의 길을 담대하게 걸어갈 것을 촉구하고 있는 것입니다. 고난 받음의 동일한 상황 속에서 같은 믿음을 드러낼 것을 촉구하고 있는 것입니다. 믿음이라는 단어는 신실함과 충성으로도 번역할 수 있습니다. 믿음은 하나님에 대한 변함없는 충성, 신실한 모습을 통해서 입증되어야 하는 것입니다. 하나님에 대한 믿음을 갖는 것도 중요하지만 그 믿음을 지켜내는 것이 더욱 중요한 것입니다.

1절에 "믿음은 바라는 것들의 실상이요"라는 말씀이 나옵니다. 믿음은 바라는 것들의 실상입니다. 신앙인들이 바라는 것이 무엇입니까? 하나님 나라의 삶입니다. 믿음이라고 하는 것은 내가 꿈꾸고 소망하는 하나님 나라의 그 삶을 지금 살아내는 것입니다. 믿음이 있다고 하면서 이 땅에서는 하나님께 순종하고자 하는 마음을 전혀 먹지 않고 죽은 후에나 하나님 나라에 가서 하나님께 순종해야지 하고 마음먹을 수는 없는 것입니다. 그것은 믿음이 없는 자의 핑계일 뿐입니다. 그런 믿음 없는 자가 어떻게 하나님 나라에 들어갈 수 있겠습니까? 내가 꿈꾸고 소망하는 하나님 나라의 삶, 하나님의 통치가 온전히 구현되어지는 삶, 하나님의 통치를 기뻐하는 존재로서의 삶, 내가 바라는 것을 지금 살아내는 삶이 바로 참된 믿음의 삶입니다.

30절을 보겠습니다.

믿음으로 칠 일 동안 여리고를 도니 성이 무너졌으며.

여리고를 돌았던 사람들은 출애굽 2세대들입니다. 출애굽 1세대와 마찬가지로 2세대들도 하나님에 대한 참된 믿음을 드러내지 못했습니다. 출애굽 2세대의 삶 전체는 결코 믿음의 삶이라고 할 수 없습니다. 그들은 가나안 땅을 주시겠다는 하나님의 약속을 붙잡고 용기 있게 가나안 일곱 부족과 싸우지 못했습니다. 결국에는 가나안 부족들과 동거하게 되었고 동거의 결과 가나안 원주민들의 이방 문화에 동화되어 버렸습니다. 그들은 믿음의 길에서 실패했습니다. 그러나 여리고 성을 차지하는 과정 속에서는 하나님에 대한 믿음을 보였고 하나님의 말씀에 온전히 순종했습니다. 히브리서 저자는 그것을 하나의 믿음의 모델로 제시하고 있는 것입니다. 다시 한 번 강조하지만 11장에 언급된 믿음의 사람들에 대해서 그들의 삶 전체가 믿음의 삶이었던 것처럼 오해해서는 안 됩니다. 특정한 사건 안에서 그들의 믿음을 칭찬하는 것임을 기억하셔야 합니다.

12장 16절에는 망령된 자의 모델로 에서를 제시하고 있습니다.

여기 '망령된'이라는 말은 '나는 이미 구원 받았어'라는 착각을 말합니다. 자기 구원에 대해 자신만만함을 갖지 말라는 것입니다. 에서는 장자였음에도 불구하고 장자의 명분을 빼앗겼습니다. 이유가 무엇입니까? 장자권을 경홀히 여겼기 때문입니다. 에서는 장자의 명분을 당연한 것으로 생각하고 그것을 존귀하게 붙잡지 않았습니다. 에서는 장자권과 팥죽을 교환하자는 야곱과의 대화를 말장난으로 생각했을지 모르겠습니다. 그런데 두 사람의 대화에서 에서가 얼마나 장자의 명분을 가볍게 생각하고 있는가 하는 것이 드러납니다. 하나님의 선물을 언제든지 자신이 소유할 수 있는 것처럼 착각해서는 안 됩니다. 구원은 하나님의 값진 선물입니다. 우리가 하나님의 백성이 된 구원 사건은 너무나 귀중하고 값진 선물입니다. 그러나 오늘날 구원의 선물을 너무 가볍게 생각하는 분들이 있습니다. 구원을 너무 쉽게 받다 보니까 구원을 너무 가볍게 생각합니다. 하나님의 통치를 기뻐하지도 않으면서 자기는 구원을 받을 것이라고 자신만만해 하는 신앙인들이 너무 많습니다. 자기가 구원받을 것이라는 확신을 믿음이라고 착각합니다. 이러한 모습은 에서의 모습과 다를 바가 없습니다. 당시에도 이런 신앙인들이 있었던 것입니다. 그래서 히브리서 저자는 구원을 당연한 것으로 여기는 자들에 대해 경고하고 있습니다. 구원은 하나님의 백성이 되는 것이고 그의 통치 안에 거하는 것입니다. 구원을 얻는 것도 중요하지만 더욱 중요한 것은 구원을 지켜내는 것입니다. 구원의 여정에서 구원을 상실하는 자들이 많이 있음을 기억해야 합니다. 그렇게 구원을 상실한 자 가운데 한 사람이 에서입니다.

13장 13절을 보겠습니다.

그런즉 우리도 그의 치욕을 짊어지고 영문 밖으로 그에게 나아가자.

여기 '영문'은 예루살렘으로 유대교를 상징하고 영문 밖은 골고다 언덕으로 기독교를 상징합니다. 현대인들은 성 안에 살고 있는 것이 아니기에 이 말의 의미를 이해하는 것이 결코 쉽지 않습니다. 그러나 당시에는 성 안에 거주하는 것과 성 밖에 거주하는 것은 삶의 안정감과 보호 받음이라는 맥락에서 볼 때 하늘과 땅 차이였습니다. 영문 밖에 거주하게 되면 자신이 자신을 지켜내야 합니다. 누군가의 보호로부터 완전히 소외된 현장이 영문 밖입니다. 영문 밖은 철저한 고난과 역경의 길입니다. 히브리서의 저자는 수신자들에게 고난과 역경의 길을 담대하게 걸어가자고 촉구합니다. 왜 그렇게 해야 합니까? 그 길을 예수 그리스도께서 먼저 걸어가셨기 때문입니다. 이것이 13절이 말하고자 하는 의미입니다.

22절을 보겠습니다.

형제들아 내가 너희를 권하노니 권면의 말을 용납하라 내가 간단
히 너희에게 썼느니라.

히브리서는 편지로 보내어진 설교문입니다. 편지의 목적은 유대교
로 역개종하고자 하는 자들에게 새 언약의 공동체인 교회 안에 머물
것과 예수의 길을 끝까지 인내하며 걸어갈 것을 촉구하는 것입니다.
여기까지 하고 질문 받겠습니다.

Q 강의를 통하여 현재적 구원을 누리지 못하는 사람이 과연 미래적 구원
을 받을 수 있을까에 대해 깊은 고민을 하게 되었습니다. 그럼에도 불구하고
현재적 구원을 누리지 못하는 사람도 미래적 구원을 받을 수 있지 않을까 하
는 생각을 하게 되는데 목사님의 보충 설명 부탁드립니다. 그리고 오늘날 많
은 학자들이 만인 구원론에 대해 긍정적인 반응을 보인다는 이야기를 들은
적이 있는데 그것이 사실인지도 궁금합니다.

A 저는 많은 학자들이 만인 구원론에 대해 긍정적인 반응을 보인
다는 이야기는 처음 들었습니다. 아마도 만인 구원론보다는 지옥 잠
정설에 대한 수용을 그렇게 이해하신 것 같습니다. 지옥 잠정설이 궁
극적으로는 모든 사람들이 하나님의 통치 안에 거하는 하나님의 백
성이 된다는 것이기에 이것을 만인 구원론으로 오해한 것이 아닐까
생각됩니다. 그러나 지옥 잠정설은 만인 구원론과는 중요한 차이가
있는 주장입니다. 지옥 잠정설은 지옥의 존재를 인정할 뿐만 아니라

악인들이 하나님의 심판을 받고 특정 기간 동안 지옥에서 참회의 시간을 가진다는 특징이 있습니다. 물론 지옥이라는 중간 과정이 어느 정도 존속될지를 가늠할 수가 없습니다. 그 기간 동안 악인들은 지옥에서 참회와 갱신의 시간을 보내게 될 것입니다. 영원한 지옥만을 강조하게 되면 하나님께서는 악인들이 영원무궁토록 고통 가운데 있는 것을 지켜보는 신이 됩니다. 그런데 지옥 잠정설은 하나님께서 지옥을 만드신 목적이 무엇인가를 주목합니다. 그들이 지상의 삶에서 저질렀던 죄에 대해 참회하기를 원하실 뿐만 아니라 그들이 궁극적으로 갱신되고 정화되기를 기대하신다고 보는 것입니다. 지옥 잠정설은 하나님이 악인들에게 또 한 번의 기회를 주시고 그들이 진정 돌이키기를 기대하신다는 차원에서 나온 주장이라고 이해하시면 될 것 같습니다.

그리고 현재적 구원을 누리지 못해도 미래적 구원을 받을 수 있지 않을까 하는 질문을 하셨는데 중요한 것은 이것입니다. 일단 누군가의 구원에 대해서 우리가 함부로 단정해서는 안 됩니다. 한국 교회는 너무나 쉽게 구원을 단정적으로 선포해줍니다. 이것은 매우 신성모독적인 행위일 수 있습니다. 우리가 누구는 구원을 받고 누구는 구원을 받지 못한다고 단정할 수 있습니까? 그럴 수 없습니다. 구원은 전적으로 하나님이 판단하실 문제입니다. 우리는 오직 하나님의 긍휼하심과 자비를 구할 뿐입니다. 이 전제를 우리가 겸허히 받아들이는 것이 필요합니다. 현재적 구원을 누리지 못한다는 말은 그가 현재 하나님의 통치 바깥에 있다는 말입니다. 하나님의 통치를 기뻐하지 않는다는 것입니다. 그런 사람이 미래적 구원을 받기는 쉽지 않을 것

같습니다. 왜냐하면 하나님의 통치를 기뻐하지 않는 사람을 억지로 하나님의 통치를 받게 만드는 것이 그에게 진정 기쁨이 되겠습니까? 현재적 구원을 누리지 못하는 사람이 미래적 구원을 누리기 위해서는 전적인 회심을 해야 합니다. 하나님에 대한 왜곡된 인식이 변화되어야 하고 하나님께 순종하는 삶이 얼마나 기쁘고 즐거운 일인가를 경험해야 합니다. 이런 과정들을 거친 이후에야 미래적 구원을 받을 수 있습니다.

야고보서 Ⅰ

야고보서의 별명이 신약 성경의 아모스입니다. 예언서를 보면 주전 8세기에 사역했던 대표적인 예언자가 네 사람 있습니다. 이들 가운데 북이스라엘에서 사역했던 예언자가 두 사람이 있는데 한 사람이 아모스이고 다른 한 사람이 호세아입니다. 아모스와 호세아는 비슷한 시기에 북이스라엘에서 사역했는데 아모스와 호세아가 강조했던 메시지는 많이 다릅니다. 아모스는 정의를 강조했고 호세아는 사랑을 강조했습니다. 그래서 아모스의 별명은 정의의 예언자이고 호세아의 별명은 사랑의 예언자입니다. 신약 성경에서 아모스처럼 하나님의 정의를 강조하는 본문이 있는데 바로 야고보서입니다. 그래서 야고보서의 별명이 신약 성경의 아모스입니다. 야고보서의 수신자들은 흩어져 있는 열두 지파입니다. 흩어져 있는 열두 지파라는 것은 하나님의 백성 모두를 의미합니다. 즉 야고보서는 하나님의 백성 누구나 읽어도 되는 서신입니다. 그래서 야고보서는 공동 서신이 되는 것입니다. 공동 서신에서 공동이라는 말은 수신자가 공동이라는 뜻입니다. 하나님의 백성 누구나 읽을 수 있는 본문이 야고보서입니다.

야고보서는 실천하는 믿음의 중요성을 강조합니다. 2장 17절을 보겠습니다.

이와 같이 행함이 없는 믿음은 그 자체가 죽은 것이라.

여기 '죽은 것'이라는 말은 '믿음이 아닌 것'이라는 말입니다. 믿음이 아닌 것을 믿음이라고 착각해서는 안 된다는 것입니다. 야고보서가 쓰일 당시에는 너무나 많은 신앙인들이 헬레니즘의 믿음을 믿음이라고 착각했습니다. 하나님이 천지의 창조자이신 것을 자신이 동의하거나 인지적으로 수용하게 되면 믿음이 있는 것처럼 예수가 우리의 대속자이고 구원자이심을 인지적으로 동의하고 수용하게 되면 믿음이 있는 것처럼 착각을 한 것입니다. 그런 착각에 대해서 야고보는 뭐라고 말하고 있습니까? 행함이 없는 믿음은 그 자체가 죽은 것이라고 말합니다. 죽은 것이라는 말은 그것이 믿음이 아니라는 것입니다. 그것을 믿음이라고 착각해서는 안 된다는 것입니다. 결국은 우리가 살아내는 삶을 통해서 우리가 무엇을 믿고 있는가 하는 것이 드러납니다. 그것을 야고보는 강조하고 있습니다. 야고보서의 주제는 실천하는 믿음의 중요성입니다.

바울 서신이 사람이 하나님 앞에서 어떻게 의롭게 되는가 하는 칭의의 원인을 말한다면 야고보서는 의롭게 된 사람은 어떻게 살아야 하는가 하는 칭의의 결과, 즉 믿음과 행위의 관계를 말하고 있습니다. 바울 서신이 초신자를 대상으로 한 교재라면 야고보서는 기존 신자를 대상으로 한 성장반 교재라고 할 수 있습니다. 한국 교회에서는 신앙생활을 10년이나 20년 하신 분들도 허구한 날 바울 서신만 붙잡고 거기에 머물러 있는 경우가 대부분입니다. 로마서, 에베소서, 갈라디아서와 같은 바울 서신만을 붙잡고 있는 것입니다. 이것은 말씀을 사랑하는 듯 보이지만 실상은 말씀을 취사선택하는 편식의 모습이라고 할 수 있습니다. 중학교에서 고등학교로 진학했으면 수학 시간에 미분 문제도 풀고 적분 문제도 풀어야 하지 않겠습니까? 그런데 수학을 포기한 수포자들은 항상 수학책 앞부분에 나와 있는 명제와 집합만 공부합니다. 이차 방정식 때부터는 공부를 잘 안 합니다. 그러니까 당연히 미분과 적분을 풀 수가 없는 것입니다. 오늘날 신앙인들의 모습이 이와 유사하다는 생각이 듭니다.

신앙생활의 초보자들에게는 바울 서신이 중요합니다. 왜 바울 서신이 중요합니까? 바울 서신은 하나님과 상관이 없던 흑암의 권세 가운데 있던 죄인이 어떻게 하나님과 관계를 맺어 하나님의 백성이 되었는지에 대해 자세하게 설명하고 있습니다. 즉 칭의의 원인을 말해주고 있는 것입니다. 이 내용을 반드시 신앙의 첫걸음에서 숙지해야 합니다. 이 내용을 접하게 되면 하나님의 은혜가 너무나 귀하고 감격스러운 것임을 깨닫게 됩니다. 그런데 하나님의 백성이 된지 10년이 지나고 20년이 지났는데도 계속 이 내용만 붙잡고 있으면 어떻게 하겠습니까? 이제는 하나님께서 나를 선택하시고 백성 삼아주신 목적을 기억하며 하나님의 사람으로 더 힘 있게 살아가야 하는 것 아닙니까? 신앙의 연수에 걸맞게 성장 반으로 올라가야 하는 것입니다. 그런데 초신자용 교재인 바울 서신만을 붙잡고 있으면 어떻게 되겠습니까? 성장반 교재라고 할 수 있는 공동 서신은 무엇을 강조합니까? 하나님의 은혜로 하나님의 백성이 된 사람들에게 하나님이 허락하신 구원을 어떻게 지켜낼 것인가를 강조합니다. 이것을 말하는 것이 공동 서신입니다. 공동 서신은 하나님의 은혜로 하나님의 백성이 되었다고 해서 안심할 수 없다고 말합니다. 하나님의 백성이 된 것, 즉 의롭게 된 것을 치열하게 지켜내야 합니다. 매순간 하나님의 통치 안에 거하기를 결단하면서 한 번 받은 구원을 지켜내야 하는 것입니다. 그렇지 못하면 구원을 상실할 수 있다고 경고하는 것이 공동 서신입니다.

바울 서신이 초신자용이라면 공동 서신은 기존의 신자들을 대상으로 한 성장반용이라고 말하는 이유가 여기에 있습니다. 이제 막 하나님의 백성이 되어 구원의 삶을 시작한 사람에게 '당신은 구원을 상실할지 모릅니다'하고 말하게 되면 그 사람이 얼마나 부담스러워하겠습니까? 이것은 신앙의 연수가 조금은 오래되어서 신앙이 권태기에 빠져 있는 사람들에게 필요한 메시지입니다. 성장반에서 할 수 있는 말인 것입니다. 한국 교회가 바울 서신에 대한 과도한 집착 또는 지나친 짝사랑을 뛰어넘어 신앙의 연수에 걸맞게 바울 서신과 공동 서신을 균형 있게 강조했으면 좋겠습니다. 바울의 강조점은 우리가 어떻게 구원을 받게 되었는가에 있다면 야고보의 강조점은 받은 구원을 어떻게 지켜낼 것인가에 있습니다. 여기서 '구원을 받는다'라는 것은 하나님의 백성이 된다는 것입니다. 하나님의 백성이 된다는 것은 하나님의 통치 안에 거한다는 것입니다. 즉 바울은 우리가 어떻게 하나님의 백성이 되었는가, 우리가 어떻게 하나님의 통치 안에 거하게 되었는가를 말하면서 그것은 전적인 하나님의 은혜임을 강조합니다. 이것이 바울 서신입니다. 그런데 야고보서는 하나님의 은혜로 하나님의 백성이 된 것이 끝이 아님을 말하면서 하나님의 은혜를 지켜내기 위해서는 매 순간 하나님께 순종하는 결단이 필요하다는 것을 말합니다. 그럴 때만이 우리의 구원을 지켜낼 수 있습니다. 그리고 삶으로는 하나님께 순종하지 않으면서 머리로만 하나님을 믿는 것은 관념이지 신앙이 아님을 폭로합니다. 삶으로 발현되지 않은 신앙은 죽은 것임을 강조하는 것이 야고보서입니다.

2장 14절을 보겠습니다.

내 형제들아 만일 사람이 믿음이 있노라 하고 행함이 없으면 무슨 유익이 있으리요 그 믿음이 능히 자기를 구원하겠느냐.

한번 생각해 보십시오. 예수님께서 누군가에게 '나를 따르라'고 요청하셨는데 입으로는 '네'하고 대답하고 몸으로는 따르지 않는다면 이것은 예수를 따른 것입니까, 따르지 않는 것입니까? 당연히 따르지 않은 것입니다. 하나님께서는 이스라엘 백성들에게 여리고 성을 주시겠다고 약속하셨습니다. 그리고 이스라엘 백성들에게 6일 동안은 여리고 성을 한 바퀴씩 침묵 가운데 돌고 7일째는 일곱 바퀴를 돈 후에 하나님의 사인이 주어지면 함성을 지르라고 말씀하셨습니다. 그때 이스라엘 백성들이 '네'하고 대답하고 하나님이 지시하신 바대로 행하지 않는다면 이것은 하나님의 지시를 따른 것입니까, 따르지 않은 것입니까? 당연히 따르지 않은 것입니다. 그런데 우리는 어떤 착각을 합니까? 입으로 고백한 것을 그 사람의 신앙이라고 착각합니

다. 이 착각에서 이제는 벗어나야 합니다. 말하는 바가 그의 신앙이
아니라 행하는 바가 그의 신앙인 것입니다.

특별히 강대상에 서시는 분들은 스스로를 끊임없이 성찰해야 합니
다. 교인들도 분별력을 갖추는 것이 필요합니다. 강대상에 서는 목사
님들만 제대로 된 믿음을 가지고 있더라도 한국 교회가 이렇게 되지
않았을 것입니다. 강대상에서 찬양을 인도하는 사역자들만 정신을
차렸어도 한국 교회는 지금과 많이 달라졌을 것입니다. 찬양을 인도
하는 모습을 보면 진짜 천사의 모습이 저러지 않을까 하는 생각을 하
게 됩니다. 찬양하는 그들의 모습을 보면서 저분들의 일상은 얼마나
멋지고 아름다울까 생각하게 됩니다. 하지만 노래만 잘 부르는 찬양
사역자들이 많습니다. 그분들이 부르는 것이 진정한 찬양이라면 노
래가 끝난 다음에 하나님을 알기 위해서 더 열심을 내야 하고 하나님
께 순종하기 위해서 더 분투하는 모습을 보여야 할 것입니다. 그런데
찬양이 끝나고 나면 무대 공연을 마친 배우처럼 긴장감이 풀어지는
모습들을 자주 보게 됩니다. 그렇다면 그들이 부른 것은 노래이지 찬
양이라고 할 수 없습니다. 설교자도 마찬가지입니다. 강대상에서 외
치는 메시지가 그의 삶이고 믿음이라고 생각하시면 안 됩니다. 배우
들도 자기가 해야 할 대사를 능수능란하게 소화할 수 있습니다. 목회
자들이 선포하는 말씀과 찬양 사역자들의 고백이 그의 신앙이고 믿
음이라고 성급하게 규정해서는 안 됩니다.

그런데 예나 지금이나 그런 모습에 속는 사람들이 너무도 많습니
다. 특히 찬양을 인도하는 목회자들에게 마음을 빼앗기는 자매들이

많습니다. 겉으로 드러나는 모습이나 그의 말이 그 존재 자체라고 생각해서는 안 됩니다. 제발 정신 차리라고 권면해 주셔야 합니다. 찬양을 인도하는 그의 모습이 그의 본 모습인지 아닌지는 하나님만이 아십니다. 설교하는 목사님의 주장이 그의 신앙의 고백인지 대본을 읽는 배우의 모습인지 하나님만이 아십니다. 우리는 그의 삶을 제대로 알기 전까지는 한 존재에 대한 판단을 유보해야 합니다. 너무 쉽게 존경하고 너무 쉽게 추종하는 것을 조심해야 합니다. 어떤 강사가 강의를 할 때 그것이 그 사람의 본 모습일까요? 그렇지 않습니다. 그 사람의 본 모습은 일상의 삶에서 그와 가장 가까이에서 오랜 시간 만나왔던 분들만이 알 수 있는 것입니다. 멀리서 가끔 그를 보는 사람들은 절대로 본 모습을 알 수 없습니다. 그런데 우리는 너무 쉽게 무대에서만 드러나는 모습을 마치 그 사람의 본 모습인 양 생각하고 연예인을 추종하는 것처럼 그 사람을 신격화하는 경향들이 있습니다. 이로 인해 얼마나 많은 이단과 사이비들이 판을 치고 있습니까? 분별력을 갖춘 신앙인이라면 이런 자세와 태도를 지양해야 합니다.

14절이 말하는 것처럼 삶으로 발현되지 않는 기독교 신앙은 유신론적인 관념론에 불과합니다. 신앙은 삶이라는 것을 아셔야 합니다. 신앙인들은 누구나 '나는 하나님만을 섬기겠습니다. 하나님과 맘몬을 겸하여 섬기지 않겠습니다'하고 고백할 수 있습니다. 그러나 일상의 삶에서는 자본의 신을 추종하고 자본의 신에게 무릎을 꿇으며 살아가는 분들이 많습니다. 그들은 엄밀한 의미에서 맘몬을 섬기고 숭배하는 사람이지 결코 하나님의 백성은 아닙니다. 그 사람이 진짜 하나님을 섬기는 것인지 맘몬을 숭배하는 것인지는 그의 고백에 의해서가 아니라 그 사람의 삶을 통해서 드러나게 되어 있습니다. 그가 살아내고 있는 실제의 모습을 우리는 주목해야 합니다. 주목해야 할 것은 관념론적인 신앙이나 삶으로 발현되지 않는 신앙은 하나님께 반역하는 귀신들도 갖고 있다는 것입니다.

19절을 보겠습니다.

네가 하나님은 한 분이신 줄을 믿느냐 잘 하는도다 귀신들도 믿고 떠느니라.

여기서 중간에 나오는 '잘 하는도다'는 칭찬이 아니라 책망이 섞인 조롱입니다. 신앙인들 가운데 머리로만 믿는 사람들이 있습니다. 생각이나 관념 속에서만 신앙생활을 하는 것입니다. 삶으로는 하나님의 말씀을 경청하지도 않고 순종하지도 않습니다. 그런 사람들을 대상으로 19절 말씀을 선포하고 있는 것입니다. 핵심은 너희들이 가지고 있는 그 정도의 믿음은 귀신들도 다 가지고 있다는 것입니다. 19절을 다시 보면 "네가 하나님은 한 분이신 줄을 믿느냐." 그 다음에 뭐라고 말합니까? "귀신들도 믿고 떠느니라." 귀신들도 무엇을 믿고 있다는 것입니까? 하나님이 한 분이신 것을 믿고 있습니다. 심지어 귀신은 하나님 앞에서 두려워 떨기까지 합니다. 하나님을 경외합니다. 그렇다면 귀신이 하나님이 한 분이신 것도 믿고 하나님에 대한 두려움과 경외도 가지고 있다면 귀신도 구원받을 수 있는 것입니까? 천만의 말씀입니다. 19절이 강조하는 것이 무엇입니까? 그런 믿음으로 구원받는 것이라면 귀신들도 다 구원받는다는 것입니다. 그것은 진짜 믿음이 아니라는 것입니다. 야고보서의 수신자들이 생각하는 것처럼 하나님이 한 분이시고 예수는 우리의 구원자라는 사실을 인지적으로 동의하고 수용하는 것으로 구원을 받는 것이라면 귀신들도 다 구원을 받게 될 것입니다. 왜 그렇습니까? 귀신들도 그런 믿음은 가지고 있기 때문입니다. 귀신들도 하나님이 어떤 분인지를 정확하게 알고 있고 심지어 하나님에 대해서 두려워 떨기까지 합니다. 그렇다면 귀신들도 하나님을 믿는다고 봐야 합니까? 귀신들도 하나님을 믿는 것이니 구원을 받는 것입니까? 야고보는 절대 그렇지 않다고 말합니다. 귀신 수준의 신앙과 믿음으로는 구원받지 못함을 강조하고 있습니다.

이와 관련해서 마가복음 5장을 보겠습니다. 여기에 보면 예수님이 거라사 지방으로 오셨을 때 군대 귀신만이 예수님이 거라사 땅에 오심을 알고 있었습니다. 6~7절을 보겠습니다.

그가 멀리서 예수를 보고 달려와 절하며 큰 소리로 부르짖어 이르되 지극히 높으신 하나님의 아들 예수여 나와 당신이 무슨 상관이 있나이까 원하건대 하나님 앞에 맹세하고 나를 괴롭히지 마옵소서 하니.

본문을 보면 우리가 귀신을 이길 수 없는 세 가지 사실을 알 수 있습니다. 첫 번째는 하나님의 동선을 파악하는 능력이 귀신이 우리보다 훨씬 탁월합니다. 대표 기도를 할 때 이런 기도를 많이 합니다. '지금도 세계 역사를 주관하시고 섭리하시는 하나님.' 이처럼 모든 신앙인들은 하나님이 세계의 창조자일 뿐만 아니라 세계 역사를 주관하고 섭리하시는 분이라는 것을 믿고 고백합니다. 그런데 대부분의 신앙인들은 하나님께서 오늘날 세계 어디에서 어떤 일을 행하고 계신지에 대해서는 별로 관심이 없고 알고 싶어 하지도 않습니다. 그러나 귀신은 그렇지 않습니다. 하나님께서 지금 어디에서 무슨 일을 행하고 계신지 궁금해 합니다. 하나님의 동선을 파악하는 능력에 있어서 귀신은 아주 탁월합니다. 그래서 예수님이 거라사 지방에 오셨을 때도 귀신은 그것을 알고 있었습니다. 아재 개그지만 귀신은 그것을 어떻게 알았을까요? 귀신같이 아는 것입니다.

6절을 보면 귀신은 예수님의 동선을 파악하는 것에만 그치지 않습니다. 귀신은 멀리서 예수를 보고 달려와 예수께 엎드려 절을 합니다. 신앙인들이 귀신한테 안 되는 두 번째는 경배의 자세에 있어서 신앙인들은 귀신한테 안 됩니다. 오늘날 신앙인들은 더운 여름날 예배드리러 갈 때 지각할 것 같아도 절대로 뛰지 않습니다. 왜냐하면 땀이 나니까요. 오늘날 예배드리는 교인들 가운데 다리를 꼬거나 팔짱을 끼고 꾸벅꾸벅 잠을 자는 분들도 많습니다. 예배에는 참석하지만 경배의 자세를 겸비하지 못한 경우들이 많은 것입니다. 그런데 귀신은 그렇지 않습니다. 멀리서 예수를 보고 달려와서 엎드려 절을 합니다. 이처럼 경배의 자세에 있어서 우리는 귀신에게 상대가 안 됩니다. 그리고 7절을 보면 귀신은 "큰 소리로 부르짖어 이르되 지극히 높으신 하나님의 아들 예수여"라고 외칩니다. 우리가 귀신한테 안 되는 세 번째는 예수가 어떤 분이신가에 대한 정확한 이해와 담대한 고백에서 귀신한테 안 됩니다. 이것을 우리가 귀신에게 이기는 것이 쉽지 않습니다. 귀신은 큰 소리로 예수를 "지극히 높으신 하나님의 아들 예수여"라고 고백합니다. 예수가 지극히 높으신 하나님의 아들이라고 하는 것을 당시에 몇 사람이나 알고 있었겠습니까? 그런데 예수가 어떤 존재인가를 귀신은 정확히 알고 있었습니다. 이처럼 신앙인들이 귀신한테 안 되는 세 가지 이유가 있습니다. 첫 번째는 하나님의 동선을 파악하는 능력이고, 두 번째는 경배의 자세이고, 세 번째는 하나님에 대한 정확한 이해와 담대한 고백입니다. 이것은 우리가 귀신한테 이기는 것이 쉽지 않습니다.

만약 하나님이 어떤 분이신가에 대한 정확한 이해와 창세기부터 요한계시록까지 하나님이 우리에게 주신 성경 말씀을 얼마나 알고 있는가를 가지고 천국에 입성하는 것이라면 귀신들은 다 천국에 들어갈 것입니다. 귀신은 모르는 것이 없는 존재들입니다. 하나님이 어떤 분이신지, 하나님이 원하시는 것이 무엇인지에 대해 귀신들은 정확하게 다 알고 있습니다. 그렇다면 이러한 귀신들을 하나님을 믿는 존재라고 말할 수 있을까요? 결코 그렇지 않습니다. 귀신 수준의 신앙으로는 구원을 받을 수 없습니다. 그렇다면 귀신 수준의 신앙과 참 신앙이 갈라서는 지점이 무엇일까요? 귀신은 예수가 어떤 분인가를 정확히 알고 고백하지만 이렇게 말합니다. "나와 당신이 무슨 상관이 있나이까." 이것이 바로 귀신 수준의 신앙입니다. 하나님의 말씀은 다 알고 있지만 그것이 자신에게 무슨 의미가 있느냐는 것입니다. 무슨 상관이 있느냐는 말은 아무 상관이 없다는 것입니다. 이것이 귀신 수준의 신앙입니다.

하나님의 백성들은 어떤 사람들입니까? 하나님의 말씀에 대한 이해가 부족하더라도 내가 알고 있는 그 말씀이 나의 순종을 기대하시면서 하나님께서 나에게 주신 나와 상관이 있는 말씀이라고 고백하는 자가 참 신앙인입니다. '네 이웃을 사랑하라'는 이 말씀은 누구에게 주신 말씀입니까? 나의 순종을 기대하시면서 하나님께서 나에게 주신 말씀입니다. '나보다 남을 낫게 여겨라'는 이 말씀은 누구에게 주신 말씀입니까? 나의 순종을 기대하시면서 하나님이 나에게 주신 나와 상관이 있는 말씀입니다. '정직하고 진실하고 거룩하라'는 이 말씀은 누구에게 주신 말씀입니까? 나의 순종을 기대하시면서 하나님이 나에게 주신 나와 상관이 있는 말씀입니다. 이렇게 말씀을 받아들이는 자가 참 하나님의 백성입니다. 결국 나와 하나님과의 관계는 일상의 삶을 통해서 드러날 수밖에 없습니다. 일상의 삶에서는 욕망을 추종하고 권력을 추종하고 맘몬에게 무릎 꿇고 살아가면서 머리와 입으로만 하나님을 찬양하는 자들은 실제로는 맘몬의 백성입니다. 하나님에 대한 믿음이 없는 자들입니다. 그가 가진 믿음은 죽은 믿음일 뿐입니다. 입으로 하는 고백과 머릿속에 있는 관념을 믿음이라고 생각해서는 안 됩니다.

야고보서의 저자는 야고보입니다. 앞에서 말씀드린 것처럼 개신교는 야고보와 유다를 예수님의 친동생으로 봅니다. 그러나 가톨릭은 이복형제 또는 사촌으로 봅니다. 이복형제로 볼 때는 야고보와 유다를 요셉과 첫 번째 아내 사이에서 태어난 형들로 봅니다. 이때 마리아는 요셉의 두 번째 아내로 봅니다. 개신교는 마리아와 요셉 사이에서 먼저 태어난 아들을 예수로 보고 야고보나 유다는 예수의 동생으로 보는데 이복형제로 볼 때는 야고보나 유다가 예수보다 형이 됩니다. 또한 사촌으로 보기도 합니다. 가톨릭이 예수의 형제들에 대해 이런 이해를 갖게 된 것은 마리아에 대해서 가지고 있는 4대 교리 때문입니다. 그 중에서도 마리아 평생 동정녀성이 중요합니다. 가톨릭 신자들은 마리아가 태어나서 죽을 때까지 평생을 동정녀였다고 믿습니다. 동정녀라고 하는 것은 두 가지 의미로 해석됩니다. 하나는 인생을 전적으로 하나님께 바쳤다는 의미가 있고 다른 하나는 원죄 없이 예수를 잉태했다는 의미가 있습니다.

교회 역사에서 계속 주장된 내용 가운데 하나가 원죄 유전설입니다. 원죄가 계속해서 후손들에게 대를 이어 유전된다는 것입니다. 그런데 원죄가 어떻게 유전된다고 보았을까요? 남성의 정자를 통해 유전된다고 보았습니다. 그런데 만약 동정녀로 아이를 잉태하고 출산하게 된다면 이는 남성의 정자를 받은 것이 아닙니다. 이렇게 되면 예수는 원죄를 물려받은 것이 아니므로 죄 없이 태어났음을 강조할 수 있는 것입니다. 이를 위해 마리아 동정녀성을 강조한 측면이 있습니다. 오랜 세월 기독교 역사에서는 성에 대한 부정적 인식이 강했습니다. 출산을 위한 것이 아니라면 성은 가급적 절제해야 하는 것을 미덕으로 생각했습니다. 이런 맥락에서 마리아 동정녀성을 강조한 것은 마리아는 죽을 때까지 쾌락을 추구한 존재가 아닌 하나님께 자신을 전적으로 헌신한 존재임을 부각시키는 효과가 있었습니다.

가톨릭에는 마리아 4대 교리라는 것이 있습니다. 이 교리는 시간이 지날수록 더욱 강화되는 측면이 있습니다. 첫 번째는 마리아는 하나님의 어머니라는 것입니다. 이것은 431년에 교리로 확정된 것입니다. 마리아를 하나님의 어머니라고 강조했던 이유는 예수의 신성을 부정하는 사람들이 많이 있었기 때문입니다. 예수가 하나님이심을 강조하는 맥락에서 당연히 예수가 하나님이시라면 예수의 어머니인 마리아는 하나님의 어머니로 불리어져야 한다고 주장한 것입니다. 두 번째는 마리아 평생 동정녀설입니다. 죽을 때까지 어떤 쾌락도 즐기지 아니하고 하나님께 전적으로 헌신했던 인물임을 강조하는 맥락에서 또 하나의 교리가 만들어졌습니다. 세 번째는 마리아 평생 동정녀설을 강조하면서 예수를 원죄 없이 잉태했다고 하자 이런 질문이 등장했습니다. 마리아가 평생 동정녀라고 하더라도 마리아도 원죄를 가진 인간이 아니냐는 것입니다. 즉 원죄를 가진 마리아가 아기 예수를 9개월 이상 잉태하고 출산했다면 자연스럽게 예수도 마리아가 가진 원죄의 영향을 받은 것이 아닌가 하는 질문이 나온 것입니다. 이 질문에 답하는 과정에서 19세기에 확정된 것이 마리아는 잉태되는 순간부터 원죄가 없었다는 것입니다. 그래서 원죄 없는 잉태라는 교리가 만들어졌습니다. 그리고 마리아에 대한 신앙이 더욱 강화되기 시작하면서 마지막에 만들어진 교리가 마리아 승천 교리입니다. 이것은 1950년에 확정되었습니다. 이처럼 마리아 4대 교리를 보면 마리아에 대한 신격화가 시간이 지날수록 더욱 강화되고 있음을 알 수 있습니다.

대부분의 신앙인들은 예수님은 죄가 없다고 생각합니다. 그런데 여기서 '죄가 없다'라는 주장의 의미가 무엇일까요? '예수님이 죄가 없으시다'라는 선언에 있어서 중요한 것은 하나님이 보시기에 죄라고 할 만한 것이 없다는 것입니다. 즉 예수님은 하나님에 대해서 그 어떤 죄도 범하지 않으신 것입니다. 이 죄라는 범주 안에 부모님에 대해서 잘못한 것, 형제들에 대해서 잘못한 것, 다른 사람에 대해서 잘못한 것, 유대교 율법에 근거하여 잘못한 것 등을 다 포함시켜서는 안 됩니다. 예를 들면 당시 결혼하지 않는 것은 자녀가 부모에게 행할 수 있는 가장 큰 불효입니다. 예수님은 어머니 마리아가 자신을 찾으러 왔을 때 '누가 내 어머니인가'라고 말했습니다. 그 말을 듣고 마리아의 마음이 얼마나 아팠겠습니까? 아들로서 예수님이 잘못한 것 아닙니까? 유대교 율법에 근거할 때 예수님은 많은 잘못을 범했습니다. 안식일 법도 위반하고 정결법도 위반했습니다. 강도의 소굴로 전락한 성전을 뒤집어엎는 일도 행했습니다. 당시 유대교의 시각에서 예수님께서 행한 이 모든 행동들은 엄청난 죄라고 할 수 있습니다. 신앙인들은 예수님이 신성을 가지고 계신 분이기에 죄가 없다는 생각을 많이 합니다. 그러나 이것은 예수님의 성육신을 약화시키는 태도라고 봐야 합니다. 우리는 예수님이 우리와 똑같은 인간으로 이 땅에 오셨다고 고백하지 않습니까? 그런데 우리는 예수님이 출생하여 이 땅에서 살아가는 그 모든 순간에도 신이라고 생각을 합니다. 그러면 예수님에 대한 가현설의 주장을 인정하는 것이 됩니다. 가현설은 예수가 인간인 것처럼 보였을 뿐이지 실제는 신이셨다고 주장합니다.

가현설에 맞서 바울은 예수님이 우리와 똑같은 인간이 되셨음을 강조했습니다. 빌립보서 2장 7절에 보면 예수님께서 하나님과 동등 됨을 취할 것으로 여기지 아니하시고 자기를 비웠다고 말씀합니다. 신의 능력이라고 할 수 있는 전지전능, 무소부재의 모든 능력을 다 내려놓으시고 우리와 똑같은 인간이 되신 것입니다. 그래서 갈릴리에서 예루살렘으로 이동하실 때도 다른 사람들과 똑같이 예수님은 걸어서 이동했습니다. 오늘날 신앙인들은 어떤 교리적 이해를 가지고 예수님을 이해하고자 하는 경향이 강합니다. 그 가운데 하나가 '예수님은 죄가 없다'라는 것입니다. 이런 교리적 이해를 가지게 되면 어떤 경우에도 예수님은 죄가 없어야 합니다. 그런데 생각해 보십시오. 우리가 인생을 살아갈 때 '저 사람은 죄인이야, 저 사람은 나쁜 사람이야'라고 할 때 그것은 하나님에 대한 잘못도 포함이 되고 사람들이 정해놓고 있는 가치와 규범과 틀을 위반했을 때도 그러한 표현을 사용합니다.

예를 들면 당시 유대교 입장에서는 거룩한 하나님의 집인 성전에서 난동을 부린다는 것은 결코 용납될 수 없는 죄라고 할 수 있습니다. 안식일을 지키지 않는 것도 안식일 법 위반의 죄입니다. 예수님이 정결법을 지키지 않는 것도 유대교 입장에서는 죄를 범한 것이라고 할 수 있습니다. 우리가 가지고 있는 교리적인 이해를 잠시 내려놓고 판단해보시기 바랍니다. 당시 유대교 입장에서는 예수님이야말로 엄청난 죄를 범한 사람 아닙니까? 당시 사람들이 가진 인식, 판단, 가치관에 근거해보면 예수님은 많은 죄를 범하고 무수한 규범과 틀을 위반하신 분입니다. 그럼에도 불구하고 우리가 '예수님은 죄가 없으시다'라고 말할 수 있는 하나님과의 관계에서 '예수님은 죄를 범하지 않으셨다'라는 의미입니다. 하나님과의 관계에서 죄라고 하는 것은 크게 두 가지가 있습니다. 하나는 하나님이 하지 말라고 하는 것을 행하는 것이고 다른 하나는 하나님이 하라고 명하신 것을 행하지 않는 것입니다. 이것이 하나님과의 관계에서는 죄가 됩니다. 그런데 우리는 보통 이 두 가지 죄 가운데서 전자만을 생각합니다. '살인하지 마라, 간음하지 마라, 도둑질하지 마라' 등 무엇을 하지 말라고 하는 것을 행하게 되면 우리는 자신이 죄를 범했다고 생각합니다. 그런데 진짜 중요한 죄는 하나님이 하라고 명하신 것을 하지 않는 것입니다. '미쉬파트와 체데크를 행하라, 정직하고 진실하고 거룩하게 살라'는 말씀에 순종하지 않는 것도 죄라는 것을 기억해야 합니다. 이처럼 하나님과의 관계에서 죄라고 하는 것은 하나님이 원하시는 바대로 살지 않음, 하나님의 뜻을 어김 등의 의미를 가지고 있습니다.

예수님이 이 땅에 계실 때 유대교가 이스라엘 전체를 지배하고 있었습니다. 유대교는 안식일 법 준수, 정결법 준수, 성전 제의법 준수를 강조했습니다. 그런데 예수님은 계속 안식일 법을 위반하고 정결법도 위반했습니다. 이런 예수님의 행동이 유대교의 관점에서는 죄라고 할 수 있습니다. 유대교의 관점에서는 예수는 계속 율법을 위반하는 죄인이었던 것입니다. 그리고 인류 사회에 보편적으로 통용되는 하나의 법이 있습니다. 자녀가 부모에게 저지를 수 있는 최고의 불효가 무엇입니까? 결혼하지 않는 것입니다. 특히 '생육하고 번성하라'는 말씀을 하나님의 백성이 지켜야 할 첫 번째 계명으로 생각했던 이스라엘 공동체에서는 결혼하지 않는 자녀라는 것은 상상도 할 수 없는 일이었습니다. 예수님이 30세 때까지 결혼하지 않았다는 사실도 당시 기준으로는 부모에게 엄청난 불효를 범한 것입니다.

정리하면 우리가 '예수님에게 죄가 없다'라고 할 때 이 주장을 가지고 예수님은 만나는 사람들 모두에게 우리가 상상할 수 있는 최고의 젠틀한 모습으로 관계를 맺으신 것처럼 생각하시면 안 됩니다. 예수에게 죄가 없다는 말은 하나님에 대하여 죄가 없다는 말입니다. 당시 이스라엘 공동체를 지배하고 있던 유대교 율법도 철저하게 지키고 가족이나 이웃에게도 너무너무 잘했다는 그런 의미가 전혀 아닙니다. 예수의 가족들 입장에서는 예수에 대해 불만이 아주 많았을 것입니다. 가장으로 결혼도 하지 않고 가정 경제도 책임지지 않는 모습을 보면서 얼마나 곱지 않은 시선을 보냈겠습니까? 실제 요한복음을 보면 예수의 형제들은 예수에게 아주 날카로운 말을 내뱉습니다. 예수님은 율법의 본질을 회복하기 위해 율법의 형식을 파괴하셨습니다. 무엇보다 강도의 소굴로 전락한 성전에 대해 분노하셨습니다. 그래서 성전에서 뒤집어엎는 행동을 하신 것입니다. 그것이 하나님에게도 죄가 되는 행동이었을까요? 예수님이 타락하고 부패한 성전을 그대로 두었다면 유대교 법은 지켰다고 말할 수 있겠지만 하나님 앞에서는 옳지 못한 행동이었을 것입니다. 우리도 인생의 여정에서 그런 갈등의 지점을 경험하게 될 때가 있습니다. 하나님의 판단에서는 옳은 행동이 사람들을 불편하게 만들기도 합니다. 하나님의 시각에서 사고하고 행동한 예수님의 공생애는 하나님의 뜻을 저버린 유대교를 불편하게 만들었습니다. 그래서 끊임없이 유대교와 맞서는 삶을 사셨습니다. 하나님의 시각에서는 가장 멋진 존재이셨지만 유대교의 관점에서는 제거해야 할 존재가 되어버린 것입니다.

요세푸스에 따르면 야고보의 별명은 두 가지인데, 하나는 낙타 무룹이고 다른 하나는 의인 야고보입니다. 왜 야고보의 별명이 낙타 무릎이었을까요? 기도를 많이 해서 무릎이 낙타 무릎처럼 되었다는 것입니다. 그리고 의인 야고보라는 말은 야고보가 유대 율법을 철저하게 지켰다는 것입니다. 62년에 산헤드린 공의회에서 예루살렘 교회의 수장이었던 야고보를 죽입니다. 전설에 따르면 성전 꼭대기로 야고보를 끌고 가서 그곳에서 밀어서 죽였다고 합니다. 그런데 야고보가 죽었다는 이야기를 듣고 정통 유대인들이 야고보를 죽인 것에 대해 시위를 했다고 합니다. 이것은 너무나 놀라운 이야기입니다. 당시 유대교와 초대 교회는 갈등 관계였습니다. 그런데 갈등 관계에 있던 초대 교회의 수장을 유대교 최고 의결기구에서 심판을 집행했는데 유대인들이 들고 일어난 것입니다. 이것은 마치 한국 정통 교회에서 신천지 교주인 이○○를 심판했는데 신자들이 왜 이○○를 심판했냐고 문제를 제기하는 것과 비슷한 상황입니다. 왜 유대인들은 야고보를 죽인 것에 대해 시위를 했을까요? 정통 유대인들이 볼 때 야고보는 보통의 사람들이 흉내 낼 수 없는 의인이었기 때문입니다. 유대인들이 야고보를 존경했던 이유는 유대인들이 도저히 지킬 수 없는 율법의 모든 조항들을 야고보는 철저하게 준수했기 때문입니다. 그래서 야고보의 별명이 의인 야고보입니다. 율법을 철저하게 준수했던 야고보를 죽이니까 정통 유대인들이 산헤드린에 반기를 들었던 것입니다.

이를 통해서 야고보가 초대 교회와 유대교에서 얼마나 존경받았던 인물임을 알 수 있습니다. 야고보는 예루살렘 교회의 최고 지도자였습니다. 예루살렘 교회의 지도자였던 야고보는 율법을 철저하게 준수했던 인물입니다. 예루살렘 교회도 율법을 중시하며 철저하게 준수하고자 했습니다. 이러한 예루살렘 교회의 태도는 결국 이방인의 사도였던 바울과 대립각을 세우게 됩니다. 바울의 입장은 무엇입니까? 유대인은 유대인의 문화 안에서 신앙을 꽃 피울 수 있고 이방인은 이방인의 문화 안에서 신앙을 꽃 피울 수 있다는 것입니다. 그래서 유대인들이 중시했던 신앙의 문화를 이방인에게 강요하는 것에 대해 바울은 단호하게 반대합니다. 그러나 예루살렘 교회의 입장은 달랐습니다. 예수를 메시아로 고백할 뿐만 아니라 그동안 하나님의 백성들이 지켜왔던 모든 율법을 철저하게 준수해야 한다는 것이 예루살렘 교회의 입장이었습니다. 결국 이 문제로 예루살렘 교회와 바울은 갈등하다가 49년에 예루살렘 회의를 통해서 예루살렘 교회와 바울이 극적인 합의에 이르게 됩니다.

야고보서는 구약의 잠언처럼 다양한 교훈들을 모아 놓았습니다. 잠언에는 지혜의 말씀들을 모아 놓지 않았습니까? 야고보서도 이와 마찬가지입니다. 다양한 교훈들이 모아져 있습니다. 이것은 다른 측면에서 보면 야고보서를 하나의 주제로 연결시키기가 어렵다는 것입니다. 실제로 야고보서는 하나의 주제가 본문 전체를 관통하지 않습니다. 지혜의 말씀들이 파편적으로 존재합니다. 그것을 하나로 모아 놓은 것이 야고보서입니다. 먼저 1장을 보겠습니다. 1절은 발신자, 수신자, 인사말로 이루어진 전형적인 편지의 서론으로 볼 수 있습니다.

하나님과 주 예수 그리스도의 종 야고보는 흩어져 있는 열두 지파에게 문안하노라.

발신자는 야고보입니다. 수신자는 흩어져 있는 열두 지파입니다. 그리고 문안 인사가 나옵니다. 이처럼 발신자, 수신자, 인사말로 이루어진 것이 전형적인 편지의 서론입니다. 인사말에서 야고보서와 바울 서신의 차이를 하나 발견해 보십시오. 바울 서신은 인사말이 좀 긴 편입니다. 바울의 인사말이 긴 이유는 수신자들이 바울을 모르는 경우나 바울의 사도성을 인정하지 않는 경우들이 많았기 때문입니다. 그래서 바울은 자신에 대한 긴 인사말을 하고 있습니다. 그러나 야고보는 그렇지 않습니다. 야고보는 초대 교회에서 가장 유명한 인물 중 한 사람입니다. 예루살렘 교회의 수장으로서 가장 권위 있는 인물이었기 때문에 간단하게 자기 이름만 밝혀도 수신자들은 그가 보낸 편지를 존귀하게 여겼을 것입니다. 그래서 야고보는 발신자, 수신자, 문안 인사라는 간략한 방식으로 편지를 시작하고 있습니다.

야고보는 자신을 '하나님과 주 예수 그리스도의 종'으로 소개합니다. 야고보와 예수는 형제 관계입니다. 그런데 야고보는 예수에 대한 새로운 이해를 갖게 되었는데 자신의 형제라고만 생각했던 예수가 하나님이 보내신 메시아라는 것을 깨닫게 된 것입니다. 이를 통해 예수와의 관계도 질적으로 전환됩니다. 육체적인 형제라고만 생각했던 예수가 만인을 구원할 메시아라는 사실을 깨닫게 되고 하나님과 동등한 존재이신 하나님임을 고백하게 된 것입니다. 그 하나 되신 예수를 자기 인생의 주인으로 모시게 된 것입니다. 그래서 이제는 예수를 자기 인생의 주인으로 고백한 것입니다. 예수를 주인으로 고백하는 순간 야고보는 주인 되신 예수의 종이 됩니다. 이처럼 야고보가 예수와의 관계를 새롭게 질적으로 전환시켜내고 있음을 볼 수 있습니다.

13~14절을 보겠습니다.

사람이 시험을 받을 때에 내가 하나님께 시험을 받는다 하지 말지니 하나님은 악에게 시험을 받지도 아니하시고 친히 아무도 시험하지 아니하시느니라 오직 각 사람이 시험을 받는 것은 자기 욕심에 끌려 미혹됨이니.

신앙인들은 본문에 근거하여 '하나님은 누구도 시험하지 않으신다'고 생각합니다. 여기서 말하는 것처럼 사람이 시험을 받는 것은 자기 욕심에 끌려 미혹되는 것입니다. 그런데 야고보서에 나와 있는 이 말씀은 성경에 나오는 다른 말씀들과 충돌을 일으킵니다. 두 본문을 보겠습니다. 먼저 창세기 22장 1절입니다. 여기서 하나님은 아브라함에게 이삭을 번제로 바치라고 말씀합니다.

그 일 후에 하나님이 아브라함을 시험하시려고 그를 부르시되 아브라함아 하시니.

여기 분명하게 '시험하시려고'라고 되어 있습니다. 다음으로 신명기 8장 2절입니다.

네 하나님 여호와께서 이 사십 년 동안에 네게 광야 길을 걷게 하신 것을 기억하라 이는 너를 낮추시며 너를 시험하사 네 마음이 어떠한지 그 명령을 지키는지 지키지 않는지 알려 하심이라.

여기도 '너를 시험하사'라고 되어 있습니다. 출애굽 1세대가 통과했던 광야 여정은 그 자체가 시험의 장이었습니다. 그것은 우리의 일상도 마찬가지입니다. 우리의 일상이 우리가 하나님의 백성인가 아닌가를 드러내는 시험의 장이라고 할 수 있습니다. 맘몬이 지배하고 욕망이 지배하는 대한민국 사회에서 정말 우리가 하나님의 백성으로 살아가고 있는가를 매순간 시험하는 장이 우리의 일상입니다. 이처럼 성경에는 하나님이 끊임없이 그의 백성들을 시험하는 이야기들이 많이 나옵니다. 그런데 야고보서 1장 13~14절에 하나님은 누구도 시험하지 않으시고 사람들이 시험을 받는 것은 다 자기 욕심에 끌려 미혹되는 것이라고 말하고 있으니 말씀 상호간에 충돌이 발생할 수밖에 없는 것입니다. 그러면 이 문제를 어떻게 풀어야 할까요?

야고보서에 나오는 '시험하다'로 번역된 단어는 헬라어로 '페이라조'입니다. '페이라조'는 '시험하다'는 뜻도 있고 '유혹하다'는 뜻도 있는데, 1장에는 '유혹하다'로 번역하는 것이 좋습니다. 14절은 "오직 각 사람이 유혹을 받는 것은 자기 욕심에 끌려 미혹됨이니"라고 번역해야 합니다. 하나님은 누구를 넘어뜨리기 위해서 의도적으로 유혹하는 분이 아닙니다. 그런데 13~14절에서 '시험'이라고 번역을 하다 보니 성경에 나오는 다른 말씀들과 충돌이 발생하게 됩니다. 여기 나오는 '페이라조'는 '시험하다'가 아니라 '유혹하다'로 번역해야 합니다. 그렇게 하는 것이 본문의 맥락과도 맞을 뿐만 아니라 성경 전체와도 충돌이 발생하지 않습니다. 더 나아가서 어떤 학자들은 주기도문에 나오는 "우리를 시험에 들게 하지 마옵시며"라는 구절에서도 시험을 유혹으로 바꿔야 한다고 말합니다. 어떻게 보면 죄악과 욕망으로 가득한 이 땅에서 신앙인이 살아가는 일상의 삶 자체가 시험입니다. 그 시험에서 우리가 넘어지지 않도록 하나님은 우리를 응원하고 계십니다. 그리고 성령을 보내셔서 이 땅에 있는 당신의 백성들을 도우십니다. 하나님은 결코 우리를 의도적으로 넘어뜨리기 위해서 유혹하시는 분이 아닙니다. 1장에 나오는 '시험하다'라는 번역은 '유혹하다'로 바꾸는 것이 문맥적으로나 성경의 다른 본문과의 상관관계에서도 더 타당한 번역이라고 할 수 있습니다.

15절을 보겠습니다.

사람들이 죄를 범하게 되는 주요 원인은 욕심 때문입니다. 죄가 무엇입니까? 하나님의 뜻이라는 과녁이 있을 때 그 과녁을 벗어나는 것이 죄입니다. 신앙인들은 하나님이 원하시는 과녁에 맞춰서 살아야 합니다. 하나님의 뜻을 오른쪽으로나 왼쪽으로나 빗나가게 되면 이것이 죄입니다. 그런데 많은 경우에 사람들이 죄를 짓게 되는 원인을 보면 죄를 범하는 가장 중요한 원인이 욕심이라는 것을 발견하게 됩니다. 욕심이 쌓이게 되면 죄가 되고 죄가 쌓이면 사망이 우리 앞에 나타납니다. 바울도 이와 비슷한 이야기를 했습니다. 골로새서 3장 5절에 '탐심이 곧 우상 숭배'라고 했습니다. 탐심은 내가 중심에 있는 것입니다. 하나님조차도 나를 위해 존재하는 것으로 생각합니다. 이것이 전형적인 어린아이 단계의 신앙입니다. 하나님을 믿긴 믿지만 하나님은 나를 위해 존재하고 내가 원하는 것을 채워주시는 분이어야 합니다. 내가 원하는 것을 채워주지 않게 되면 언제든지 하나님과의 관계를 단절할 수 있습니다. 이것이 전형적인 어린아이 단계의 신앙인의 모습입니다. 어린아이 신앙 단계에서는 내가 잘 사는 것이 중요하고 내가 행복한 것이 중요합니다. 하나님의 뜻에 대해서는 그 어떤 관심도 없습니다.

어린아이 단계의 신앙인들과 관련하여 조심해야 할 것이 있습니다. 어린아이 단계에 있는 신앙인일수록 외형적인 기도가 뜨겁습니다. 뜨겁게 기도하는 그들의 모습을 보면 신앙이 참 좋다는 생각을 하게 됩니다. 그러나 그들이 뜨겁게 기도하는 내용을 자세히 들어보십시오. 하나님의 나라와 의를 구하는 기도는 거의 들리지 않습니다. 대부분 자신과 자기 가족의 건강, 행복, 잘 사는 것, 평안, 대학 입학, 취업 등을 놓고 기도합니다. 하나님의 나라와 의를 구하는 기도와는 대부분 상관없는 것들을 가지고 열정적으로 간구하는 경우들이 많습니다. 이런 분들은 신앙이 없는 것은 아니지만 어린아이 단계의 신앙에 머물러 있는 것입니다. 어린아이 단계의 신앙인들은 하나님의 뜻에 대해서는 별 관심이 없고 타인의 유익에 대해서도 별 관심이 없습니다. 그래서 신앙생활을 20년, 30년 해도 성품이 잘 바뀌지 않습니다. 왜 그런지 아세요? 신앙의 목표가 자기 잘됨에 있기 때문입니다.

인간이 최초로 범했던 선악과 사건의 핵심이 바로 그것입니다. 하나님이 에덴동산에 아담과 하와가 먹을 수 있는 얼마나 많은 열매를 허락해주셨습니까? 그런데 뱀이 인간을 어떻게 유혹합니까? 하나님이 허락하신 그 무수한 것들을 바라보게 하는 것이 아니라 하나님이 허락하시지 않은 유일한 하나를 주목하게 만듭니다. 사실 아담과 하와는 선악과를 먹지 않고도 얼마든지 행복하게 살 수 있었습니다. 그런데 하나님께서 허락하지 않은 그 하나를 주목하게 만드는 순간 마치 하나님은 진짜 좋은 것은 나에게 허락하시지 않은 분처럼 생각하게 됩니다. 그러면서 하나님에 대한 불평과 불만이 생겨나기 시작합니다. 창세기 3장 5~6절을 보면 하나님처럼 되고 싶은 욕망으로 인해 결국 선악과를 따먹게 됩니다. 하나님처럼 되고 싶은 욕심 앞에 무릎을 꿇게 된 것입니다. 우리 안에 있는 작은 욕심들을 선한 방향으로 다스리지 못하면 결국 죄를 범하게 되고 죄를 단호하게 끊어내지 못하면 그 죄가 우리를 사망의 길로 인도한다는 것을 15절이 잘 설명해주고 있습니다.

19절을 보겠습니다.

내 사랑하는 형제들아 너희가 알지니 사람마다 듣기는 속히 하고 말하기는 더디 하며 성내기도 더디 하라.

신학자들은 본문을 야고보서의 핵심 구절로 봅니다. 그래서 19절 이후에 나오는 모든 말씀들을 19절 말씀에 대한 주석으로 이해하기도 합니다. 19절은 삶에서 실천하기 어려운 내용들입니다. '잘 해야지'하고 마음은 먹지만 마음 같이 잘 안 되는 부분들입니다. 사람과 사람이 갈등하게 되는 중요한 이유가 여기에 있습니다. 누군가 무슨 말을 하는데 잘 듣지 않습니다. 경청하지 않고 기억하지 않습니다. 잘 듣지 않는 문제로 인해 사람과 사람 사이에 갈등이 발생합니다. 야고보는 이에 대해 '듣기는 속히 하라'고 합니다. 들어야 할 이야기를 잘 경청해서 들으라는 것입니다. 사람과 사람 사이의 갈등이 발생하는 대부분의 경우는 해서는 안 될 말을 너무 성급하게 내뱉는 문제로 인해 발생합니다. 이것으로 인해 큰 싸움이 벌어지기도 합니다. 야고보는 이에 대해 '말하기는 더디 하라'고 합니다. 또한 많은 사람들이 후회하는 것 가운데 하나가 참지 못하는 문제입니다. 어떤 상황에서 자기감정대로 행동한 것으로 인해 후회하는 경우들이 많습니다. 자신의 화를 다스리지 못하고 분을 이겨내지 못하면 감정은 분출하게 되고 이로 인해 사람과 사람 사이에 큰 갈등과 싸움이 일어납니다. 이에 대해 야고보는 '성내기도 더디 하라'고 말합니다.

19절에 야고보가 말한 대로 우리가 행동할 수만 있다면 얼마나 좋겠습니까? 하지만 대부분은 평생을 이 문제와 씨름하며 살아가는 것이 보통 사람들의 모습입니다. 매순간 다짐하고 결단하지만 속 시원하게 해결되지 않는 난제들입니다. 그럼에도 불구하고 야고보는 이렇게 할 것을 우리에게 조언하고 있습니다. 이것이 신앙인이 추구해야 될 성화의 모습이라고 할 수 있습니다. 자신이 예배에 열심히 출석하고 매일 기도하고 큐티 한다고 해서 하나님의 백성으로 성장하고 성숙했다고 너무 쉽게 착각하지 말아야 합니다. 이러한 종교적 열심이 구체적인 삶의 변화로까지 이어져야 진정한 성장과 성숙이라고 할 수 있습니다. 많은 사람들을 아프게 만들었던 자신의 고질적인 문제들을 돌아봐야 합니다. 타인의 말을 잘 경청하지 않고 아무 말이나 쉽게 내뱉고 분을 이기지 못하고 감정적으로 행동했던 것은 하나님이 원하시는 모습이 아닙니다. 하나님이 원하시지 않는 그런 부정적인 모습에 더 이상 발목 잡혀서는 안 됩니다. 19절에서 야보고가 말하는 내용들은 우리 모두가 집중해서 들어야 할 성화의 모습이고 신앙의 과제임을 기억하시면 좋겠습니다. 잘 들어야 하고 듣는 것에 익숙해야 합니다. 말하기 전에 한 번 더 생각하고 또 생각하며 말하는 것은 더디 해야 합니다. 그리고 화내는 것도 더디 해야 합니다. 19절의 말씀은 지금까지 다른 사람들을 아프게 했던 삶의 모습을 바꾸라는 것입니다. 왜 바꾸어야 합니까? 하나님의 백성이 그렇게 살아서는 안 되기 때문입니다. 그런 삶의 모습은 하나님이 원하시는 모습이 아닙니다. 하나님은 그러한 삶을 살아가는 자를 기뻐하지 않으십니다. 야고보는 하나님의 은혜로 하나님의 백성이 되었기에 이제는 구원받은 자답게 살아갈 것을 요청하고 있습니다.

27절을 보겠습니다.

> 하나님 아버지 앞에서 정결하고 더러움이 없는 경건은 곧 고아와 과부를 그 환난중에 돌보고 또 자기를 지켜 세속에 물들지 아니하는 그것이니라.

하나님이 원하시는 참된 경건이 무엇입니까? 하나님이 원하시는 경건은 크게 두 가지입니다. 하나는 고아와 과부를 환난 중에 돌보는 것입니다. 성경에서 고아와 과부는 항상 한 짝으로 나옵니다. 성경이 말하는 고아는 아버지가 없는 사람이고 과부는 남편이 없는 사람입니다. 아버지가 부재하면 그 집안에 홀로 남게 된 아내와 자녀들은 고아와 과부가 되는 것입니다. 당시에 고아와 과부는 이웃의 도움이 없이는 살아가기가 어려웠습니다. 그런데 많은 사람들이 고아와 과부를 도와주지 않았습니다. 왜 그랬을까요? 이들을 도와준다 하더라도 자신이 도와준 것에 대해 보답을 기대하기 어려웠기 때문입니다. 그 누구도 이들과 친구가 되고자 한다거나 가깝게 지내려고 하지 않았습니다. 고대 근동 사회에서 가장 밑바닥 인생 가운데 한 부류가 고아와 과부였습니다. 그런데 하나님이 원하시는 참된 경건은 보통의 사람들이 주목하지 않는 환난 중에 있는 고아와 과부를 돌보는 것입니다. 보통의 사람들과 다르게 살아갈 것을 하나님은 요청하고 계십니다.

하나님이 원하시는 경건의 다른 하나는 세속에 물들지 않는 것입니다. 세속에 물들지 않는다는 말은 세상 사람들과 다르게 살아간다는 것을 의미합니다. 이것을 구약에서 뭐라고 했습니까? 거룩이라고 했습니다. 성경이 말하는 거룩은 구별된 것입니다. 한 시대를 지배하고 있는 주류 문화와 가치에 동화되어 살아가지 않는 것을 의미합니다. 즉 하나님의 백성답게 다른 가치와 문화를 창조하며 살아내는 것입니다. 많은 사람들은 자신의 이익을 위해서 타인을 대상화하는 경우들이 많습니다. 사람을 존귀하게 대하기보다 도구화하고 수단화하는 것입니다. 그러나 하나님의 백성은 그렇게 살지 않는 것입니다. 너무나 많은 사람들이 일용할 양식에 만족하지 못하고 과도한 욕망을 추구하며 살아가고 있습니다. 그런 모습에 동화되지 않는 것이 세속에 물들지 아니하는 것입니다. 세속에 물들지 아니하는 것, 이것이 바로 하나님이 기뻐하시는 참된 경건의 모습입니다.

이사야 58장은 참된 금식이 무엇인지를 알려줍니다. 하나님이 원하시는 참된 금식은 자신의 곡기를 끊는 것이 아닙니다. 개인적으로 음식을 먹지 않는 것이 하나님께 무슨 의미가 있습니까? 나에게만 영향을 미치는 행위는 하나님의 주된 관심사가 아닙니다. 내가 시간 날 때마다 성경 읽고 시간 날 때마다 기도하고 시간 날 때마다 금식하는 것은 나에게만 영향을 미치는 것입니다. 이렇게 나에게만 영향을 미치는 행위보다는 조금이라도 이웃에게 유익을 끼치는 행위를 하나님은 주목하시고 기뻐하십니다. 하나님이 원하시는 금식은 내가 밥을 굶는 것이 아니라 배고픈 자에게 먹을 것을 주는 것입니다. 나의 어떤 행위가 이웃에게 실제적인 유익을 안겨주는 것을 하나님께서 주목하신다는 것을 기억하셨으면 좋겠습니다. 개인적인 경건 생활은 이웃에게 유익을 주는 존재가 되기 위해 기름을 주유하는 시간입니다. 기름을 주유하는 것은 도로에서 잘 주행하기 위해서입니다. 개인 경건 생활은 일상의 삶에서 하나님의 백성답게 치열하게 살아가기 위해 기름을 주유하는 것입니다. 기름 주유가 목적이 아닙니다. 일상에서의 삶을 하나님의 백성답게 살아내는 것이 진짜 목적입니다.

성경을 많이 읽는 것은 칭찬받아 마땅한 일이지만 그러나 그것 자체가 목적이 되어서는 안 됩니다. 성경을 수십 번 읽었다면 하나님의 백성다운 품격을 드러내야 합니다. 성경은 많이 읽었다고 하면서 다른 사람에게 안하무인으로 행동하고 진실하지도 정직하지도 않다면 성경을 많이 읽었다는 것이 도대체 무슨 의미가 있습니까? 성경을 아무리 많이 읽어도 사람은 바뀌지 않는다는 것을 드러낼 뿐입니다.

오래전에 어떤 분이 이런 말씀을 해주셨습니다. 자신이 출석하는 교회에 50대 남자 집사님이 한 분 계신데 이분은 가장임에도 몇 년 동안 경제활동을 하지 않는다고 합니다. 가정 경제를 전혀 책임지지 않는 것입니다. 그래서 아내가 직장생활을 하고 있습니다. 그런데 남자 집사님은 하루 종일 무엇을 하는지 아세요? 하루 종일 성경만 읽는다고 합니다. 그리고 교회 예배에 모두 참석한다고 합니다. 하루 종일 성경만 읽으니까 일 년에 몇 독을 하시겠습니까? 연말에 성경 많이 읽은 교인들에게 상을 주는데 이분이 몇 년 동안 1등을 도맡아 하셨다고 합니다. 예배에도 빠지지 않고 성경도 많이 읽으니까 교회에서는 믿음 좋은 집사님으로 칭찬과 존경을 받고 있다고 합니다. 교회에서 그렇게 존경을 받고 있으니 이분 입장에서는 교회에 가는 것이 얼마나 신나고 기분 좋은 일이겠습니까? 이분에 대한 이야기를 하시면서 저에게 이런 질문을 하셨습니다. "이분이 하고 계신 모습을 과연 하나님께서도 예쁘게 보실까요?" 제가 이렇게 말씀드렸습니다. "그분은 성경을 잘못 읽고 있습니다. 제대로 말씀을 읽으셨다면 그렇게 살 수 없습니다."

만약 이분이 제대로 말씀을 읽었다면 성경을 읽다가 하나님의 음성을 듣게 될 것입니다. "성경책 덮고 빨리 나가서 일해라, 너로 인해서 네 아내와 가족들이 고생하는 것 안 보이냐." 말씀과 제대로 대면했다면 이런 하나님의 음성을 듣고 깨달았을 것이라고 봅니다. 그런데 그분은 오늘도 생생하게 들리는 말씀에는 귀를 막고 눈으로만 성경을 읽은 것입니다. 이분처럼 말씀을 읽는 것이 너무 좋고 예배드리는 것이 너무 좋고 교회 오는 것이 너무 좋으면 목회를 해야 합니다.

이분처럼 타인에게 유익을 끼치지 못하는 종교 생활은 조심해야 합니다. 그것은 진짜 위험한 것입니다. 왜냐하면 자신의 종교적 열심이 누군가를 희생시키고 힘들게 만들기 때문입니다. 이스라엘 백성들조차 개인적인 경건 행위인 금식을 중시했습니다. 그때 하나님께서는 자신이 원하는 참된 금식은 타인을 유익하게 하는 것임을 깨우쳐 주셨습니다(사 58:6~7). 참된 신앙은 이웃에게 해를 끼치지 않습니다. 참된 신앙은 정직하고 진실하고 거룩한 삶이며 이웃을 사랑하는 삶이며 사람을 존귀하게 여기는 삶이며 생명과 평화를 추구하는 삶으로 발현되어야 하는 것입니다.

야고보서 II

2장 1절부터 13절은 세속에 물들지 않는 경건의 한 실례를 보여주고 있습니다. 부자와 가난한 사람이 교회에 함께 들어왔는데 부자에게는 다양한 서비스를 제공하며 교회에 정착시키기 위해서 노력하고 가난한 사람은 무시한다면 이것은 세상과 동일한 모습이라고 할 수 있습니다. 하나님이 원하시는 경건은 세속에 물들지 않는 것입니다. 세상과 다르게 살아가는 것입니다. 부자들은 환대하고 가난한 사람들은 무시하는 것이 전형적인 세상의 방식입니다. 그것은 경건하지 않은 모습입니다. 하나님의 백성이 그렇게 행동해서는 안 됩니다. 하나님의 백성들은 세상의 주류 문화와는 다른 삶을 살아야 합니다. 그것이 하나님이 원하시는 하나님 나라 백성의 모습입니다. 이것을 야고보는 계속 강조하고 있습니다.

세속에 물들지 않는 경건이 무엇입니까? 사람을 외모로 취하지 않는 것입니다. 여기서 말하는 외모에는 학벌, 경제력, 직업, 가문의 배경, 거주 지역, 고향에 따른 차별 등이 모두 포함됩니다. 요즘 청년들에게는 어느 지역에 거주하는지도 스펙이 된다고 합니다. 강남에 산다고 하면 일단 점수를 먹고 들어갑니다. 한국 사회는 학벌 숭배 문화가 아주 강합니다. 각자가 가진 종교가 무엇이건 간에 한국에 있는 대부분의 부모는 학벌이라는 우상 앞에 무릎 꿇으며 살아가고 있습니다. 스무 살에 치른 수능에 따라서 어느 대학을 졸업했느냐 하는 것이 평생의 권력으로 작동됩니다. 어느 대학 출신인지, 직업이 무엇인지, 연봉은 얼마인지, 무슨 차를 타고 다니는지 등이 모두 외모입니다. 세상은 이러한 외모의 판단 기준을 가지고 끊임없이 사람들을 차별하고 있습니다. 신앙인들은 그런 외모로 사람을 차별하지 말아야 합니다. 우리가 가난한 자에게 베푼 자비로운 행위는 하늘에 보화로 쌓입니다.

20년 전에 제 강의를 들었던 한동대 학생이 기억납니다. 학생의 아버지는 주택 개조 사업을 하셨는데 수십 채의 주택을 보유하고 계셨습니다. 이 친구의 아버지가 ○○교회를 출석하셨는데 외제차를 타고 다니셨습니다. 주일에 외제차를 타고 가족들과 함께 교회에 가면 주차 안내하시는 분들이 예배당 앞까지 안내해 주었다고 합니다. 이 친구는 이렇게 특별대우를 받는 것이 너무 싫어서 아버지께 대중교통을 이용해서 오는 분들도 많고 걸어서 오는 분들도 많은데 굳이 외제차를 타고 교회 앞마당까지 가야 하느냐고 주일에는 대중교통을 이용해서 교회에 갔으면 좋겠다고 말했다고 합니다. 아버지가 그렇게 하지 않으신다면 자기는 대중교통을 이용해서 교회에 가겠다고 말했다고 합니다. 특별대우를 받는 것을 당연하게 생각하지 않고 타인의 시선을 염두하며 깨어 살아가고자 한 청년이어서 지금도 기억에 남습니다. 안타까운 현실은 여전히 이러한 모습들이 교회 안에 존재한다는 것입니다. 부유한 사람이 교회에 오게 되면 어떻게든 이 사람을 교회에 정착시키려고 노력합니다. 그러나 도움이 필요한 가난한 사람이나 장애인이 교회에 오는 것에 대해서는 그렇게 행동하지 않습니다. 외모에 따라 사람을 차별해서 대하는 모습들이 오늘 교회가 세상에 지배받고 있다는 증거라고 할 수 있습니다.

제가 신대원을 다닐 때 분당의 한 교회에서 고등부 전도사로 사역했습니다. 교회가 어느 정도 규모가 되면 담임목사는 교인들 심방을 잘 하지 않습니다. 담임목사가 심방을 갔다고 하면 그 교인을 VIP 교인이라고 부릅니다. 보통 VIP 교인들은 담임목사에게 몇 천만 원에서 억대까지 고액의 활동비를 제공할 수 있는 사람들입니다. 지금도 기억나는 이야기가 하나 있습니다. 금요철야에서 담임목사가 이런 이야기를 했습니다. 어느 잡지에도 소개된 유명한 보석상이 있는데 이분의 자산이 수천억이라고 합니다. 그런데 이분이 지난주에 우리 교회에 출석했다고 합니다. 그래서 그분 집에 심방을 갔는데 영화에서나 나올 법한 것들을 보았다고 하면서 이분 집에 심방 간 이야기를 오랜 시간 말씀했습니다. 저는 그 이야기를 듣는 동안 정말 미치는 줄 알았습니다. 평소에도 담임목사의 설교를 좋아하지 않았지만 그날은 설교를 듣다가 뛰쳐나갔습니다. 부자 교인 한 사람 붙잡으려고 교회에 오자마자 심방을 갔다는 것도 우습지만 그분의 집에 가서 희귀한 보석들을 봤다는 이야기를 장황하게 늘어놓는 것이 너무도 천박하다는 생각이 들었습니다. 그 사람보다 상대적으로 가난한 교인들을 대상으로 그런 이야기를 한다는 것 자체가 도대체 무슨 의미가 있는 것입니까? 규모가 있는 교회의 목사가 이런 이야기를 설교 시간에 아무렇지도 않게 하고 있다는 것 자체가 오늘 한국 교회의 수준과 실상을 그대로 보여주고 있다고 생각합니다. 이런 모습들이 하나님이 원하시는 경건과는 너무나 거리가 멀다는 사실을 야고보가 폭로하고 있습니다.

2장 2절을 보겠습니다.

여기에 회당이 모임 장소로 언급되고 있습니다. 전설에 따르면 예루살렘 교회의 수장이었던 야고보는 62년에 순교했습니다. 야고보서를 야고보가 썼다고 본다면 야고보서는 아무리 늦어도 62년 이전에는 쓰여야 합니다. 이때는 유대교와 초대 교회가 아직까지 완전히 갈라선 때는 아닙니다. 유대교와 초대 교회가 완전히 갈라서게 된 것은 유대 전쟁 이후입니다. 유대 전쟁은 66년부터 70년 사이에 일어난 전쟁으로 모든 유대인들이 힘을 모아 로마와 전쟁을 했습니다. 그때 유대인임에도 전쟁에 참여하지 않았던 유일한 그룹이 있었는데 그들이 가나안 땅에 살았던 유대 기독교인들이었습니다. 왜 유대 기독교인들은 전쟁에 참여하지 않았을까요? 전쟁이 일어나기 전에 하나님께서 그들에게 나타나서 이번 전쟁에 참여하지 말 것과 요단 동편에 있는 펠라 지역으로 이주할 것을 명령했다고 합니다. 흔히 가나안 땅이라고 하는 것은 요단 서편 땅을 말하는데 66년부터 가나안 땅에서 전쟁이 일어났을 때 초대 교인들은 요단 동편으로 이주를 했습니다. 그래서 전쟁의 화를 면하게 된 것입니다. 그때 유대 전쟁을 통해서 가나안 땅은 초토화되었고 이스라엘 백성들은 많은 사람들이 살상을 당하고 포로로 잡혀가게 됩니다. 전쟁이 끝난 이후에 유대교에서는 유대 전쟁에 함께하지 않은 유대 기독교인들에 대해서 회당에 대한 출입 금지령을 내리고 기독교인들을 이단으로 정죄하는 기도를 드리게 되었습니다. 유대 전쟁 이후 유대교와 초대 교회는 완전히 갈라서게 됩니다. 그런데 2장 2절을 보면 여전히 기독교인들의 모임 장소가 회당으로 나옵니다. 회당이라는 장소가 언급된 것을 보면 야고보서의 기록 시점이 유대 전쟁 이전임을 알 수 있습니다.

14절을 보겠습니다.

내 형제들아 만일 사람이 믿음이 있노라 하고 행함이 없으면 무슨 유익이 있으리요 그 믿음이 능히 자기를 구원하겠느냐.

헬레니즘에서 말하는 믿음을 참된 믿음으로 착각하는 분들이 많습니다. 머리로 믿고 입술로 고백하면 믿음이 있다고 생각합니다. 그래서 우리는 저분은 믿음은 있는데 행함이 없다는 이야기를 자주 합니다. 그러나 그렇지 않습니다. 그는 스스로 믿음이 있다고 생각할 뿐 실제는 믿음이 없는 것입니다. 이것을 잘 구별하셔야 합니다. 믿음이 있는데 어떻게 행함이 없을 수 있습니까? 믿음이 있는데 행함이 없는 것이 아닙니다. 그는 믿음이 없는 것입니다. 그런데 자기는 믿음이 있다고 스스로 착각하고 있는 것입니다. 자기 착각을 믿음으로 오해하고 있는 것입니다. 한국 교회에서는 여전히 헬레니즘이 말하는 믿음을 참된 믿음이라고 생각하는 분들이 많이 있습니다. 어떤 주장에 대해서 인지적으로 동의하거나 수용하는 것을 믿음이라고 생각합니다. 그것은 인지적 동의이고 인지적 수용이지 믿음과는 아무런 상관이 없는 것입니다. 성경이 말하는 믿음은 하나님을 내 인생의 주인 삼는 것이고 하나님께 내 인생을 전적으로 의탁하는 것입니다. 하나님이 가라고 명하시면 가는 것이고 멈추라고 하시면 멈추는 것입니다. 이것이 성경이 말하는 참 믿음입니다. 결국 믿음은 삶을 통해 증명될 수밖에 없는 것입니다.

머리로는 수용하는데 삶으로 드러나지 못하는 것은 믿음이 아니라 관념입니다. 그것을 믿음이라고 착각해서는 안 됩니다. 그런데 여전히 많은 분들이 자기는 믿음은 있지만 실천이 부족하다고 생각합니다. 그런 방식으로 스스로에게 면죄부를 주고 있습니다. 그렇지 않습니다. 한국 교회는 믿음과 행위를 구분하고자 합니다. 그러나 믿음과 행위는 절대 구분되지 않습니다. 행함이 없는 믿음이라고 하는 것이 존재할 수 있습니까? 그것은 머릿속에 있는 관념일 뿐입니다. 진짜 구별해야 할 것은 행함이 있는 믿음과 행함이 없는 믿음입니다. 그것만을 구별할 수 있습니다. '믿음은 좋은데 행함은 약하다'는 식의 주장을 더 이상 받아들여서는 안 됩니다. 그것은 죽은 믿음일 뿐입니다.

야고보는 관념론적인 믿음의 한 실례에 대해 19절에서 귀신을 가지고 비판하고 있습니다. 하나님이 어떤 분인지에 대한 앎, 하나님에 대한 고백이 있다고 해서 그것을 믿음이라고 말할 수 없습니다. 만약 그런 믿음으로 구원 받는 것이라면 귀신들은 다 구원 받을 것입니다. 귀신들만큼 하나님이 어떤 분이신지에 대한 온전한 앎을 가지고 있는 존재가 있습니까? 그렇다고 귀신을 하나님을 믿는 존재라고 말할 수 있습니까? 참된 믿음에는 순종의 행위가 따를 수밖에 없습니다. 마가복음 5장 7절에 군대 귀신은 예수가 누구인지에 대해 다 알고 있음에도 불구하고 자신이 예수와 무슨 상관이 있는가를 반문하고 있습니다. 이것은 귀신 수준의 신앙입니다. 진짜 신앙인은 이 수준을 뛰어넘어야 합니다. 성경에 기록된 모든 하나님의 말씀들이 나의 순종을 기대하시면서 하나님께서 나에게 주신 나와 상관있는 말씀으로 받고 그 말씀을 존재를 다해서 순종하는 자가 진짜 하나님의 백성입니다.

관념적인 거짓 믿음을 비판한 야고보는 21~26절에서 믿음의 참 모델로 아브라함과 라합을 제시하고 있습니다. 아브라함은 이삭을 바치라는 하나님의 말씀에 순종함을 통하여 이 세상 그 무엇보다 하나님을 사랑하는 자신의 믿음을 증명했습니다. 라합은 여리고 성에 파견된 정탐꾼들을 숨겨주고 가나안 정복 전쟁을 앞두고 있는 이스라엘에 협력함을 통하여 하나님의 사람으로 인생의 방향 전환을 이뤄냈습니다. 그들이 보여준 구체적인 행위를 통해서 그들은 자기들의 믿음을 입증한 것입니다. 다시 한 번 강조합니다. 믿음과 행위를 구별하면 안 됩니다. 믿음과 행위는 구별될 수 없습니다. 살아내는 그것이 한 존재의 참된 믿음입니다. 구별할 수 있다면 믿음을 통한 순종의 행위와 불신을 통한 불순종의 행위가 있을 뿐입니다. 일상의 행위를 통해 우리가 하나님의 백성임을 신실하게 증명할 수 있어야 합니다.

3장에는 말에 대한 경계를 다루고 있습니다. 여기 말에는 오늘날 말과 글을 모두 포함합니다. 사람은 태어나서 죽는 그 순간까지 끊임없이 말을 하고 듣는 존재입니다. 그런데 언어 사용을 제대로 하지 못함으로써 누군가에게 상처를 주기도 하고 관계 안에서 갈등과 충돌을 일으키기도 합니다. 언어 사용에 있어서 변화는 스스로 자신의 성화를 점검할 수 있는 중요한 잣대라고 할 수 있습니다. 특히 오늘날에는 많은 사람들이 글을 쓰고 있습니다. SNS에 글을 올리기도 하고 누군가에게는 문자를 보내기도 합니다. 말을 사용하고 글을 쓰는 순간마다 하나님의 백성다운 품격을 잘 드러낼 수 있었으면 좋겠습니다.

3장 1절을 보겠습니다.

선생은 무엇이 옳은 것인지를 가르쳐주는 사람입니다. 그런데 옳고 그름에 대해 가르치는 자가 스스로 올바른 삶을 살아내지 못한다면 누가 그의 가르침에 권위를 부여하겠습니까? 선생은 자기가 말하는 바대로 손수 살아내야 합니다. 자기가 말한 바대로 자기도 살지 않는다면 사람들은 그를 참 스승으로 생각하지 않을 것입니다. 신앙 안에서도 마찬가지입니다. 머리로는 무엇이 옳은 것인지를 다 알고 다른 사람에게는 그렇게 살아가라고 가르치는 자가 자기 스스로 그러한 삶을 살아내지 못한다면 사람들은 그런 자의 가르침에 귀를 기울이지 않을 것입니다. 이런 맥락에서 차라리 '모르기 때문에 잘못 살았습니다'라고 한다면 변명이라도 가능한 것입니다. 그러나 머리로는 알고 있고 다른 사람에게는 그렇게 살아가라고 가르치는 자가 자기의 삶으로는 살아내지 못한다면 이것은 변명도 할 수 없는 것입니다. 우리가 알고 있고 남에게 말하는 바를 스스로 살아낼 것을 권면하고 있는 것이 3장입니다. 2절을 보겠습니다.

우리가 다 실수가 많으니 만일 말에 실수가 없는 자라면 곧 온전한 사람이라 능히 온 몸도 굴레 씌우리라.

여기 '온 몸을 굴레 씌운다'는 말이 어떤 의미일까요? 사람이 자기의 말을 통제할 수 있다면 자기의 삶도 통제가 가능하다는 뜻입니다. 그러나 대부분의 사람들에게는 이것은 참으로 난제 중에 난제입니다. 내 몸 안에 있지만 내 마음대로 통제하기 어려운 것이 말입니다. 그래서 우리는 말을 내뱉고 나서 후회하는 경우들이 얼마나 많습니까? 우리가 자신의 말을 통제할 수 있다면 자신의 삶도 통제할 수 있을 것입니다. 그만큼 자신의 말을 통제하는 것은 어려운 일입니다. 하나님께서 우리에게 말할 수 있는 능력을 주신 것은 엄청난 선물입니다. 좋은 말, 옳은 말, 사람을 살릴 수 있는 말을 많이 함으로써 우리에게 이 선물을 주신 하나님을 기쁘시게 해야겠습니다. 그런데 말에 실수를 하게 되는 경우에 대부분의 사람들은 자신이 말을 많이 해서 이런 실수를 했다고 생각하면서 말을 줄이려고 하는 경향이 있습니다. 하지만 말을 줄이거나 하지 않는 것이 궁극적인 문제 해결의 방안이 될 수 있을까요? 이런 태도가 일정 부분 언어 사용의 신중함을 기하는 유익이 될 수는 있지만 말을 하지 않거나 말의 분량을 줄이는 것 자체가 반드시 옳거나 유익한 것은 아님을 기억해야 합니다.

말을 하지 않는 것은 하나님께서 주신 선물을 땅에 묻어두는 것과 같은 것입니다. 우리가 올바른 말을 사용함으로써 누군가에게 진실을 알릴 수도 있고 힘을 실어 줄 수도 있고 위로해 줄 수도 있습니다. 그런데 말의 실수를 줄이고자 말을 하지 않는 것은 언어 사용을 통해서 파생할 수 있는 이 모든 유익들을 포기하는 것입니다. 그것은 하나님께서 주신 은사를 사용하지 않는 행위가 될 수 있는 것입니다. 우리가 말에 실수가 많을 때는 자제하는 의미에서 절제하는 것도 필요합니다. 그러나 이것이 궁극적인 해결 방안은 아닙니다. 내가 상대방에게 찌르는 말을 많이 해서 상처를 주었다면 이제는 상대방을 세울 수 있는 건설적인 말을 많이 해야 합니다. 언어 사용에 있어서도 훈련을 많이 해야 하는 것입니다. 궁극적으로 우리의 언어 사용을 통해 옳은 말, 진실한 말, 누군가를 세우고 살리는 말을 많이 할 수 있었으면 좋겠습니다. 내가 하나님의 사람으로 성장하고 있는가를 돌아보게 만드는 중요한 지표가 우리의 언어 사용임을 기억하면서 언어 사용에 있어서 아름다운 변화가 있었으면 좋겠습니다.

4장 10절을 보겠습니다.

바울 서신에는 '첫 사람 아담', '둘째 아담'이라는 표현이 자주 나옵니다. 여기서 아담이라는 것은 인류를 대표한다는 의미입니다. 첫 번째 아담은 하나님처럼 되려고 하다가 넘어졌습니다. 두 번째 아담은 하나님과 동등한 존재였음에도 불구하고 자기를 완전히 비우시고 낮추셨습니다. 그리고 우리와 똑같은 인간이 되셨습니다. 첫 번째 아담과 두 번째 아담을 통해서 우리는 중요한 공식을 하나 발견하게 됩니다. 우리가 우리를 높이면 높일수록 하나님은 우리를 낮추시고 우리가 우리를 낮추면 낮출수록 하나님은 우리를 높이신다는 것입니다. 이것이 빌립보서 2장의 주요 내용이기도 합니다.

12절을 보겠습니다.

입법자와 재판관은 오직 한 분이시니 능히 구원하기도 하시며 멸하기도 하시느니라 너는 누구이기에 이웃을 판단하느냐.

이런 말씀을 대할 때마다 우리는 형제를 함부로 판단했던 것에 대해 죄의식을 갖고 조심하게 됩니다. 그래서 형제가 무엇을 잘못한다고 하더라도 그것을 지적하고 책망하는 일에 주저하게 됩니다. 하지만 잘못된 생각이나 행동이 분명함에도 불구하고 그것을 책망하지 않는다면 이것이 과연 옳은 일일까요? 야고보는 그러한 행위 자체를 하지 말라고 말하는 것일까요? 물론 누군가에 대해서 함부로 판단하는 것에 대해 우리는 조심하고 또 신중해야 합니다. 그러나 판단 자체를 금하는 것은 돕는 배필로서의 역할을 포기하는 것입니다. 성경이 말하는 돕는 배필의 의미가 무엇입니까? 반대하며 돕는 것입니다. 반대하며 도우려면 이 사람이 지금 무엇을 잘못하고 있는지를 판단해야 합니다.

헬라어로 '판단한다'는 동사는 '크리노'입니다. 크리노는 '판단한다', '심판한다'의 의미가 있는데 본문에서는 심판한다로 번역해야 합니다. 즉 '너는 누구이기에 이웃을 심판하느냐'고 번역해야 합니다. 한마디로 이웃에 대해 심판하지 말라는 것입니다. 판단과 심판은 어떤 차이가 있습니까? 심판은 최종적인 판단입니다. 어떤 사람도 누군가에게 최종적인 판단을 내려서는 안 됩니다. 그것은 우리에게 허락되어진 영역이 아닙니다. 예를 들면 우리가 누군가에게 '너는 안 돼, 너는 지옥이야'라는 말을 해서는 안 됩니다. 우리가 누구이며 무엇이기에 한 존재에 대해 지옥행을 선언할 수 있단 말입니까? 우리는 그 누구도 지옥에 보낼 수 있는 능력이 우리한테 없습니다. 심판은 오직 하나님의 영역입니다. 하나님께서 어느 순간 어떤 사건을 통해서 한 존재를 어떻게 만지시고 변화시켜 내실지 우리는 알 수 없습니다. 그러한 하나님의 역사하심을 미리 재단하거나 불가능한 것처럼 종결 처리해서는 안 됩니다. 그러나 누군가 잘못된 말과 행동을 할 때 거기에 대해서 우리는 판단할 수는 있습니다. 그리고 그를 비판하고 책망할 수 있습니다. 회개를 촉구하는 경고의 말도 할 수 있습니다. 그것을 구약의 예언자들이 신실하게 감당했던 것입니다. 그러나 우리 가운데 그 누구도 심판자로 세움 받지는 않았습니다. 판단은 할 수 있지만 최종적인 판단인 심판은 우리의 영역이 아닌 것입니다.

마태복음 7장 1절에는 "비판을 받지 아니하려거든 비판하지 말라"고 말씀합니다. 누군가의 잘못에 대해서 비판을 하게 되면 많은 신앙인들이 이 말씀을 인용하면서 비판하지 말 것을 요청합니다. 그렇다면 이 말씀을 따라서 신앙인은 그 무엇에 대해서도 비판하지 말아야 하는 것인가요? 만약 비판하지 않는 것이 하나님의 뜻이라면 구약에 나와 있는 예언자들은 하나님의 뜻을 위반한 것으로 봐야 합니다. 헤롯을 비판한 세례 요한도 예루살렘 성전을 비판한 예수님도 모두가 잘못한 것이 됩니다. 그러나 그렇지 않습니다. 이 본문도 4장 12절과 똑같습니다. 여기 '비판한다'로 번역된 헬라어가 크리노입니다. 이 본문도 '비판하지 말라'가 아니라 '심판하지 말라'로 해석하는 것이 좋습니다. 비판은 우리에게 허용된 권한입니다. 물론 내 마음에 들지 않는다고 함부로 비판해서는 안 될 것입니다. 비판의 기준은 철저하게 하나님의 뜻에 근거해야 합니다. 하나님의 뜻에 비추어 볼 때 누군가의 말과 행동이 하나님의 뜻에 어긋난 것이라면 우리는 따끔하게 비판해야 하고 책망해야 합니다. 그 사람이 올바른 길로 돌아올 수 있도록 도와주어야 하는 것입니다. 그것이 하나님께서 우리에게 기대하시는 모습입니다. 그러나 우리에게 허락되어지지 않은 일이 있습니다. 돌이킬 것을 기대하며 비판은 하되 그 누군가에 대해서도 최종적인 판단인 심판을 해서는 안 됩니다. 우리가 누군가에게 최종적인 판단을 내리는 것은 하나님께서 개입하실 수 있는 상황을 근원적으로 차단하고 거부하는 행위입니다. 그 어떠한 경우에도 우리에게는 심판의 권한이 없음을 겸허하게 받아들여야 합니다. 이것은 우리의 영역이 아닙니다.

또 하나 조심해야 할 하나님의 영역이 있는데 우리는 너무나 쉽게 누군가에게 구원을 선포한다는 것입니다. 구원에 대한 선포도 우리의 영역이 아닙니다. 그것은 전적으로 하나님의 영역입니다. 옛날에 교회에서 자주 불렀던 찬양 가운데 이런 노래 가사가 있습니다. "나 구원 받았네 너 구원 받았네 우리 구원 받았네." 이 찬양을 만든 의도는 충분히 이해합니다. 우리가 지금 하나님의 백성이 되었음에 감격하며 부르는 찬양입니다. 그러나 한 존재가 하나님의 최종 판단에서 승리할지의 여부, 최종적인 구원을 받을지에 대해서는 우리도 알 수 없습니다. 오직 하나님의 백성으로 신실하게 살아가고자 하는 다짐과 우리의 삶에 대한 하나님의 인자가 넘치시고 자비가 넘치시는 판단이 있길 간구할 따름입니다. 그런데 오늘 신앙인들 가운데 자신이 최종적인 구원을 받을 것이라는 과도한 확신이 있습니다. 그 과도한 확신을 갖는 것을 믿음으로 착각하는 분들도 계십니다. 그러나 우리가 인정해야 할 것은 구원에 대해 판단할 수 있는 분은 오직 하나님 한 분 외에 없다는 것입니다. 심판도 하나님의 영역이고 구원의 선물을 주시는 분도 오직 하나님의 영역입니다. 누군가에게 심판의 말을 하는 것도 조심해야 하고 누군가에게 구원을 선포하는 것도 조심해야 합니다. 우리는 오직 하나님께서 우리를 긍휼히 여겨주실 것을 기도할 수밖에 없습니다. 그 이상을 행하는 것은 우리도 모르는 사이에 하나님의 영역을 침범하는 행위임을 기억하셔야 합니다.

옛날에는 버스 터미널이나 기차역에서 전도 폭발로 전도하시는 분들이 많이 계셨습니다. 기독교 신앙의 핵심적인 내용들을 몇 가지 교육받고 전도하는 것입니다. 어떤 분이 저에게 이런 질문을 하셨습니다. 자신이 전국에 있는 여러 터미널에서 8번 정도 '당신은 구원받으셨습니다'라는 선언을 들었다고 합니다. 그러면서 자기는 확실히 구원받은 것이 맞는지를 물어보셨습니다. 그래서 제가 어디에서 구원을 받았다는 선언을 들었냐고 물어보니 강남터미널에서 2번, 동서울터미널에서 1번 등 이런 식으로 8번에 걸쳐서 '당신은 구원받으셨습니다'라는 선언을 들었다는 것입니다. 여러분은 어떻게 생각하십니까? 8번이나 구원받았다는 선언을 들었으니 이분은 확실히 구원을 받으실 수 있는 것인가요? 저는 이런 식의 전도 방식에 대해 문제의식을 가져야 한다고 봅니다. 우리가 누군가가 하나님의 구원을 받을 수 있기를 간구할 수는 있습니다. 그러나 누군가에게 심판을 말하는 것도 조심해야 하고 구원을 선포하는 것도 조심해야 합니다. 만약 사람들에 의해서 8번이나 구원받았다는 선언을 들은 이분이 정작 하나님으로부터 최종적인 구원을 받지 못한다면 이 문제에 대해서 누가 책임질 수 있습니까? 아주 단순한 몇 가지 교리만을 수용하게 되면 구원이 임했다고 선포하는 것은 하나님의 영역을 침범하는 행동입니다. 이렇게 말하는 것이 옳습니다. "이제 당신은 구원의 첫걸음을 내딛으셨습니다. 앞으로 더욱 신실하게 구원의 걸음을 내디디심을 통하여 두렵고 떨림으로 하나님의 구원을 완성해가시기를 바랍니다." 믿음의 삶을 살아내지도 못하는 사람들에게 너무 쉽게 구원을 선포하는 행위는 하나님의 이름을 망령되이 일컫는 행위입니다. 하나님의 영역을 함부로 침범하지 않도록 조심해야 합니다.

17절을 보겠습니다.

그러므로 사람이 선을 행할 줄 알고도 행하지 아니하면 죄니라.

이 구절은 죄에 대한 우리의 인식을 전환할 것을 요청합니다. 우리는 죄에 대해서 생각할 때 하나님이 하지 말라고 명하신 것을 행하는 것을 죄라고 생각하는 경향이 아주 강합니다. 맞습니다. 그것도 죄입니다. 하지만 또 하나의 중요한 죄가 있는데 하나님께서 하라고 명하신 그것을 행하지 않는 것도 죄입니다. 이 두 가지 내용을 포함하는 죄에 대한 총체적 이해가 있어야 합니다. 하나님께서 하나님의 백성 된 우리에게 요구하시고 기대하시는 바가 있는데 그것을 제대로 행하지 못하는 것이 죄라는 것을 기억해야 합니다. 그런 의미에서 오늘날 신앙인이 저지를 수 있는 가장 큰 죄가 무엇이겠습니까? 교회를 교회답지 못하게 만든 것, 목사가 목사답지 못한 것, 중직자들이 중직자답지 못한 것, 신앙인이 신앙인답지 못한 모든 것이 죄입니다. 이 죄를 진짜 회개해야 합니다.

5장에는 나쁜 부자들에 대한 경고의 말씀이 나옵니다. 구약의 아모스에도 나쁜 부자들에 대한 경고가 나옵니다. 신약의 아모스라고 불리는 야고보서 5장에도 나쁜 부자들에 대한 경고의 말씀이 선포되고 있습니다. 여기서 조심해야 할 것이 있습니다. 아모스나 야고보서에서 나쁜 부자에 대해서 경고하는 것을 보면서 마치 부유함 자체가 신앙 안에서는 책망의 대상인 것처럼 오해하시면 안 됩니다. 성경은 부유함 자체를 문제시하지 않고 다만 나쁜 부자에 대해 책망하는 것입니다. 만약 어떤 사람이 성실하게 노동해서 부자가 된 것이 무슨 문제가 되겠습니까? 그것은 칭찬받을 일이지 책망 받을 일이 아닙니다. 부유함 자체가 전혀 문제되지 않습니다. 물론 그가 어떻게 부유하게 되었는가는 아주 중요한 문제입니다. 또한 그가 소유한 부를 어떻게 사용하고 있는가 하는 것도 중요한 문제입니다. 어떤 분들은 성경에서 '가난한 자는 복이 있다'는 말씀이나 '부유한 자에게는 화가 임할 것이다'는 말씀으로 인해 성경이 가난함을 미덕으로 생각하고 부에 대해서는 부정적으로 생각한다고 말하기도 합니다. 하지만 전혀 그렇지 않습니다. 성경은 부유함 자체를 문제시 하지 않습니다. 성경이 책망하는 것은 부유함이 아니라 나쁜 부자들입니다. 그리고 가난을 미화하지도 않습니다. 잠언 6장 6절을 보겠습니다.

게으른 자여 개미에게 가서 그가 하는 것을 보고 지혜를 얻으라.

게으름의 결과로 가난해진 사람에게 개미에게 가서 배우라고 말합니다. 절대 성경은 가난 자체를 미덕으로 보지 않습니다. 그러면 이런 질문이 나올 수 있습니다. 그렇다면 예수님이 말씀하신 '가난한 자는 복이 있다'는 것은 어떤 의미인가요? 여기서 말하는 가난은 게으르고 나태하여 가난한 자는 복이 있다는 것이 아닙니다. 하나님의 뜻대로 살고자 하다가 가난해진 자들에 대해서 축복을 선언하는 말씀입니다. 불의한 일에 동참하지 아니하고 뇌물을 받지 아니하고 악인들과 연합하지 아니함으로 인해서 가난해진 자들에 대한 축복 선언입니다. 절대로 가난 자체에 대해서 복을 선포하는 것이 아님을 기억하셔야 합니다.

4절을 보겠습니다.

보라 너희 밭에서 추수한 품꾼에게 주지 아니한 삯이 소리 지르며 그 추수한 자의 우는 소리가 만군의 주의 귀에 들렸느니라.

성경은 일관되게 이웃에게 대하는 모습이 곧 하나님을 대하는 모습이라고 말합니다. 5장에 나오는 나쁜 부자들은 무엇 때문에 책망받고 있습니까? 그들은 일한 사람들에게 마땅히 줘야 할 임금을 주지 않았기 때문입니다. 그래서 피해자들이 아우성을 치고 있습니다. 그들이 울부짖는 아우성을 하늘에 계신 하나님께서 들으셨습니다. 그래서 부자들이 책망을 받는 것입니다. 그동안 교회는 이런 문제에 대해서 무관심했습니다. 이것은 경제적인 문제이고 사회적인 문제이지 신앙의 문제가 아니라고 생각했습니다. 그러나 하나님께서는 이러한 문제에 깊은 관심을 가지고 계십니다. 왜 그렇습니까? 뜻이 하늘에서 이루어진 것 같이 땅에서도 당신의 뜻이 이루어지기를 원하시기 때문입니다.

우리가 관심을 가져야 할 신학은 크게 두 가지인데, 하나는 구속사 신학이고 다른 하나는 창조 신학입니다. 그동안 한국 교회는 구속사 신학만을 강조해왔습니다. 창조 신학이 강조된 것은 비교적 최근의 일입니다. 구속사 신학의 주된 내용이 무엇입니까? '하나님은 무엇을 가장 마음 아파하실까'라고 했을 때 구속사 신학은 '하나님을 알지 못하고 흑암의 권세 가운데 지배받고 있는 자들을 보시면서 우리 하나님은 가장 마음 아파하신다'고 말합니다. 그리고 '하나님은 무엇을 가장 기뻐하실까'라고 했을 때 흑암의 권세 가운데 있던 자들이 하나님을 믿고 하나님의 백성이 되는 것을 가장 기뻐하신다고 말합니다. 그렇다면 하나님이 가장 기뻐하시는 이 일을 이루어내기 위해서 교회는 무엇에 집중해야 합니까? 전도와 선교에 집중해야 합니다. 이것이 바로 구속사 신학의 주된 내용입니다. 구속사 신학은 교회의 성장과 확장으로 이어지기에 오랜 세월 교회는 구속사 신학을 강조해왔습니다.

그러면 창조 신학은 무엇을 주장하고 있을까요? 동일 질문인 '하나님은 무엇을 가장 마음 아파하실까'라고 했을 때 창조 신학은 '하나님의 형상대로 지음을 받았지만 현재 존귀한 삶을 누리지 못하는 자들을 보면서 하나님은 마음 아파하신다'고 대답합니다. 지금 전 세계적으로 깨끗한 물을 마시지 못해서 설사와 탈수 증세로 하루에도 수많은 아이들이 죽어가고 있습니다. 비참한 아동 노동의 현실, 여성들에 대한 인신매매와 성폭행, 카스트 제도와 같은 신분제로 인해 너무나 많은 사람들이 인간 이하의 삶을 살고 있습니다. 지구촌 곳곳에서 하나님의 형상으로 지음 받았지만 하나님의 형상다운 존귀한 삶을 누리지 못하는 너무나 많은 사람들이 있습니다. 그들을 보면서 우리 하나님은 너무나 마음 아파하신다는 것입니다. 그렇다면 하나님은 무엇을 가장 기뻐하실까요? 비인간적인 상황에 내던져진 사람들이 인간으로서의 존엄성을 회복하는 것을 보시면서 우리 하나님은 기뻐하십니다. 그렇다면 이를 위해 교회는 무엇을 해야 할까요? 여기서 교회가 강조하는 것이 구제와 봉사입니다.

봉사는 다른 말로 하면 사회 선교라고 할 수 있습니다. 교회는 사회 선교를 통해 인간의 존엄성을 박탈당한 사람들을 도와야 합니다.

그들이 인간으로서의 존엄성을 회복할 수 있도록 실제적인 도움을 제공해야 합니다. 이것이 창조 신학의 주요 내용입니다. 창조 신학의 영역 가운데 하나가 노동의 영역입니다. 열심히 땀 흘려 노동했지만 정당한 대우를 받지 못하는 불합리한 환경에 처해 있는 사람들의 아우성을 하나님은 듣고 계십니다. 그리고 우리가 그들을 돕기를 원하십니다. 성경에서 우리는 밑바닥 인생들의 아우성을 귀 기울여 들으시는 하나님의 모습을 발견하게 됩니다. 바로의 압제 가운데 있던 히브리 노예들의 아우성을 들으시고 하나님은 그들을 출애굽 시켜주셔서 이스라엘 공동체가 탄생하도록 하셨습니다. 하나님께서 귀를 기울이시는 연약한 자들의 아우성에 교회도 귀를 기울여야 합니다. 구속사 신학에 대한 일방적인 강조를 뛰어 넘어 구속사 신학과 창조 신학에 대한 총체적인 교육과 실천이 우리에게 요청되고 있습니다.

야고보는 11절에서 신앙인이 본받아야 할 인내의 모델로 욥을 제시하고 있습니다.

여기서 욥을 인내의 사람으로 규정한 것은 전적으로 야고보의 해석입니다. 욥은 고난의 시기에 하나님에 대한 불평과 불만을 쏟아내긴 했지만 끝까지 하나님과의 관계를 단절하지는 않았습니다. 이것을 야고보는 인내의 모습으로 보고 있습니다. 자신에게 임한 이해되지 않는 고난의 상황 속에서 욥은 아우성치기도 하고 하나님께 따져 묻기도 합니다. 그러나 끝내 하나님과의 관계를 단절하지는 않습니다. 무엇보다 지금의 불합리한 상황을 역전시켜 주실 하나님의 구원을 기대하고 소망합니다. 이것을 야고보는 욥의 인내로 해석합니다. 그리고 야고보서의 수신자들이 욥과 같은 인내를 가질 수 있기를 권면합니다.

15절을 보겠습니다.

믿음의 기도는 병든 자를 구원하리니 주께서 그를 일으키시리라 혹시 죄를 범하였을지라도 사하심을 받으리라.

여기서 '구원한다'는 말은 질병으로부터 치유함을 받는 것을 말합니다. 구원이라고 하는 단어를 죽은 다음에 천국 가는 것으로만 이해하시면 안 됩니다. 구덩이에 빠진 사람에게 구원은 무엇일까요? 구덩이에서 건짐 받는 것입니다. 병에 걸린 사람에게 구원은 병으로부터 치유함을 받는 것입니다. 배고픈 자에게 구원은 배불리 먹는 것입니다. 이처럼 구원이라는 단어는 그가 처해 있는 상황에 따라 다양한 의미를 갖습니다. 본문에는 병든 자가 치유함을 얻는 것을 구원이라고 말합니다. 본문은 우리에게 믿음의 기도는 병든 자를 구원한다고 말합니다. 이 말씀에 아멘이 되십니까? 정말 우리가 기도하기만 하면 아픈 사람들이 모두 치유함을 받을 수 있는 것인가요? 병자가 치유함을 받지 못하는 것은 우리가 기도하지 않았거나 기도가 부족한 것 때문이라고 말할 수 있는 것인가요?

우리가 기도한다고 해서 모든 질병으로부터 치유함을 받는 것은 결코 아닙니다. 우리는 치유함을 받기를 간절히 원하지만 하나님의 뜻은 우리의 소망과 얼마든지 다를 수 있습니다. 다니엘이 사자 굴에 던져진 후에 극적인 구원을 받은 것을 믿음의 사람들은 누구나 그럴 것이라는 하나의 모델로 제시해서는 안 됩니다. 하나님은 우리를 구원하실 수도 있고 구원하지 않으실 수도 있습니다. 사자 굴에서 우리를 안전하게 보호해 주실 수도 있고 때로는 우리가 순교의 제물이 되기를 기대하실 때도 있는 것입니다. 어떤 결과이건 간에 그것을 하나님의 뜻으로 받아들이는 것이 신앙인의 자세입니다. 그것을 다니엘에서는 '그리 아니하실지라도'로 말씀합니다. '그리 아니하실지라도'를 고백하는 것이 성숙한 신앙인의 모습입니다. 내가 바라는 것에만 집중하게 되면 내가 바라는 것이 응답되지 못할 때 하나님에 대해서 냉담해지기 쉽습니다. 하나님의 백성은 모든 상황과 시공간에서 궁극적으로 하나님의 뜻을 받아들여야 합니다. 그것을 주님께서는 겟세마네의 기도를 통해서 잘 보여주고 계십니다. 주님이 그러셨던 것처럼 간절히 기도하되 기도의 마무리는 이렇게 고백해야 합니다. "그러나 나의 원대로 마옵시고 아버지의 뜻대로 하옵소서."

우리가 간절히 기도해도 우리가 기대하는 응답을 받지 못할 수도 있습니다. 그런 의미에서 우리는 승리주의적인 간증들을 조심해야 합니다. 그것이 모든 신앙인에게 적용되는 하나의 법칙이 아님을 기억해야 합니다. 중요한 것은 하나님의 뜻입니다. 바울도 자신의 몸에 있던 육체의 가시를 없애달라고 세 번이나 기도했지만 하나님께서는 바울의 질병을 치유해주시지 않으셨습니다. 그 대신 바울의 몸에 육체의 가시가 있는 것이 더 낫다는 것을 알려주셨고 그것을 바울은 자신의 기도에 대한 하나님의 응답으로 받아들였습니다. 나는 A가 필요하다고 하나님께 A를 달라고 기도하였는데 나보다 나를 더 잘 아시는 하나님께서는 내가 원하는 A가 아닌 B를 허락하실 수도 있는 것입니다. 그런데 승리주의적인 간증은 마치 믿음만 있다면 그 사람처럼 그렇게 될 수 있는 것 같은 착각을 불러일으킵니다. 그리고 하나님으로부터 놀라운 은혜를 경험한 그 사람이 하나님의 특별한 사랑을 받는 존재인 것처럼 인식하게 만듭니다. 신비로운 간증일수록 함정이 있습니다. 무엇보다 성경 말씀을 통하여 올바른 분별력을 갖는 것이 중요합니다.

저는 개인적으로 간증 자체를 많이 하는 것에 대해 부정적으로 생각합니다. 저도 어린 시절 놀라운 사건들을 수차례 경험했습니다. 제가 그것을 간증하게 되면 모두 깜짝 놀라실 것입니다. 그러면 저에 대해 이렇게 생각하실지 모르겠습니다. "양 목사님은 어린 시절부터 특별히 하나님께 선택된 사람이구나." 제가 경험한 신비로운 이야기들이 있지만 저는 가급적 그 내용들을 언급하지 않습니다. 저는 그것이 확실히 일어난 사건이라고 생각하지만 증인이 없습니다. 마치 열왕기상 3장에 나오는 솔로몬의 꿈과 같은 것입니다. 솔로몬의 꿈에서 솔로몬은 하나님과 이런저런 대화들을 나누었습니다. 솔로몬의 꿈에서 이루어진 이야기이기에 증인은 아무도 없습니다. 정말 솔로몬이 그 꿈을 꾼 것이 맞는지, 꿈의 내용을 그대로 진술하는 것이 맞는지는 솔로몬 외에는 아무도 알 길이 없습니다. 저도 그렇습니다. 제가 분명히 경험한 사건인데도 시간이 지나면서 제 해석이 덧붙여진 것은 아닌가 하고 생각하기도 합니다. 어떤 분은 자동차를 과속으로 운전하다가 차가 뒤집혔는데도 크게 다치지 않았다고 간증하는 것을 들었습니다. 그런 간증을 듣고 할렐루야로 응답하는 것도 좋지만 운전을 수십 년 하고도 사고 한 번 나지 않고 범칙금 한 번 내지 않는 간증들이 더 많았으면 좋겠습니다. 그것이 진짜 신앙인들이 해야 할 간증이라는 생각이 듭니다. 사람들을 깜짝 놀라게 만드는 기이한 이야기에 너무 현혹되지 마시고 간증하는 사람을 특별한 존재인 듯 높이지도 마시고 무엇보다 하나님의 뜻을 받아 안는 성숙한 믿음 생활을 할 수 있었으면 좋겠습니다.

마지막으로 야고보는 17절에서 기도의 모델로 엘리야를 제시합니다. 엘리야는 주전 9세기 북이스라엘에서 사역했던 예언자입니다. 엘리야 당시에 북이스라엘은 바알 숭배를 국가 종교로 만들고자 했습니다. 이것을 주도한 사람이 아합과 그의 아내 이세벨입니다. 왜 아합과 이세벨은 바알 숭배를 국가 종교로 만들려고 했을까요? 고대 근동의 가나안 사람들은 바알을 비를 주관하는 신으로 숭배했습니다. 이스라엘은 가나안 땅에 정착한 이후에 대부분 농사를 지었습니다. 자연스럽게 비를 주관하는 신인 바알에게 잘 보여야 풍년을 기대할 수 있다고 생각했습니다. 그래서 바알 숭배에 몰두했던 것입니다. 이에 대해 엘리야는 비를 주관하시는 분은 오직 하나님이심을 천명합니다. 바알을 숭배하는 이스라엘에게 진노하셔서 하나님이 3년 6개월 동안 비를 내리지 않으실 것이라고 말합니다. 그리고 엘리야가 기도한 것처럼 오랜 기간 비가 내리지 않게 됩니다. 엘리야의 기도가 응답된 이유가 무엇입니까? 이 기도가 하나님의 마음과 일치된 기도

이기 때문입니다. 예수님이 말씀하신 것처럼 우리는 기도를 통해 하나님의 나라와 의를 구해야 합니다. 하나님의 나라와 의를 구하는 기도는 하나님의 마음과 일치한 기도이고 하나님에게도 기쁨이 되는 기도입니다. 우리가 하나님의 백성으로 신실하게 살아갈 수 있도록 기도할 때 하나님이 얼마나 그 기도에 기뻐하시겠습니까? 우리가 하나님의 뜻이 이루어지기를 간절히 바랄 때 그 기도를 들으시는 하나님이 얼마나 기뻐하시겠습니까? 하나님께서 우리의 기도를 들으시고 우리의 삶을 돌봐 주심을 믿어야 합니다. 하나님의 마음을 흡족하게 만드는 기도가 우리 안에서 차고 넘칠 수 있어야 합니다.

Q 마리아의 4대 교리와 관련해서 질문하려고 합니다. 마리아에 대해서 초대 교회에서는 그러한 주장이 없었는데 시간이 지날수록 마리아에 대한 새로운 교리들이 추가되고 있지 않습니까? 초대 교회에서 인정하지 않았던 교리를 새롭게 만들어내는 것을 어떻게 받아들여야 할지 궁금합니다.

A 두 가지로 이야기할 수 있을 것 같습니다. 첫째는 교리는 시간이 흐를수록 더욱 정교하게 다듬어집니다. 예를 들면 오늘날 우리가 예수님에 대해서 가지고 있는 교리들도 700년 이상 논쟁한 내용의 결과물입니다. 1세기 신앙인들은 지금 우리와 똑같이 예수님은 100% 하나님이시고 100% 인간이라는 교리를 가지고 있지 않았습니다. 시간이 지나면서 예수님에 대해 그분은 100% 신성과 인성을 가지신 분이라는 교리가 확립된 것입니다. 이처럼 교리는 시간이 흐를수록 더욱 정교해지는 것입니다. 마리아에 대한 교리도 그런 의미에서 현재 진행형이라고 이해하시면 좋겠습니다.

둘째는 그렇다면 왜 마리아에 대해서 점점 마리아를 신격화하는 교리들이 만들어지고 있는가 하는 것입니다. 가장 중요한 이유는 마리아를 그렇게 생각하는 신앙인들이 많아지고 있기 때문입니다. 만약 가톨릭 신자들 대부분이 마리아에 대해서 관심도 없고 마리아를 좋아하는 사람들이 소수라면 이런 교리들은 탄생하지 않았을 것입니다. 그런데 마리아에 대해서 사람들이 더욱 신심이 깊어지고 마리아를 의지하고 마리아에게 기도하는 사람들이 점점 많아지게 되면서 마리아에 대한 교리도 더욱 신격화되어가고 있다고 봐야 합니다.

Q 디아스포라 유대인들은 유대인들이기 때문에 헤브라이즘이 말하는 믿음을 더 붙잡았을 것 같습니다. 그런데 어떻게 그들이 헬레니즘에 근거하여 믿음을 이해하였는지가 궁금합니다. 그리고 헤브라이즘이 말하는 믿음에 내용적으로는 동의가 되는데 과연 그런 믿음을 내가 가질 수 있을까 하는 두려운 마음이 생기는 것도 사실입니다. 이것을 극복할 수 있는 방안이 있을지에 대해서도 말씀해주시면 감사하겠습니다.

A 디아스포라 유대인들이 살았던 지역 자체가 이미 헬레니즘적 세계관을 가지고 있습니다. 그들이 아무리 경계한다 하더라도 이미 삶의 많은 부분에 헬레니즘이 자연스럽게 침투해 들어왔다고 봐야 합니다. 또한 헬레니즘의 믿음이 가지고 있는 장점이 있습니다. 즉 신앙인들에게 구원의 확신을 주면서 평안하게 만들어 주는 것입니다. 헤브라이즘이 말하는 믿음은 그 내용에는 동의가 되지만 마음속에 불안함을 야기 시키는 측면이 있습니다. '내가 이렇게 살아서 과연 구원받을 수 있을까'하는 고민에 휩싸이게 되는 것입니다. 헬레니즘

이 말하는 믿음이 성경적으로 옳은 것은 아니지만 신앙인들을 담대하게 만드는 측면이 있습니다. 자신은 예수를 믿고 있기 때문에 구원받을 것이라는 확신을 주기에도 참 좋습니다. 이처럼 헬레니즘이 말하는 구원은 사람들에게 더욱 사랑받을 수밖에 없습니다. 헤브라이즘이 말하는 믿음은 그 내용은 동의가 되지만 신앙인을 두렵고 떨리게 만드는 요소가 있습니다.

신앙인들은 이런 확신을 가져야 합니다. 우리가 오늘도 하나님의 백성으로 살아가려고 노력한다면 반드시 하나님께서 우리를 구원해 주실 것을 믿어야 합니다. 우리가 하나님과의 관계를 먼저 단절하지 않는 이상 하나님은 우리의 손을 결코 놓으시는 일은 없습니다. 내가 오늘도 설령 넘어졌다 하더라도 하나님의 백성으로 살아가는 것을 포기하지 않고 하나님의 통치 안에 머물고자 분투한다면 하나님은 결코 우리를 포기하지 않으시기에 우리는 구원받을 수 있을 것입니다. 헤브라이즘이 말하는 믿음을 붙잡으면서 그것이 지나친 자기 고문이 되지 않도록 해야 합니다. '내가 이렇게 살아서 과연 구원받을 수 있을까'하는 자기 학대나 고문으로 나갈 필요가 없습니다. 오늘도 내가 하나님의 백성으로 살아가려고 할 때 하나님이 반드시 나를 도우시고 구원해 주실 것이라는 확신을 갖는 것이 필요합니다.

베드로전후서 Ⅰ

바울 서신의 핵심은 이신칭의입니다. '믿음으로 의롭다 함을 받는 다', '믿음으로 하나님의 백성이 된다'는 이신칭의가 바울 서신의 핵심입니다. 그런데 이신칭의는 자칫 악용될 소지가 있습니다. 하나님의 백성다운 삶의 모습은 1도 없으면서 스스로 '믿음이 있다'고 주장하며 하나님의 구원을 당연히 받을 수 있는 것처럼 착각하는 것입니다. 이렇게 악용될 위험성이 이신칭의에 존재합니다. 모든 말과 행동은 그것이 나오게 된 맥락이 있습니다. 이 맥락을 주목해야 합니다. 바울은 이신칭의를 통해서 하나님의 은혜와 절대 주권을 강조하고자 했습니다. 그 이유가 무엇입니까? 당시 유대교는 공로주의적인 구원관이 강했기 때문입니다. 그것에 대한 반박으로 바울은 이신칭의를 강조한 것입니다. 대부분의 이방 종교들도 공로주의적 구원관이 아주 강합니다. 바울은 이것을 반박한 것입니다. 하나님의 절대적인 주권과 은혜 가운데서 우리가 하나님의 백성이 된 것이지 결코 우리가 무엇인가를 잘했기 때문에 하나님의 백성이 되거나 구원 받은 것이 아니라는 것입니다.

바울의 이러한 자세와 태도는 종교 개혁가들에게도 그대로 이어졌습니다. 루터나 칼빈이나 츠빙글리 같은 종교 개혁가들은 하나님의 절대 주권과 하나님의 전적인 은혜를 강조했습니다. 왜 그렇게 했을까요? 중세 말 로마 가톨릭의 공로주의 구원관에 대한 반박 때문에 그렇습니다. 자동차 운전을 한번 생각해 보시기 바랍니다. 자동차가 오른쪽으로 너무 기울어져 있으면 균형을 맞추기 위해서 핸들을 어떻게 해야 됩니까? 왼쪽으로 틀어야 합니다. 그것과 비슷하다고 보시면 됩니다. 우리가 어떤 주장을 살펴볼 때 이 주장이 어떤 맥락과 상황 속에서 어떤 의도를 가지고 나오게 되었는가를 주목해야 합니다. 공로주의적 구원관이 강조될 때는 그것에 반대해서 하나님의 절대 주권과 하나님의 전적인 은혜를 강조하게 됩니다. 반대로 하나님의 절대 주권과 은혜만을 강조하다 보면 사람들이 너무나 수동적인 신앙생활에 익숙해지게 됩니다. 그럴 때는 신앙인 개개인의 깨어 있음과 주체성을 강조해야 합니다. 이처럼 우리는 어떤 맥락 속에서 이런 주장들이 강조되고 있는가를 잘 살펴야 합니다.

바울 서신과 달리 공동 서신은 믿음에 근거한 행함을 강조합니다. 바울 서신이 우리가 어떻게 하나님의 구원을 받을 수 있는가에 관심이 있다면 공동 서신은 하나님의 구원을 받은 자로서 어떻게 이 구원을 지켜낼 수 있는지, 구원받은 자답게 어떻게 살아내야 하는지에 관심이 있습니다. 그런 의미에서 신앙인다운 삶을 살아내지 못하는 사람들에게 공동 서신은 아주 부담스럽게 다가옵니다. 그들에게는 바울 서신이 훨씬 편합니다. 자신이 예수를 믿기만 하면 구원받을 수 있다고 말하는 바울 서신이 좋은 것입니다. 그런데 공동 서신은 그 이상을 강조합니다. 하나님의 백성답게 이렇게 살아야 함을 강조하고 순종의 삶을 살아내지 못하는 자는 하나님의 백성이 아니라고 말합니다. 순종의 삶을 버거워하는 이들에게 공동 서신은 늘 부담스러울 수밖에 없습니다.

우리가 바울 서신과 공동 서신을 비교할 때 꼭 기억해야 할 것이 있습니다. 바울과 공동 서신의 저자들이 목회했던 대상들이 달랐습니다. 바울은 이방 신을 오랫동안 섬기다가 이제 막 하나님을 믿게 된 초신자들을 대상으로 목회했습니다. 그런데 공동 서신의 저자들은 예루살렘 교회의 지도자들입니다. 이들은 태어났을 때부터 하나님의 백성이라고 하는 정체성을 가진 유대 기독교인들을 대상으로 목회했습니다. 대다수의 신앙인들은 오랜 세월 동안 하나님의 백성으로서 할례나 음식 정결법이나 절기를 철저하게 준수했던 사람들입니다. 다만 예수가 메시아이심을 고백하면서 유대교에서 초대 교회로 개종한 사람들입니다. 이들이 바로 예루살렘 교인들입니다. 바울이 초신자들을 대상으로 목회했다면 공동 서신의 저자들은 오랜 세월 동안 하나님을 믿어왔던 사람들을 대상으로 목회한 것입니다.

그런데 바울에게 전도를 받고 목회 지도를 받았던 사람들은 바울의 말을 헬레니즘적으로 해석함으로써 큰 착각을 하게 된 것입니다. 바울이 '믿음으로 의롭다 함을 받는다'고 전할 때 그들은 바울이 말하는 믿음을 헬레니즘이 말하는 믿음으로 착각을 하였습니다. 바울이 말하는 믿음은 성경이 말하는 것으로서 하나님만을 인생의 주인 삼는 것이고 하나님께 자신의 인생 전부를 내어 맡기는 것입니다. 그분이 가라고 하면 가는 것이고 그분이 멈추라고 하면 멈추는 것입니다. 그런데 바울의 목회를 받았던 사람들은 오랜 세월 동안 헬레니즘적 세계관을 가지고 생활한 사람들입니다. 그들은 헬레니즘적 세계관의 지배 가운데 있었습니다. 그래서 바울이 말한 믿음도 헬레니즘적 믿음으로 이해한 것입니다. 헬레니즘에서 말하는 믿음은 어떤 주장을 인지적으로 동의하거나 수용하는 것을 말합니다. '예수가 구원자이심을 믿는가'라고 할 때 믿음은 무엇입니까? 예수가 구원자이시다는 그 주장을 자신이 인지적으로 수용하고 동의하는 것입니다. 그런데 바울이 말하는 믿음은 그것이 아닙니다. 인지적 동의와 수용을 뛰어 넘는 그 이상의 차원입니다. 그러나 안타깝게도 자기들이 가진 세계관의 틀 안에서 바울이 말하는 믿음을 오해하는 사람들이 많았습니다.

바울도 이러한 문제를 알고 있었습니다. 그래서 바울 서신은 앞부분에는 우리가 믿어야 될 신앙의 내용들이 나오고 뒷부분에는 그런 믿음을 가진 사람들이 살아내야 될 삶의 내용이 나옵니다. 바울이 서신 후반부에서 항상 믿음의 삶을 강조했던 이유가 무엇이겠습니까? 믿음의 삶이 없는 인지적 차원의 믿음은 진짜 믿음이 아님을 폭로하는 것입니다. 머리로만 믿는 것은 믿음이 아니라 관념입니다. 진짜가 아닌 가짜 믿음입니다. 바울도 이것을 강조했습니다. 이런 맥락에서 보면 바울이나 공동 서신의 저자들은 동일한 주장을 하고 있는 것입니다.

베드로전후서를 살펴보기 전에 이런 질문을 한번 해보시기 바랍니다. 예수의 수제자였던 베드로의 편지가 이렇게 뒷부분에 배치된 이유가 무엇일까요? 신약 성경 27개의 본문 가운데 바울의 편지는 13개이고 베드로의 편지는 2개입니다. 신약 성경이 정경으로 확정되던 당시에 바울에 대한 교회 내에서의 인기나 권위가 상당했음을 알 수 있습니다. 초대 교회의 기둥 같았던 베드로의 편지가 신약 성경 뒷부분에 나오고 그것도 2개 밖에 없다는 것에 대해서 여러분은 어떤 생각이 드시는지요? 베드로를 예수님의 수제자라고 말합니다. 물론 신학자들 중에는 가룟 유다가 예수님의 수제자였을 것이라고 말하는 분들도 있습니다. 그 이유는 당시 랍비들의 공동체나 철학자들의 공동체를 보게 되면 스승이 가장 신뢰할 만한 수제자에게 재정을 맡겼다는 것입니다. 당시 예수 제자 공동체의 재정 담당을 가룟 유다가 맡았습니다. 이를 통해 가룟 유다가 예수의 수제자가 아니었을까 하고 생각하는 것입니다. 또한 일반적인 문학에서도 보면 항상 스승을 팔아먹는 배신자는 누구입니까? 오른팔인 수제자입니다. 은 삼십을 받고 예수를 팔았던 제자는 가룟 유다입니다. 그래서 신학자들은 원래는 가룟 유다가 예수 제자 공동체의 수제자가 아니었을까 하고 추측합니다. 가룟 유다가 예수 제자 공동체에서 이탈한 다음에 베드로가 그 역할을 담당했을 것이라고 보는 것입니다. 분명한 것은 가룟 유다가 재정을 담당했음을 통해 예수님으로부터 상당한 신뢰를 받았던 것은 분명해 보입니다. 예수 제자 공동체에는 세리 출신의 마태가 있었습니다. 그런데 예수님은 마태가 아닌 유다에게 재정을 담당하게 하셨습니다. 유다가 예수님으로부터 절대적인 신임을 받았음을 알 수 있는 대목입니다.

우리가 베드로를 예수님의 수제자라고 생각할 때 베드로가 쓴 성경 본문은 2개입니다. 즉 베드로전서와 베드로후서입니다. 베드로는 살아생전 이 2개의 편지보다 더 많은 글을 남겼을 것입니다. 그런데 예수님의 수제자였던 베드로의 편지는 2개만 정경이 되었고 예수를 만난 적도 없는 바울의 편지는 13개나 정경이 되었습니다. 그리고 배치에 있어서도 바울의 편지는 앞부분에 베드로의 편지는 뒷부분에 배치했습니다. 왜 이렇게 배치되었을까를 한번 생각해 보신 적이 있으신가요?

기독교는 392년에 로마 제국의 국교가 됩니다. 그리고 397년에 카르타고 종교 회의에서 신약 27권이 정경으로 확정됩니다. 마태복음부터 요한계시록까지 27권이 정경으로 확정된 것입니다. 정경 확정 5년 전에 기독교가 로마의 국교가 되었다는 것을 주목해야 합니다. 기독교가 로마의 국교가 된 392년 이후부터는 로마 제국 안에 있는 모든 사람들은 기독교 신자가 되어야 했습니다. 기독교를 믿지 않게 되면 처벌을 받게 되는 것입니다. 392년 이전에는 예수를 믿는다는 것으로 인해 처벌을 받았는데 392년 이후에는 예수를 믿지 않는다는 이유로 처벌을 받게 되는 반전이 일어난 것입니다. 기독교가 로마의 국교가 된 392년 이후부터 교회에 얼마나 많은 새로운 신자들이 들어왔겠습니까? 사실 그들 중에는 예수님을 믿을 마음이 전혀 없는 사람들도 많았을 것입니다. 그런데 기독교가 로마의 국교가 되었기 때문에 예수를 믿지 않으면 처벌을 받게 되니 어쩔 수 없이 교회 공동체에 들어온 사람들도 있었을 것입니다. 이때부터 교회에는 초신자들이 차고 넘쳐났습니다. 그리고 5년 후에 신약 27권이 정경으로 확정된 것입니다.

당시에 초신자들은 바울 서신과 공동 서신 가운데 어느 본문을 더 좋아했을까요? 당연히 공동 서신보다는 바울 서신을 더 좋아했을 것입니다. 이런 교인들의 정서를 교회 지도자들이 무시하기는 쉽지 않았을 것입니다. 그래서 397년에 정경이 확정될 때 바울 서신은 앞부분에 배치가 되고 공동 서신은 뒷부분으로 밀려나게 된 것입니다. 또 하나 중요한 사실이 있습니다. 로마로부터 오랜 기간 박해로 인해 당시 교회 공동체 안에는 배교 후에 돌아온 사람들이 많았습니다. 이는 마치 신사 참배 이후에 한국 교회를 상상하시면 됩니다. 1938년부터 1945년 사이에 일제가 신사 참배를 강요했을 때 한국 교회의 절대 다수가 신사 참배에 순응했습니다. 그리고 1945년에 해방을 맞았습니다. 해방을 맞았을 때 교회 공동체에는 신사 참배를 한 사람들이 많았겠습니까, 신사 참배를 하지 않은 사람들이 많았겠습니까? 당연히 신사 참배를 한 사람들이 훨씬 더 많았습니다. 신사 참배를 반대했던 사람들은 소수에 불과했습니다. 이런 상황에서 어떤 일이 벌어졌습니까? 신사 참배에 대해서는 일언반구 언급하지 아니하고 아무 일도 아닌 것처럼 넘어가게 된 것입니다. 그래서 지금까지도 한국 교회는 일제 강점기에 교회가 저지른 친일 반민족 행위와 관련하여 그 어떤 회개나 징계도 하지 않았습니다.

이런 한국 교회의 상황을 초대 교회에 대입시켜 보십시오. 397년에 신약 27권이 정경으로 확정될 때 왜 바울의 권위가 공동 서신의 저자들의 권위보다 더 강조되었는가, 왜 바울 서신은 앞부분에 배치하고 공동 서신은 뒷부분으로 밀려나게 되었는가 하는 것을 충분히 이해할 수 있습니다. 만약 392년 이전에 신약 성경이 정경으로 확정되었다면 공동 서신의 권위가 바울 서신보다 우위에 있었을 가능성이 높습니다. 그것을 보여주는 증거가 367년에 아타나시우스의 편지입니다. 아타나시우스의 편지에 보면 신약 27권의 목록이 나오는데 배치가 다릅니다. 사도행전 다음에 야고보서가 나옵니다. 그리고 베드로전후서, 요한일이삼서, 유다서가 나오고 그다음에 바울 서신이 나옵니다. 367년에 아타나시우스가 말한 신약 27권의 목록이 그대로 397년에 정경으로 확정이 되었습니다. 그런데 367년의 목록에는 공동 서신 저자들의 편지가 앞에 배치되고 바울 서신은 뒤에 배치됩니다. 그런데 397년에는 바울의 권위가 공동 서신 저자들의 권위보다 우위로 올라가면서 바울의 편지가 앞에 배치가 된 것입니다. 이러한 변화가 일어나게 된 가장 중요한 사건이 무엇이었을까요? 바로 392년에 기독교가 로마의 국교가 된 것입니다. 이로 인해서 교회 공동체에 초신자들이 상당수 유입된 것을 주목해야 합니다.

이 시기에 교회 공동체에 중요한 논쟁이 벌어졌는데 바로 도나투스파와 아우구스티누스의 논쟁입니다. 도나투스는 카르타고 지역의 감독으로 교회의 순결성을 강조했습니다. 그래서 범죄자들이 있는 교회는 하나님이 떠나신 교회라고 주장했습니다. 하나님 앞에서 순결하게 살아가고자 노력한 인물이 도나투스였습니다. 도나투스는 배교한 지도자에게 받은 세례는 무효라고 주장하며 그런 사람들은 온전한 목회자에게 다시 세례를 받아야 한다고 했습니다. 이러한 도나투스의 주장을 따른 사람들을 도나투스파라고 말합니다. 이런 주장에 아우구스티누스는 반대했습니다. 아우구스티누스는 세례는 사람에 의해서가 아니라 성삼위 하나님의 이름으로 받는 것임을 강조했습니다. 따라서 세례를 베푼 사람이 타락했다 하더라도 그 세례는 하나님의 이름으로 받은 것이기에 유효하다고 주장했습니다. 이것이 아우구스티누스의 입장입니다. 그런데 아우구스티누스의 주장을 수용하게 되면 이런 반박이 나올 수 있습니다. 세례가 성삼위 하나님의 이름으로 시행하는 것이기에 세례를 주는 사람이 중요하지 않다면 굳이 안수 받은 목사만이 세례를 베풀 이유가 있는가 하는 질문이 나올 수 있습니다.

결국 도나투스파와 아우구스티누스의 논쟁에서 아우구스티누스가 승리합니다. 아우구스티누스가 승리한 이유가 무엇일까요? 다수의 사람들이 아우구스티누스를 지지했기 때문입니다. 신앙적 순결함을 지켜냈던 이들은 소수였기에 다수의 힘에 밀릴 수밖에 없었습니다. 해방 이후 한국 교회도 마찬가지였습니다. 일제의 신사 참배 강요에 대다수 교회의 지도자들과 신앙인들이 신사 참배 앞에 무릎을 꿇었습니다. 끝까지 신사 참배에 반대하여 감옥에 투옥된 2천 명의 신앙인들과 50명의 순교자는 한국 교회 전체로 볼 때 소수에 불과했습니다. 그 결과 해방 이후에 신사 참배를 한 것은 아무 것도 아닌 것처럼 되어 버렸습니다. 도리어 신사 참배를 했던 다수가 신사 참배를 반대했던 소수를 교단 밖으로 밀어내기까지 했습니다. 그래서 탄생한 교단이 고신파입니다. 안타깝게도 기독교 역사를 살펴보면 다수는 진리와 맞서는 경우들이 많았습니다. 옳음이 아닌 편에 서는 경우들이 많았습니다. 오직 소수만이 깨어 있었음을 우리는 보게 됩니다.

불의한 다수가 자신들이 가진 힘으로 소수의 깨어 있는 자들을 억압하고 내쫓은 것이 기독교 2천 년의 역사입니다. 그 비극적 상황은 오늘 한국 교회에서도 그대로 이어지고 있다고 보시면 됩니다. 만약 그때 도나투스파가 이기게 되었다면 교인들의 수는 줄어들었을 것입니다. 그러나 교회는 순결하고 거룩하며 영적으로 깨어 있는 교회가 되었을지도 모릅니다. 그런데 아우구스티누스가 승리함으로 인해 교회는 죄와 얼룩이 있다 하더라도 전적인 하나님의 은혜를 강조하는 교회가 주류가 되었습니다.

베드로전서는 본도, 갈라디아, 갑바도기아, 아시아와 비두니아에 보낸 공동 서신입니다. 공동 서신이라고 하는 것은 수신자가 공동이라는 말입니다. 하나님의 백성 누가 읽어도 상관없는 서신이 공동 서신입니다. 베드로가 서신을 통해 강조하는 것은 십자가 신앙입니다. 베드로에게 있어서 십자가 신앙은 그리스도를 모방하는 신앙입니다. 베드로는 그리스도의 십자가가 신자들로 하여금 그 발자취를 따라오도록 하는데 의의가 있다고 보았습니다. 신앙인들은 예수의 십자가를 바라보면서 '예수님 감사합니다. 예수님의 십자가 죽으심으로 인해 우리가 구원받았습니다'라는 고백으로만 그쳐서는 안 됩니다. 십자가를 지신 예수님의 그 길을 따라가야 하는 것입니다. 십자가 신앙은 그리스도를 모방하는 신앙임을 강조하는 것이 베드로전서입니다.

이제 본문을 살펴보겠습니다. 1장 1절입니다.

예수 그리스도의 사도 베드로는 본도, 갈라디아, 갑바도기아, 아시아와 비두니아에 흩어진 나그네.

베드로는 편지 서두에 자기소개를 짧게 합니다. 자신을 '예수 그리스도의 사도 베드로'로 소개합니다. 왜 베드로는 이렇게 짧게 자신을 소개하는 것일까요? 누구나 베드로를 알고 있기 때문입니다. 초대교회에서 베드로를 모르는 사람은 아무도 없었을 정도로 베드로의 권위를 인정해 주었습니다. 그래서 베드로는 길게 자신을 소개할 필요가 없었던 것입니다. 그러나 바울은 그렇지 않았습니다. 바울은 서신 앞부분에 자신을 길게 소개합니다. 바울이 자신을 장황하게 소개했던 이유는 초대 교회 안에서 그의 사도성을 인정하지 않는 사람들이 많았기 때문입니다. 그래서 바울은 자신이 사도라고 하는 것을 끊임없이 주장합니다. 반면 베드로는 누구나 다 알고 있는 인물입니다. 누구나 베드로의 권위를 인정했습니다. 그래서 간략하게 자기소개를 해도 아무런 문제가 되지 않았습니다. 수신자들은 베드로의 편지를 받았다는 이유만으로도 기뻐했을 것입니다. 베드로의 편지를 받은 지역이 여러 곳에 등장하는데 이곳이 오늘날 튀르키예 지역입니다.

14절을 보겠습니다.

너희가 순종하는 자식처럼 전에 알지 못할 때에 따르던 너희 사욕을 본받지 말고.

베드로의 편지를 받은 수신인들이 어떠한 사람들인가를 알 수 있습니다. 그들은 과거에는 자기 욕심에 따라 일상을 살아가던 존재들이었지만 이제는 그렇게 살아서는 안 된다고 베드로는 말합니다. 하나님의 자녀가 되었기 때문에 과거의 삶으로부터 온전히 출애굽 해야 함을 권면하고 있습니다. 편지의 수신자들은 인생의 주인을 바꾸었기 때문에 이제는 새로운 질서 안에 거해야 하는 것입니다.

15절이 아주 중요합니다.

오직 너희를 부르신 거룩한 이처럼 너희도 모든 행실에 거룩한 자가 되라.

한마디로 예수를 닮아가라는 것입니다. 예수를 모방하라는 것입니다. 신앙의 궁극적인 목적은 예수를 닮아가는 것입니다. 예수의 길을 따르는 것입니다. 오늘날 한국 교회는 예수로 인해 구원받았음은 강조하지만 예수의 길을 신실하게 따라 걸어가야 한다는 것에 대해서는 덜 강조되고 있습니다. 예수의 사람으로 살아갈 것을 기대하시면서 하나님께서 우리를 구원해주셨음을 기억해야 합니다. 베드로의 이러한 강조는 사실 바울에게도 발견할 수 있습니다. 바울도 서신을 통해 '우리는 예수님의 은혜로 구원받았습니다. 정말 감사합니다'만을 반복하지 않았습니다. 서신의 후반부에서는 일상의 삶에서 예수를 닮아가는 삶에 대해 끊임없이 강조하고 있습니다. 베드로전서에서도 계속하여 이것을 강조하고 있는 것입니다. 이러한 강조는 성경 전체의 일관된 메시지라고 할 수 있습니다. 하나님께서는 이스라엘을 당신의 백성으로 삼아주신 후에 이스라엘이 하나님을 닮아 거룩한 자로 살아가기를 요청하셨습니다. 이것이 레위기의 주제입니다.

"내가 거룩하니 너희도 거룩하라." 레위기가 말하는 거룩이 무슨 뜻일까요? 주류 문화와 주류 가치에 동화되지 않는 구별된 삶입니다. 그런 구별된 삶을 살아야 하는 이유는 이스라엘은 하나님께 속한 자들이기 때문입니다. 그래서 이스라엘은 세상 사람들과 다르게 살아가야 합니다. 그것이 바로 하나님이 기대하시는 거룩한 삶입니다. 베드로는 그것을 예수를 닮아가는 십자가 모방의 삶으로 설명하고 있는 것입니다.

2장 4절을 보면 예수에 대해 사람들의 평가와 하나님의 평가가 너무 다르다는 것을 알 수 있습니다.

사람에게는 버린 바가 되었으나 하나님께는 택하심을 입은 보배로운 산 돌이신 예수께 나아가.

사람들은 예수를 버리고 죽였습니다. 그러나 하나님은 예수를 택하시고 사람들에 의해 죽임 당한 예수를 부활시켜 주셨습니다. 우리가 십자가와 부활을 생각할 때마다 사람들의 평가와 하나님의 평가가 얼마나 다를 수 있는가를 생각해야 합니다. 땅을 지배하는 듯 보이던 종교 권력자와 정치 권력자가 힘을 합쳐 예수에 대해 내린 최종적인 판단은 십자가 처형이었습니다. 예수와 같은 존재는 죽어야 한다는 것이 세상의 판단이었습니다. 그러나 하나님은 억울하게 죽임 당한 예수를 다시 살리셨습니다. 사람들의 평가와 하나님의 평가가 이렇게 다를 수 있는 것입니다. 결국 신앙은 사람들에 의해 인정받지 못한다 하더라도 하나님의 판단에서 승리하기를 사모하는 것입니다.

이것이 바로 참된 신앙인의 자세입니다.

예수님은 죄가 없으셨지만 당시 유대교의 관점에서는 엄청난 죄인으로 인식되었고 부모의 입장에서도 불효자로 생각되었을 것입니다. 우리가 '예수는 죄가 없으시다'라고 할 때 죄는 하나님께 죄가 없다는 것입니다. 세상의 잣대나 판단으로는 죄인으로 규정될 수 있는 것입니다. 우리가 인생을 살면서 하나님께 순종하려고 하다 보면 그 시대를 지배하고 있는 전통이나 관습과 맞서 싸워야 할 때가 있습니다. 그것이 바로 하나님의 판단에서 승리하고 싶은 신앙인이 걸어가야 할 협착한 길인 것입니다. 신앙의 길을 걷다 보면 때로는 세상 사람들에 의해 나쁜 사람이라고 손가락질 받을지도 모릅니다. 예수님은 당시 유대교가 강조하던 안식일 법도 위반하고 정결법도 위반했습니다. 심지어 유대인들에게 하나님의 집으로 인식된 성전에서 난동도 부렸습니다. 유대교의 관점에서는 예수는 도저히 용서할 수 없는 죄인 중의 죄인인 것입니다. 그러나 예수님이 보이신 그 모든 행동들은 하나님이 보실 때는 너무나 옳고 정당한 행동이었습니다. 하나님에 대한 경외를 상실한 타락한 성전을 뒤집어엎는 것, 타락한 종교인들을 향해서 '독사의 자식들'이라고 책망하는 것은 하나님이 보실 때는 너무나 올바른 일입니다. 거짓 충만한 세상에서는 진실하다는 이유만으로도 미움 받을 수 있습니다. 불의가 가득한 세상에서는 정의롭다는 이유만으로 매를 맞을 수 있습니다. 사람들에게는 인정받지 못한다 하더라도 하나님은 진실하고 정직하며 거룩한 길을 붙잡는 자들을 '착하고 충성된 종'이라고 인정해 주실 것입니다. 이러한 하나님의 판단을 붙잡고 살아가야 합니다. 그래야만 불의한 자들과 함께

하지 않을 수 있는 것입니다.

9절을 보겠습니다.

그러나 너희는 택하신 족속이요 왕 같은 제사장들이요 거룩한 나
라요 그의 소유가 된 백성이니 이는 너희를 어두운 데서 불러 내어
그의 기이한 빛에 들어가게 하신 이의 아름다운 덕을 선포하게 하
려 하심이라.

여기서는 신앙인이 얼마나 고귀한 존재인지에 대해 네 가지로 표
현하고 있습니다. 먼저는 택하신 족속이고 왕 같은 제사장들입니다.
여기서 '왕 같은 제사장'이라는 말은 왕을 위한 제사장이라는 말입니
다. 왕이신 하나님을 섬기는 제사장이라는 것입니다. 왕이신 하나님
을 위한 제사장인 것입니다. 우리 자신이 왕이라는 말이 아닙니다. 다
음으로는 거룩한 나라이고 그의 소유된 백성입니다. 이 구절은 개신
교가 강조하는 신앙인의 정체성이기도 합니다. 가톨릭은 사제중심주
의를 강조합니다. 사제가 있어야만 하나님과의 만남이 가능하다고
봅니다. 사제가 있어야만 예배가 가능하고 사제가 있어야만 하나님
의 뜻을 들을 수가 있고 사제를 통해서만 하나님의 복을 받을 수 있
다고 봅니다. 가톨릭은 철저하게 사제중심주의입니다. 이것을 거부하
고 만인 사제를 주장한 것이 개신교입니다. 그런데 오늘날 일반적인
개신교를 보면 만인 사제가 제대로 구현되지 못하고 있습니다. 대부
분의 신앙인들이 목사 의존적이고 목사 의지적입니다. 오래 전 사제
가 앉아 있던 그 자리에 오늘날 목사가 앉아 있다고 보시면 됩니다.

오늘날 만인 사제를 제대로 구현하기 위해서는 목사들은 너무나 높아진 자기 권력을 낮추는 것이 필요하고 성도들은 수동적인 자세를 버리고 자신이 사제라는 무한 책임감을 가지고 적극적인 주체성을 회복하는 것이 필요합니다. 목사님의 말씀만을 듣고자 하지 마시고 자기 눈으로 성경도 읽고 공부하고 개론서 수준의 신학 책도 읽을 수 있어야 합니다. 그래서 올바른 분별력을 갖추는 것이 필요합니다. 오늘날 은혜 중심, 위로 중심의 설교에 중독된 신앙인들이 너무 많습니다. 성경적으로 옳지도 정확하지도 않은 말이지만 감동만 되면 아멘으로 응답합니다. 이래서는 만인 사제의 정신을 제대로 구현할 수 없습니다. 또 하나 생각해야 할 것은 만인 사제를 강조하는 개신교 안에서 어떤 목사를 지극히 높이는 것에 대해 조심해야 합니다. 무슨 교회를 말할 때 특정 목사를 떠올리는 것은 결코 바람직한 모습이 아닙니다. 그 목사님이 그 교회를 일군 것이 맞습니까? 이름 없이 빛도 없이 헌신하고 수고한 성도들과 하나님의 은혜로 그 교회를 세웠다고 진정으로 고백한다면 지나치게 어떤 목회자를 우상화하는 것은 결코 개신교다운 모습이 아닙니다. 예수님만이 교회 공동체의 머리이시고 교회를 이루는 모든 존재들은 그리스도의 몸을 이루고 있는 동일하고 평등한 지체라는 올바른 교회론을 붙잡아야 합니다.

교회가 건강하고 아름답게 성장했다고 하더라도 그것은 탁월한 담임목사 한 사람의 역량으로 일궈낸 열매가 아닙니다. 그런 식으로 이해하는 것 자체가 목회자 우상화입니다. 오늘날 한국 교회에서는 만인 사제의 가치나 정신이 거의 구현되고 있지 않습니다. 사제중심주의와 별반 차이가 없습니다. 이것을 극복하기 위해서라도 신앙인 개개인이 자신이 사제라는 무한 책임감을 가지고 말씀을 읽고 공부해야 합니다. 사제라는 마음가짐으로 기도해야 하고 사제의 정체성을 가지고 일상을 살아가야 합니다. 목회자 의존적이고 목회자 의지적인 자세를 지양해야 하는 것입니다. 가톨릭과 개신교를 구분하는 가장 중요한 정체성이 만인 사제입니다.

가톨릭이 지배하던 중세 시대에는 사제의 권위를 높이기 위해 성경에 대한 알레고리적 해석을 많이 했습니다. 알레고리적 해석은 중세 시대 성경 해석의 대원칙입니다. 성경에 나와 있는 내용을 문자 그대로 읽으면 안 된다고 보는 것입니다. 성경에 나와 있는 문자는 그 이면에 무엇인가를 가리키는 상징이자 비유로 해석했습니다. 그 상징과 비유를 누가 풀 수 있을까요? 이것을 풀 수 있는 유일한 존재는 사제입니다. 사제 중에서도 누구의 해석이 가장 올바른 것이 되겠습니까? 교황의 해석이 정답이라고 주장합니다. 알레고리적 해석의 예를 누가복음 10장으로 한번 설명해 보겠습니다.

누가복음 10장 25~37절에는 선한 사마리아인의 이야기가 나옵니다. 한 사람이 예루살렘에서 여리고로 내려가다가 강도를 만났습니다. 강도를 만나 거의 죽게 된 것을 사마리아 사람이 도와주는 내용입니다. 알레고리적 해석에서는 이것을 문자 그대로 풀어서는 안 된다고 말합니다. 문자 그대로 풀게 되면 성경을 읽는 평신도조차도 얼마든지 해석할 수 있는 것입니다. 알레고리적 해석에서는 이야기에 나오는 예루살렘, 여리고, 강도, 사마리아 사람 모두가 무엇인가에 대한 상징 또는 비유로 이해합니다. 그래서 이렇게 주장합니다. 여기에 있는 예루살렘은 교회를 가리키는 것이고 여리고는 세상을 말하는 것으로 이해합니다. 그런데 어떤 한 사람이 예루살렘에서 여리고로 내려갑니다. 이것은 교회에 있어야 할 사람이 교회에 있지 아니하고 세상으로 나아가는 것을 의미합니다. 결국 세상으로 나간 사람은 어떻게 되었습니까? 강도를 만나게 됩니다. 여기서 강도는 사탄을 가리킵니다. 세상으로 나아가는 순간 사탄의 공격을 받아 거의 죽게 된 것입니다. 이때 강도 만나 거의 죽게 된 사람을 누가 도와줍니까? 사마리아 사람이 도와줍니다. 여기서 사마리아 사람은 사탄에게 공격을 받아 신음하는 자를 구원해주시는 예수님을 가리키는 것으로 해석합니다. 이것이 바로 알레고리적 해석입니다.

이렇게 본문을 해석하게 되면 어떤 적용을 할 수 있습니까? 사탄의 공격을 받지 않기를 원한다면 계속 교회에 머물러 있어야 한다는 것입니다. 이것이 전형적인 알레고리적 해석입니다. 알레고리적 해석은 성경의 내용을 문자 그대로 해석해서는 안 된다고 주장합니다. 각 문자 안에 무엇인가에 대한 상징과 비유를 담고 있기에 권위 있는 존재를 통해서만 그 의미를 해석할 수 있다고 봅니다. 자연스럽게 알레고리적 해석을 강조하게 되면 사제의 권위는 강화될 수밖에 없는 것입니다. 오늘날 한국 교회에서 이러한 알레고리적 해석을 가장 선호하는 곳이 바로 신천지입니다. 신천지를 비롯한 이단들이 이러한 알레고리적 해석을 좋아합니다. 신천지는 이것을 비유 풀이라고 말합니다. 성경에 있는 모든 것들이 비유이고 이 비유는 함부로 풀어서는 안 된다고 주장합니다. 그렇다면 이 비유를 풀 수 있는 사람은 누구입니까? 그 유일한 사람이 교주 이○○입니다. 이러한 신천지의 모습은 중세 시대 사제중심주의를 그대로 복사한 모습이라고 할 수 있습니다.

종교 개혁 운동은 이러한 성경 해석을 반대했습니다. 종교 개혁 운동이 일어난 후에 모든 종교 개혁가들이 성경 해석의 대원칙으로 말한 것이 문자적 해석입니다. 예를 들면 선한 사마리아인의 이야기에서 예루살렘에서 여리고로 내려가다가 강도를 만났다는 것은 말 그대로 예루살렘에서 여리고로 내려가다가 강도를 만난 것으로 해석해야 한다는 것입니다. 이렇게 성경을 문자 그대로 해석한 것이 종교 개혁가들의 성경 해석의 대원칙입니다. 문자적 해석을 하게 되면 성경을 읽을 수 있는 사람은 그 누구나 성경을 읽으면서 본문에 대한 일차적 해석을 할 수 있는 것입니다. 이것이 만인 사제를 강조하며 등장한 성경 해석의 대원칙입니다. 그런 의미에서 소위 영적인 해석을 강조하는 사람들을 조심하셔야 합니다. 그들 중에 상당수는 사이비일 가능성이 매우 높습니다. 자신만이 그러한 해석을 할 수 있는 것처럼 주장하면서 다른 사람 위에 군림하여 신앙적인 가스라이팅을 하는 사람들이 많습니다. 기본적으로 '영'이라는 단어를 많이 사용하는 사람들을 조심하셔야 합니다. 이런 단어를 사용함을 통해 자신이 특별한 영적 존재이고 하나님과 소통하는 존재임을 강조하면서 사람들 위에 신앙적으로 군림하고자 한다는 사실을 주목해야 합니다.

종교 개혁가들의 성경 해석의 대원칙은 문자적 해석입니다. 누구나 문자를 알고 있다면 성경을 읽을 수 있는 것이고 성경을 읽게 되면 본문의 기본적인 의미는 이해할 수 있다고 보았습니다. 성경은 심오한 상징과 비유로 가득하여 그것을 알지 못하면 도저히 풀 수 없는 신비로운 책이 아닙니다. 하나님께서 당신의 뜻을 우리에게 알려주시는 것이 계시이고 그 계시를 모아놓은 책이 성경입니다. 하나님은 우리에게 당신의 뜻을 알려주기를 원하십니다. 소수의 영적인 사람만이 이해할 수 있도록 당신의 뜻을 신비로움이라는 포장지로 꽁꽁 싸매어 두지 않으십니다. 그런데 사이비 교주들은 자신들의 권위를 내세우기 위해서 성경을 문자 그대로 읽으면 안 된다고 주장합니다. 문자 너머에 심오한 뜻이 있다고 주장하면서 자신만이 그것을 풀 수 있다고 말합니다. 그리하여 사람들을 자신에게 종속하도록 만듭니다. 알레고리적 해석이나 비유 풀이와 같은 방식에서는 결국 성경을 해석하는 그 사람에게 권위를 부여할 수밖에 없습니다. 그렇게 타락한 것이 중세 로마 가톨릭입니다. 그것을 거부하고 나온 것이 개신교입니다. 그런데 오늘날 개신교가 로마 가톨릭의 전철을 밟고 있습니다.

만인 사제가 제대로 구현되기 위해서는 신앙인 개개인이 말씀을 열심히 공부해야 합니다. 그리고 공부의 열매가 말씀에 순종하는 삶을 통하여 발현되어야 합니다. 자신이 사제라는 마음가짐을 가지고 성경 연구도 하고 사제라는 무한 책임감을 가지고 말씀 앞에 존재를 다해 순종해야 합니다. 그런데 자칫 만인 사제에 대한 강조가 자기 신격화와 자기 우상화로 귀착될 수가 있습니다. 자신도 사제라고 주장하면서 그 누구의 말에도 귀를 기울이지 않는 것입니다. 자기 멋대로 성경을 해석하고 자기 말에 사람들이 순응하기를 바라는 자세는 아주 위험한 태도입니다. 만인 사제는 그런 것이 아닙니다. 만인 사제는 사제의 마음과 자세와 책임감으로 살아가라는 것이지 사제의 권력을 누리라는 의미가 아닙니다. 사제로서의 의무를 강조하는 말이지 사제의 권리를 향유하라는 것이 아닙니다. 무엇보다 우리가 정직하게 말씀과 대면하게 되면 자기를 높일 수 없습니다. 말씀과 정직하게 대면하게 되면 모든 사람들은 말씀 앞에서 자기를 꺾게 됩니다. 말씀 앞에서 부끄러운 자기의 모습을 회개하게 됩니다. 말씀과 만나고 있다고 말하면서 교만하다거나 자기 신격화를 주장하면서 다른 사람 위에 군림하려고 하는 사람들은 결코 말씀과 제대로 된 만남을 가져본 적이 없는 사람입니다. 진짜 말씀과 대면하는 사람은 자기의 모난 부분을 깎아내고자 노력하고 자기의 죄를 회개하며 늘 새로운 존재가 되기 위해 분투하는 자입니다.

10절을 보겠습니다.

너희가 전에는 백성이 아니더니 이제는 하나님의 백성이요 전에는 긍휼을 얻지 못하였더니 이제는 긍휼을 얻은 자니라.

본문을 통해서 우리는 베드로전서의 수신자들이 이방인 기독교인임을 알 수 있습니다. 왜 그렇습니까? 너희가 전에는 백성이 아니었다고 말하고 있기 때문입니다. 그런데 이제는 하나님의 백성이 되었습니다. 즉 베드로전서의 수신자들은 전에는 이방 신을 섬기던 사람들이었습니다. 그런데 이제는 하나님의 백성이 되었습니다. 이를 통해 우리는 베드로전서의 수신자들이 이방인 기독교임을 알 수가 있습니다.

13~14절을 보겠습니다.

인간의 모든 제도를 주를 위하여 순종하되 혹은 위에 있는 왕이나
혹은 그가 악행하는 자를 징벌하고 선행하는 자를 포상하기 위하
여 보낸 총독에게 하라.

이 말씀을 근거로 보수주의자들은 국가에 대한 순종의 미덕을 강
조해 왔습니다. 국가가 만든 여러 가지 제도를 주를 위하여 순종하라
고 가르쳤습니다. 그러나 이러한 자세와 태도가 때로는 불의한 정치
권력에 대한 순응과 연대로 드러나게 되는 경우들도 많았습니다. 그
래서 신앙인들은 이 시대를 지배하는 국가 권력에 대해 어떤 자세와
태도를 가져야 하는가에 대해 고민합니다. 여기에 대해 신약 성경은
크게 두 가지 주장을 하고 있습니다. 하나는 로마서 13장이고 다른
하나는 요한계시록 13장입니다.

먼저 로마서 13장에는 "위에 있는 권세에 순종하라"고 말합니다.
그리고 "모든 권세는 다 하나님이 정하신 바라"고 말합니다. 그런데
요한계시록 13장은 전혀 다른 이야기를 합니다. 바다에서 한 짐승이
올라옵니다. 그리고 용은 바다에서 올라온 짐승에게 권세를 줍니다.
그 권세는 이 땅을 다스릴 수 있는 권세입니다. 용으로부터 권세를
받은 바다에서 올라온 짐승은 신성 모독적인 말과 행동을 합니다. 즉
하나님을 대적하고 하나님 나라에 대한 공격을 감행하는 것입니다.
이것이 요한계시록 13장의 내용입니다. 이처럼 신약 성경에는 권력
의 두 측면을 다 보여줍니다. 이 땅에서 하나님의 사역자로 사용되는

권력도 있고 하나님께 맞장을 뜨는 사탄의 하수인 역할을 하는 권력도 있음을 알려줍니다. 신약 안에 권력에 대한 상반된 목소리가 있음을 기억하셔야 합니다.

로마서 13장에서 중요한 것은 위에 있는 권세를 하나님께서 세우신 목적입니다. 위에 있는 권세에 대해 말하면서 4절에는 하나님의 사역자라고 말하고 6절에는 하나님의 일꾼이라고 말합니다. 우리가 위에 있는 권세에 순종해야 하는 이유는 그 위에 있는 권세가 하나님의 사역자이고 하나님의 일꾼으로 세움 받았기 때문입니다. 그것이 지상 권력의 본질입니다. 하나님께서 이 땅에 있는 자들에게 권력을 주신 이유는 분명합니다. 하나님의 사역자와 하나님의 일꾼이 되어서 권선징악을 행하라고 권세를 주신 것입니다. 그래서 우리에게는 분별이 필요합니다. 이 땅에 있는 권력이 하나님이 처음 권세를 주실 때 기대하셨던 권선징악의 사명, 하나님의 사역자와 일꾼으로서의 역할을 제대로 감당하고 있는가를 우리는 자세히 살펴야 합니다. 그런데 지금 권력을 행사하는 자들이 권선징악의 사명을 제대로 감당하지 아니하고 악을 행하기에 바쁘고 선을 행하는 자들을 억압하고 있다면 그들은 스스로 요한계시록 13장에서 말하는 바다에서 올라온 짐승의 역할을 하고 있는 것입니다. 즉 사탄에게 복종하는 악한 권세인 것입니다. 이런 악한 권세에 대해 신앙인들은 단호하게 저항해야 합니다. 그 불의한 권력 앞에 복종하면 안 됩니다. 스코틀랜드 종교 개혁가들은 "불의한 권력에 저항하지 않는 것은 하나님께 저항하는 것이다"라고 했습니다.

그렇다면 왜 신약 성경에는 권력에 대한 이렇게 상반된 두 목소리가 존재하는 것일까요? 그것은 본문을 기술할 때 교회 공동체와 정치권력과의 관계가 달라졌기 때문입니다. 로마서가 기술될 당시에는 로마의 정치권력으로부터 교회가 핍박받지 않았습니다. 로마서가 기술될 당시에 교회를 핍박했던 주체는 유대교입니다. 유대교는 초대 교회를 핍박하였고 로마는 많은 경우에 초대 교회를 보호해 주었습니다. 그런데 요한계시록이 기술될 당시에는 로마가 교회를 핍박하는 주체가 됩니다. 그래서 정치권력에 대한 상반된 목소리가 나오게 된 것입니다. 정치권력에 대한 상반된 주장이 나오게 된 이유는 본문을 기술할 때 정치권력과 교회의 관계가 달라진 것이 가장 중요한 이유입니다. 로마서를 기술할 당시에는 교회를 핍박하던 주체는 유대교이고 도리어 로마 정부는 교회를 보호해 주는 역할을 했습니다. 그런데 요한계시록이 기술될 당시에는 초대 교회를 핍박하는 주체가 로마로 바뀌어버립니다. 이때 요한계시록이 기술되어진 것입니다. 우리가 본문의 맥락을 제대로 이해하기 위해서라도 그 본문이 기술되게 된 배경, 역사적인 상황에 대한 이해가 필요한 이유가 여기에 있습니다.

2장 13절에서 우리가 주목해야 할 것은 '인간의 모든 제도'라는 표현입니다. 인간의 모든 제도라는 말은 인간이 만든 모든 제도라는 의미입니다. 즉 인간의 모든 제도는 하나님이 만드신 것이 아닙니다. 신적 기원이 있는 것이 아닙니다. 로마서 13장에서는 권력 신수설을 강조함을 통해 지상의 권력도 하나님께 순종해야 할 대상임을 분명히 했습니다. 권력 신수설이라고 하는 것은 권력은 하나님이 주셨다는 의미입니다. 하나님이 주신 권력이기 때문에 함부로 그 권력을 행사해서는 안 됩니다. 권력 신수설의 핵심은 어디에 있습니까? 권력은 하나님이 맡겨주신 것이기에 권력자 개인의 것이 아닙니다. 권력자의 능력으로 획득한 권력자의 것이 아닙니다. 그래서 권력은 권력자 마음대로 휘두를 수 없습니다. 지상에 있는 모든 권력은 하나님이 특별하신 목적을 위해 권력자에게 맡겨주신 것입니다. 하나님은 무엇을 하기를 기대하시면서 그 권력을 맡겨주신 것입니까? 권선징악을 행하라고 그 권력을 맡겨주신 것입니다. 선한 자들에게는 상을 베풀고 악한 사람들은 징벌하라고 권력을 맡겨주신 것입니다. 지상에 있는 모든 권력은 하나님께서 맡겨주신 그 목적을 매순간 기억하면서 하나님의 사자와 하나님의 일꾼으로서의 역할에 최선을 다해야 합니다. 이처럼 권력 신수설은 지상에 있는 권력을 겸손하게 만드는 주장입니다. 하나님께서 권력을 맡겨주신 목적에 부합하게 권력을 잘 사용하고 있는가를 돌아보게 만드는 것입니다.

예수님은 다음과 같이 말씀하셨습니다. "가이사의 것은 가이사에게 하나님의 것은 하나님에게." 헬라어 원어에는 두 개의 문장 사이에 '카이'라는 접속사가 있습니다. 카이라는 접속사는 그리고와 그러나의 의미를 다 가지고 있습니다. 오랜 시간 본문을 번역할 때 카이를 그리고로 해석을 많이 했습니다. "가이사의 것은 가이사에게 그리고 하나님의 것은 하나님에게"라고 번역한 것입니다. 그리고로 번역을 하게 되면 앞 문장과 뒷 문장의 무게는 같아지게 됩니다. 그래서 이것을 '정치는 정치인에게 종교는 종교인에게'라는 식으로 역할 분담의 메시지로 해석을 많이 했습니다. 그러나 이 본문에서 가이사의 것은 가이사의 형상이 새겨진 동전을 가리킵니다. 즉 가이사의 형상이 새겨진 동전은 가이사에게 바치라는 것입니다. 그러나 하나님의 것, 즉 하나님의 형상이 새겨진 것은 하나님께 바치라는 것입니다. 하나님의 형상이 새겨진 것이 무엇입니까? 사람입니다. 그 하나님의 형상이 새겨진 사람 안에 누가 포함됩니까? 가이사도 포함됩니다. 즉 이 말씀은 가이사의 형상이 새겨진 동전은 가이사에게 바치되 하나님의 형상이 새겨진 모든 존재는 하나님께 바쳐져야 한다는 것입니다. 그 안에는 가이사도 포함된다는 것이 예수님 말씀의 핵심입니다.

21절을 보겠습니다.

이를 위하여 너희가 부르심을 받았으니 그리스도도 너희를 위하여 고난을 받으사 너희에게 본을 끼쳐 그 자취를 따라오게 하려 하셨느니라.

예수님께서 고난을 받으신 목적은 예수의 자취를 따라오게 하시려는 것이 목적입니다. 베드로는 신앙은 예수 모방임을 강조합니다. 신앙인의 정체성은 그들이 하나님으로부터 부르심을 받은 자들이라는 것입니다. 모든 부르심에는 목적이 있습니다. 하나님이 우리를 부르신 이유가 무엇입니까? 하나님의 백성이 되어 예수를 따르는 자가 되라고 우리를 부르신 것입니다. 하나님 나라의 백성으로, 예수의 제자로 우리를 부르신 것입니다. 예수의 제자는 예수의 그 길을 따라 걸어가는 자입니다. 따라 걸어간다는 것은 모방을 해야 한다는 것입니다. 이 시대 속에서 작은 예수로 살아가야 하는 것입니다. 예수를 제대로 모방하기 위해서는 예수를 제대로 이해하는 것이 중요합니다. 예수님이 어떤 분이셨는지, 예수님이 이 땅에서 어떤 사역을 행하셨는지에 대해 예수를 제대로 이해하는 것이 중요합니다. 예수님은 그 시대의 주류 권력이라고 할 수 있는 유대교와 끊임없이 불편한 관계를 이어가셨습니다. 왜 유대교와 갈등하게 되신 것입니까? 유대교가 하나님의 뜻을 저버리고 종교 권력에 심취하여 타락하고 부패했기 때문입니다. 하나님께 순종하는 길을 걸어가다 보니 자연스럽게 타락한 유대교와 갈등할 수밖에 없었던 것입니다. 율법의 본질을 지키기 위해서는 율법의 형식을 붙잡고 있는 유대교와 충돌하게 된 것입니다. 이것은 오늘날에도 마찬가지입니다. 신앙의 본질을 지키기 위해서는 신앙의 형식만을 강조하는 자들과 충돌할 수밖에 없는 것입니다.

부모님들이 어린 자녀들에게 위인전을 읽히는 것을 보면 참 대단하다는 생각이 듭니다. 특히 부모님들이 자녀들한테 안중근이나 윤봉길 위인전 같은 책을 읽게 할 때는 마음속으로 좀 긴장을 하셔야 합니다. 안중근 위인전을 자녀들이 읽고 이런 다짐을 하면 어떻게 하시겠습니까? '오늘 이 시대에 이토 히로부미를 내가 처단하는 자가 되겠어.' 자녀들이 이런 결심을 해도 된다고 생각하면서 위인전을 읽게 하는 부모님이 계시다면 박수를 보내드리고 싶습니다. 그런데 안중근 위인전을 읽는 대부분의 학생들은 책을 읽기에만 급급합니다. 이 시대에 우리 민족을 괴롭히는 이토 히로부미와 같은 자가 누구인지, 이 민족을 위하여 내가 할 수 있는 것은 무엇인지를 진지하게 고민하는 학생들은 그다지 많지 않습니다. 성경책도 그렇습니다.

　성경을 제대로 읽는다는 것은 엄청난 일입니다. 저는 20세에 신학교에 입학해서 성경을 읽다가 제가 다니던 신학교와 제가 속한 교단이 예수를 죽이는 일에 앞장섰던 산헤드린 공의회이자 예루살렘 성전이라는 생각을 했습니다. 그때 이런 마음을 먹었습니다. 정치 목사들이 장악한 타락한 이 교단에 순응하는 자로 살아가지 않겠다고 결심했습니다. 목사가 되기 위해 어쩔 수 없이 교단에 속한 신대원은 나와야 했지만 저는 목사 안수를 받고서 단 한 번도 노회에 참석하지 않았습니다. 교단과 일정 거리를 두는 행보를 지금까지 계속하고 있습니다. 이 모든 것이 성경을 읽다가 이렇게 된 것입니다. 성경을 읽다가 예수님이 이렇게 사셨으니까 나도 이렇게 살아야 되겠다는 마음을 먹었습니다. 이 시대에 예수의 제자로 살아간다는 것이 무엇인지, 예수를 모방하는 삶이 무엇인지를 고민하면서 한 걸음씩을 내딛었습니다. 예수님 시대에는 성전이 강도의 소굴이었는데 오늘날 교단과 개교회 중에 강도의 소굴로 추락한 곳이 많이 있습니다. 권력을 탐하는 정치 목사들과 권력을 장악하고 있는 교회들이 얼마나 많습니까? 크고 거대하고 화려한 것을 숭배하는 사람들에 의해 대형 교회 목사들은 지나친 왕 대접을 받고 있습니다. 하나님의 백성이라고 고백을 하고 예수 제자로 살아가겠노라고 결단하면서 그런 사람들과 친구가 되어 어울려서야 되겠습니까? 그들이 던져주는 떡고물에 목말라하며 작은 권력을 향유하는 자로 살아서 되겠습니까? 진짜 하나님을 믿는다면 진짜 하나님의 심판이 있다는 것을 믿는다면 그런 선택을 하지는 않을 것입니다.

말씀을 읽는다는 것은 두려운 일입니다. 말씀을 제대로 읽고 예수를 제대로 만나고 예수를 닮는다는 것은 결코 쉬운 일이 아닙니다. 도리어 예수가 어떤 분인가를 제대로 알게 되면 '예수 닮기 원합니다'라는 말을 쉽게 내뱉기는 어려울 것입니다. 우리가 예수님을 제대로 닮게 되면 모든 것을 하나님의 시각에서 판단하고 행동하게 됩니다. 그것이 육신의 가족들을 불편하게 만들 수도 있습니다. 그때 가족들이 우리의 걸음을 가로막으려고 할 때 '누가 내 어머니이고 내 형제인가, 하나님의 뜻대로 행하는 자가 내 어머니이고 형제이다'라고 말한다면 가족들은 큰 충격에 휩싸이게 될 것입니다. 오늘날에는 신앙인들도 가족이 우상이 된 경우들이 많습니다. 하나님 나라에 대한 관심보다는 가족이 잘 되는 것이 신앙의 궁극적인 목적인 것처럼 가족을 절대화하는 경향들이 아주 강합니다. 이런 상황에서 하나님 나라를 위해서 자기 인생을 투신하는 이들이 많지 않습니다. 자기 순종의 한계선을 명확하게 설정하고 신앙의 걸음을 내딛는 이들을 많이 보게 됩니다. 사실 그분들은 예수를 제대로 만나보지 못한 것이고 따르고자 하는 마음이 부재한 것입니다. 예수를 닮는다는 말은 결코 쉬운 말이 아닙니다. 우리가 수사적으로 사용할 때는 참 좋고 멋진 말이지만 진짜 예수를 닮는 사람을 만나게 되면 부담스러운 것이 부끄러운 우리의 현실입니다.

베드로전서에서 계속적으로 강조하고 있는 것은 신앙은 예수 모방이라는 것입니다. 신앙은 예수의 그 길을 신실하게 따라 걸어가는 예수 모방입니다. 아름다운 신앙의 공동체는 예수 모방에 대한 열의로 가득합니다. 더욱이 공동체 안에서도 선한 신앙의 모방이 활발하게 일어납니다. 나이 드신 어른들의 신앙을 중년들이 보고 배우고 중년들의 신앙의 모습을 청년들이 보고 배웁니다. 청년들의 신앙의 모습은 중고등학생들이 보고 배우는 곳이 건강한 신앙 공동체의 모습입니다. 이것을 거룩의 위계질서 공동체라고 할 수 있습니다. 이런 공동체를 건설하고 세워가는 일에 우리 모두가 힘을 모아야 합니다.

3장 1절부터 7절에는 남편과 아내의 관계에 대한 내용이 나옵니다. 여기서 중요한 것은 1절입니다.

아내들아 이와 같이 자기 남편에게 순종하라 이는 혹 말씀을 순종하지 않는 자라도 말로 말미암지 않고 그 아내의 행실로 말미암아 구원을 받게 하려 함이니.

여기에 믿음이 좋은 아내의 행실로 말미암아 남편이 구원을 받게 하려 함이라는 말씀이 나옵니다. 본문에 나오는 남편이 아직까지는 신앙이 없는 사람임을 알 수 있습니다. 1절부터의 내용은 그리스도인 아내가 비그리스도인 남편에 대해서 어떤 태도를 취해야 할 것인가에 대한 내용입니다. 고대 근동 사회에서 아내는 남편의 종교를 자신의 종교로 받아들였습니다. 사도행전 16장 31절에 바울은 빌립보 간수에게 이렇게 말합니다.

주 예수를 믿으라 그리하면 너와 네 집이 구원을 받으리라.

간수가 예수를 믿게 되면 그 집 안에 있는 모든 사람들이 구원을 얻게 될 것이라고 말합니다. 왜 그렇습니까? 간수가 그 집안에 가장이기 때문입니다. 가장이 예수를 믿게 되면 보통은 그 집 안에 있는 모든 가족들이 예수를 믿게 되는 것이기 때문입니다. 그래서 '네가 예수를 믿게 되면 네 집안 전체가 구원을 받을 것이다'라는 말이 가능했던 것입니다. 당시의 이런 상황을 고려해 볼 때 베드로전서 3장에서 말하는 것처럼 아내가 남편과 다른 신앙을 갖는다는 것은 정말 대단한 일입니다. 더욱이 베드로는 믿음을 가진 아내들에게 남편의 신앙을 따라가라고 말하지 아니하고 남편을 신앙 안에서 잘 견인해 낼 것을 촉구합니다. 이것이 얼마나 어려운 일이겠습니까? 어떻게 보면 믿는 아내에게는 가정이 하나의 선교지라고 할 수 있습니다. 선교 대상은 누구입니까? 남편입니다. 가정은 선교지이고 선교 대상은 남편인 것입니다. 남편을 선교 대상이라고 생각하고 가정을 선교지라고 인식한다면 남편의 조금 모자라는 부분에 대해서도 조금은 더 인내할 수 있습니다. 우리도 선교지에서는 좀 더 조심하고 인내하지 않습니까? 그러한 자세를 베드로는 신앙을 가진 아내들에게 요구하고 있습니다. 믿음을 가진 아내의 입장에서는 이는 매우 험난한 여정이 될 수밖에 없었을 것입니다.

7절은 믿음을 가진 남편에게 주는 말씀입니다.

남편들아 이와 같이 지식을 따라 너희 아내와 동거하고 그를 더 연약한 그릇이요 또 생명의 은혜를 함께 이어받을 자로 알아 귀히 여기라 이는 너희 기도가 막히지 아니하게 하려 함이라.

여기서 아내를 '더 연약한 그릇'이라고 말합니다. 아내를 '더 연약한 그릇'이라고 하는 말에는 남편도 연약한 그릇이라는 말이 포함되어 있습니다. 남편도 연약한 그릇이고 아내는 더 연약한 그릇입니다. 왜 그렇습니까? 남성과 여성 모두가 깨지기 쉬운 흙으로 지음 받은 존재이기 때문입니다. 창세기에서 인간이 흙으로 지음 받았다고 할 때 이 흙은 깨지기 쉬운, 넘어지기 쉬운, 부서지기 쉬운 존재임을 의미합니다. 즉 인간은 깨지기 쉬운 존재이고 넘어지기 쉬운 존재입니다. 인간을 흙으로 창조하신 하나님께서는 우리 인간의 그 연약한 모습을 누구보다 잘 알고 계십니다. 그래서 하나님은 우리가 죄를 범했다고 곧바로 심판하지 않으십니다. 우리가 얼마나 연약한 존재인가를 잘 아시기 때문에 우리가 죄를 범하게 되면 돌이킬 수 있는 많은 기회를 허락해 주십니다. 이 은혜의 기회에 우리는 돌이켜야 합니다. 그런데 돌이킴의 기회를 거부하게 될 때 하나님의 심판이 임합니다. 하나님께서 우리에게 돌이킬 수 있는 많은 기회를 주신다고 하더라도 그 기회를 감사함으로 받지 아니하고 끝까지 회개하지 않을 때, 즉 완고한 태도를 지속할 때 하나님의 심판이 임하는 것입니다. 죄를 범해서 심판을 받는 것이 아니라 회개를 거부하게 될 때 하나님의 심판이 임하는 것입니다.

15절을 보겠습니다.

너희 마음에 그리스도를 주로 삼아 거룩하게 하고 너희 속에 있는 소망에 관한 이유를 묻는 자에게는 대답할 것을 항상 준비하되 온유와 두려움으로 하고.

우리가 주목해야 할 신앙의 과제가 여기에 나옵니다. 중요한 것은 신앙인에게 요청되는 대답을 준비하는 신앙입니다. 신앙인은 눈앞에 있는 현실에만 매몰되지 아니하고 소망을 가지고 살아가는 존재입니다. 그래서 세상에 있는 많은 사람들은 기독교인들에 대해 질문할 것이 많습니다. 우리가 가지고 있는 소망의 이유가 궁금한 것입니다. 이러한 질문에 대답할 것을 항상 준비하라고 권면하고 있습니다. 마치 예수님께서 제자들에게 '너희는 나를 누구라 하느냐'라고 질문하신 것과 비슷합니다. 모든 신앙인들이 피해갈 수 없는 중요한 질문이 이것입니다. '나는 예수를 어떤 분으로 고백하고 있는가?', '나는 왜 예수를 믿고 있는가?' 이러한 질문을 받는 것은 질문한 사람을 신앙의 길로 인도할 수 있는 소중한 순간이기도 합니다. 그런데 믿지 않는 사람들에게 이런 질문을 받으려면 믿는 자에게 무엇인가 다른 삶이 필요합니다. 믿는 사람이나 믿지 않는 사람이나 동일한 일상을 살아가게 된다면 불신자들은 신앙인들에게 이런 질문을 절대로 하지 않을 것입니다.

저는 20대 때부터 이런 질문을 정말 많이 받았습니다. 일반 목회가 아닌 공동체를 지향하는 삶을 살아왔고 아이들도 일반 교육기관이 아닌 대안학교를 세워서 교육했으니 사람들이 제 삶과 관련하여 묻고 싶은 것이 얼마나 많았겠습니까? 음식도 그렇습니다. 저는 결혼과 동시에 가정에서 유기농을 먹기 시작했습니다. 예전에는 유기농 매장이 많지도 않았고 가격도 비쌌는데 가진 것도 없는 사람이 유기농을 소비하는 것이 얼마나 특별해 보였겠습니까? 공동체에서는 주일학교 아이들 간식 하나도 유기농 제품을 소비하고자 했습니다.

그 이유는 창조 신앙 때문입니다. 하나님께서 천지를 창조하셨음을 믿고 이 세상을 잘 돌볼 것을 요청하셨음을 믿습니다. 그래서 하나님이 창조하신 아름다운 세상을 좀 더 잘 보존하고 지켜내기 위한 실천으로 유기농 소비와 유기농 농사를 지은 것입니다. 저희 아이들은 세상 기준으로는 무학입니다. 초등학교 졸업장도 없습니다. 어린 시절부터 공동체 대안학교를 다녔습니다. 아이들은 어린 시절부터 공동체 안에 있는 지체들을 이모, 삼촌으로 불렀습니다. 그래서 아이들은 어린 시절부터 이런 질문을 많이 했습니다. "왜 나는 이렇게 이모와 삼촌들이 많아? 왜 아빠는 일반적인 목사님하고 달라?"

이런 질문이 중요하다고 봅니다. 무엇인가 다른 모습이 있으면 사람들은 궁금해 하고 질문을 합니다. 중요한 것은 질문을 접촉점 삼아서 내가 옳다고 믿는 가치에 대해 말할 수 있는 기회가 생긴다는 것입니다. 저는 결혼식을 할 때도 신랑 신부 동시 입장을 했습니다. 아버지가 딸을 데리고 와서 신랑에게 넘겨주는 것은 너무나 가부장적인 인식에 근거한 것이라고 생각했습니다. 신랑과 신부의 관계가 동등하니 신랑과 신부가 서로의 손을 맞잡고 동시에 입장했습니다. 그러면 사람들이 왜 그렇게 하는지에 대해 궁금해 하며 질문을 합니다. 그 질문에 대해 대답을 하면서 내가 가지고 있는 가치관을 보다 많은 사람들이 공유할 수 있는 기회를 가지게 되는 것입니다.

저는 어머니에게도 이런 말씀을 자주 드립니다. 만약 어머니가 암과 같은 중병에 걸리시면 저는 절대 병원 침대에 어머니를 누워 있게 한 후에 보내드리지 않겠다고 말입니다. 어머니가 움직일 수 있을 때까지 좋은 곳으로 함께 여행도 다니고 맛있는 음식도 먹으면서 인생의 마지막 시간을 함께 보내고 싶습니다. 어머니가 돌아가시면 일반적인 장례식도 하지 않을 생각입니다. 하루 동안 가족들끼리 조용히 추모한 후에 다음날 발인하고 화장하려고 합니다. 저의 이런 생각을 말하면 사람들은 많은 질문들을 쏟아 놓습니다. 삼일장을 하지 않는 이유가 무엇인지, 왜 조문을 받지 않으려고 하는지에 대해 질문을 합니다.

저는 여기서 무엇이 옳다는 것을 말하고자 하는 것이 아닙니다. 무엇인가 다름이 있을 때 사람들은 궁금해 하고 질문한다는 것을 말하고자 하는 것입니다. 사람들로부터 질문을 받으려면 주류 가치와 주류 문화에 동화되지 않는 다른 삶이 있어야 합니다. 초대 교인들은 다른 삶을 살았기에 그런 질문을 많이 받았던 것입니다. 예를 들면 초대 교인들은 이방 제의에 참여하지 않았습니다. 이방 신전에서 거행되는 결혼식에도 참여하지 않았습니다. 초대 교인들이 보이는 행동에 대해 사람들은 당연히 질문할 수밖에 없었습니다. "왜 당신은 신전에서 거행되는 예식에 참여하지 않습니까? 왜 조상들이 섬기던 전통 종교를 버리고 예수를 믿게 되었습니까?" 이런 질문을 받을 때 머뭇거리지 아니하고 왜 그런지에 대해 대답할 것을 준비하라고 베드로는 권면합니다. 그것이 질문하는 자를 신앙의 길로 인도할 수 있는 하나의 계기가 될 수 있기 때문입니다.

18~20절은 개신교인들에게 뜨거운 감자와 같은 본문입니다.

그리스도께서도 단번에 죄를 위하여 죽으사 의인으로서 불의한 자를 대신하셨으니 이는 우리를 하나님 앞으로 인도하려 하심이라 육체로는 죽임을 당하시고 영으로는 살리심을 받으셨으니 그가 또한 영으로 가서 옥에 있는 영들에게 선포하시니라 그들은 전에 노아의 날 방주를 준비할 동안 하나님이 오래 참고 기다리실 때에 복종하지 아니하던 자들이라 방주에서 물로 말미암아 구원을 얻은 자가 몇 명뿐이니 겨우 여덟 명이라.

이 본문을 지옥 전도설 또는 지옥 정복설이라고 말합니다. 개신교 교인들에게 이 본문이 난해한 이유는 개신교 교인들은 연옥을 인정하지 않기 때문입니다. 반면에 가톨릭 교인들은 연옥을 인정합니다. 19절에 '옥'이라는 표현이 나옵니다. 연옥을 인정하는 사람들은 19절에 나오는 옥을 연옥으로 이해합니다. 여기에 옥을 가톨릭 교인들은 연옥이라고 생각하고 개신교 교인들은 지옥이라고 생각하는 것입니다. 그런데 여전히 본문은 난해합니다. 예수님이 십자가에 달려 돌아가신 후에 예수께서 영으로 연옥이나 지옥에 있는 사람들을 찾아가서 그들을 전도했다는 말을 어떻게 해석해야 하는지 난감합니다. 그런데 이것이 가톨릭 교리에서는 별로 낯설지가 않습니다. 왜 낯설지가 않느냐면 가톨릭은 교리적으로 사람이 죽고 나서도 하나님의 구원을 받을 수 있는 또 한 번의 기회가 있다고 봅니다. 연옥이라고 하는 곳에서 지상에서 다 씻어내지 못한 죄를 정화하는 시간을 가진다고 보는 것입니다. 연옥이라는 곳에서 새로워질 수 있는 또 한 번의 기회가 있는 것입니다. 또한 림보라는 곳도 있습니다. 유아 림보도 있고 조상 림보도 있습니다. 그런데 개신교의 사후관은 그렇지 않습니다. 개신교는 육신의 호흡이 끝나면 끝입니다. 새로워질 수 있는 또 한 번의 기회가 있다고 보지 않습니다. 이와 같은 교리를 가지고 있는 개신교 입장에서는 18절부터 20절에 나오는 예수님이 옥에 있는 영들에게 전도하셨다는 말이 참으로 이해하기 어려운 부분입니다. 하지만 가톨릭은 이 말씀을 그대로 받아들여서 연옥이나 림보의 존재를 강조하고 있습니다.

베드로전후서 II

4장 3절을 보면 베드로전서의 수신자들이 원래는 이방 신을 섬기다가 이제는 기독교인이 된 사람들임이 명백하게 밝혀집니다.

너희가 음란과 정욕과 술취함과 방탕과 향락과 무법한 우상 숭배를 하여 이방인의 뜻을 따라 행한 것은 지나간 때로 족하도다.

4절을 보겠습니다.

이러므로 너희가 그들과 함께 그런 극한 방탕에 달음질하지 아니하는 것을 그들이 이상히 여겨 비방하나.

수신자들은 예전에는 이방인들과 동일한 삶을 살았던 존재들입니다. 그런데 이제는 인생의 주인을 바꾸고 나서 이방인들이 살아가는 주류 문화에 동참하지 않는 것입니다. 이것을 이방 사람들이 이상하게 바라봅니다. 예전에는 자신들과 동일한 삶을 살았던 존재가 변화된 삶을 살아가고자 하는 것에 대해 이상히 여기면서 비방을 하는 것입니다. 이처럼 신앙인은 이 세상에서 살아가지만 이 세상에 속하지 않는 존재입니다. 여기 속하지 않는다는 말은 이 땅의 주류 문화와 주류 가치에 동화되지 않는다거나 동참하지 않는다는 의미입니다.

오늘날에도 신앙인과 비신앙인의 경계를 어떻게 만들어낼 수 있을까 하는 것은 아주 중요한 과제입니다. 예를 들면 자녀 양육 문화, 물질 소비문화, 놀이 문화 등에 있어서 예수를 자기 인생의 주인으로 고백하는 사람과 맘몬을 자기 인생의 주인으로 고백하는 사람의 삶이 같을 수는 없는 것입니다. 저는 결혼식 문화와 장례식 문화에서도 구별된 차이가 존재했으면 좋겠다는 생각입니다. 오늘날 신앙인들의 결혼식 문화를 보면 목사님이 주례하는 것 외에 비신앙인들의 결혼식 문화와 특별한 차이가 드러나지 않습니다. 장례식 문화도 그렇습니다. 목사님들이 오셔서 장례 예배를 진행하는 것 말고 장례식 문화에 있어서 어떤 차별성이 존재하는지 한번 살펴보십시오. 오늘날 교회가 하고 있는 장례 예배라는 것도 오랜 세월 조상들이 중요하게 생각했던 장례 절차에 예배라는 이름만 갖다 붙여서 동일하게 진행하고 있다는 생각입니다. 임종 예배, 입관 예배, 발인 예배, 하관 예배 등이 그렇습니다. 왜 이런 절차들을 하나씩 행하는 것일까요? 이것들을 행하는 신학적인 이유가 존재하는 것인가요? 그런 의미에서 오늘날 기독교 장례 문화는 존재하지 않는다고 봐야 합니다. 옛날부터 조상들이 중요하게 생각해왔던 그 모든 의식들을 대부분 다 예배라는 이름을 붙여서 따라하고 있는 실정입니다.

기독교인들이 말씀에 근거해서 장례, 결혼, 자녀 양육 등과 관련하여 새로운 문화를 창조해내고 살아내야 하는데 이런 모습들이 너무나 약한 것이 우리의 현실입니다. 선교 초기에 한국 교회는 술과 담배, 축첩 등이 중대한 사회 문제였기 때문에 신앙인들에게는 그런 것을 행하지 못하게 하면서 그것을 기준으로 신앙인과 비신앙인의 경계를 구분했습니다. 예수 믿는 사람으로서 음주를 하거나 흡연을 하거나 축첩을 하는 행위를 단호하게 끊어낼 것을 교회는 요청했습니다. 그래서 신앙인들은 일상의 삶에서 금주, 금연, 축첩 거부를 통해서 비신앙인과의 차별된 삶을 스스로 증거했습니다. 오늘날에도 한국 사회의 중요한 문제들에 대해서 기독교인들은 구별된 다른 삶을 살아내야 합니다. 예를 들면 오늘 한국 사회에서 너무나 많은 사람들이 토지와 집으로 투기를 하고 있습니다. 신앙인들도 예외가 아닙니다. 이러한 투기 문화는 건강한 노동을 우습게 만들고 한탕주의에 매몰되도록 만듭니다. 문제는 교인들 중에도 투기를 통해 부를 획득하는 사람들이 많다는 것입니다. 또한 학벌 숭배에도 기독교인들이 예외가 아닙니다. 오늘날 대한민국을 지배하는 가장 강력한 신은 학벌의 신, 즉 수능의 신입니다. 신앙인들조차도 자녀들을 양육하면서 모두 학벌이라는 우상 앞에서 무릎 꿇고 숭배하고 있습니다. 종교 의식으로서의 신앙생활에는 열심을 다하지만 이 시대를 지배하는 맘몬, 권력, 욕망이라는 우상 앞에서 신앙인들도 초라하게 굴복당하며 살아가고 있는 것입니다.

무엇보다 신앙인들은 정직하고 진실하고 거룩한 삶을 살아내야 합니다. 진짜 예수 믿는 사람이라면 뇌물을 받아서는 안 됩니다. 불의한 일에 동참하면 안 됩니다. 목에 칼이 들어온다고 하더라도 아닌 것은 아니라고 말할 수 있어야 합니다. 이런 신앙인들이 출현해야 합니다. 이런 진실한 삶, 정직한 삶, 거룩한 삶을 살아내면서 신앙인들이 피해를 입는 것, 이것이 21세기를 살고 있는 신앙인들이 감수해야 할 순교라고 할 수 있습니다. 1세기 로마 제국 시대에는 예수를 믿는다는 이유로 하룻밤에 사자의 밥이 되거나 십자가에 달려 죽었습니다. 그것이 당시의 순교였습니다. 오늘날 대한민국 사회에서는 예수를 믿는다는 이유로 그러한 순교는 경험하지 않아도 됩니다. 그러나 우리에게 순교가 사라진 것은 아닙니다. 일상에서 미분화된 순교는 여전히 존재하고 있습니다.

나는 예수의 사람이기 때문에 뇌물을 받지 않아서 경제적인 이익을 누리지 못하는 것, 불의한 일에 동참하지 않다가 미움을 받고 피해를 입는 것, 진실과 정의의 편에 섰다가 사람들로부터 왕따를 당하는 것, 이런 것들이 오늘날 신앙인들이 감수해야 할 순교의 모습입니다. 느헤미야 5장 15절을 보면 느헤미야는 이런 고백을 합니다. 느헤미야는 직업이 총독입니다. 느헤미야 이전의 모든 총독들은 총독이라는 권력을 이용해서 백성들로부터 뇌물을 받고 백성들의 것을 수탈하고 착취함으로써 부귀영화를 누렸습니다. 느헤미야도 그렇게 살 수 있었습니다. 그러나 느헤미야는 그렇게 살지 않았습니다. 그 이유가 무엇입니까? "나는 여호와를 경외함으로 그렇게 살지 않았다." 저는 이것이 오늘날 신앙인들이 보여주어야 할 신앙의 결기라고 생각합니다. 우리가 죽을 때 자녀에게 물려줄 수 있는 유산이 이것이 되어야 합니다. '세상 모든 사람들이 이렇게 살았지만 엄마 아빠는 하나님을 경외하는 사람이기 때문에 이렇게 살았다'는 것을 최소한 한 두 가지 정도 말할 수 있어야 합니다. 그러한 대안적 대조적 대항적 인 문화를 창조하고 살아내는 것이 우리에게 너무나 시급한 과제라 는 생각이 듭니다.

10절을 보겠습니다.

은사라고 하는 것은 공동체와 지체들을 유익하게 하기 위해서 하 나님이 주시는 선물입니다. 만약 하나님께서 나에게 A라는 은사를 주셨다고 할 때 은사는 내가 그것을 받고 소유하는 것이 아닙니다. 은사는 내가 그것을 사용함을 통해서 나를 만나는 사람들을 유익하 게 하는 것입니다. 따라서 내가 어떤 은사를 받았다고 해서 그것으로 인해 나를 자랑할 수 없습니다. 나를 내세울 수 없습니다. 핵심은 그 은사를 내가 잘 사용하고 있는가에 있습니다. 어떻게 보면 은사의 사 용은 택배 배달과 같은 것입니다. 하나님께서 누군가에게 주고자 하 는 선물을 은사를 받은 자가 배달하는 것입니다. 배달하고 나서 내가 그것을 배달했다고 떠벌리고 자랑하고 권력을 누리려고 한다면 이 얼마나 웃긴 모습입니까? 그래서 은사를 사용할수록 겸손해져야 합 니다. 하나님의 선물을 전달하는 자로서의 역할에 충실해야 합니다. 은사를 발휘하면서 자기를 너무나 높이는 사람들을 조심하셔야 합니 다.

한국 교회가 극복해야 할 많은 과제들이 있지만 그 중에 하나가 왜곡된 성령 운동입니다. 서○○ 목사라는 분이 있는데 이분이 어디에서 신학을 했는지 어느 교단에서 목사 안수를 받았는지 알 수가 없습니다. 한국 교회를 어지럽히는 이상한 목사들은 어디서 신학을 했는지에 대한 출처가 분명하지 않습니다. 서○○ 목사는 성령의 역사라고 하면서 사람들에게 장풍을 쏩니다. 그러면 사람들이 휘청휘청 거립니다. 오래전부터 이런 방식으로 성령의 역사를 증거하고자 한 사이비들이 많이 있었습니다. 착하고 순진한 교인들은 인간의 이성으로 설명할 수 없는 놀라운 일들을 목격하게 되면 너무도 쉽게 성령의 역사라고 판단합니다. 한번 생각해 보십시오. 멀쩡하게 서 있는 사람을 휘청거리게 만들고 의자에 앉아 있는 사람을 넘어지게 만드는 것이 도대체 성령의 역사와 무슨 상관이 있습니까? 자기밖에 모르던 이기적인 사람을 이웃을 위한 존재로 변화시켜내는 것이 진짜 성령의 역사 아닌가요? 사람을 휘청거리게 만들고 넘어지게 만들고 괴성지르게 만드는 것은 악령의 역사이지 성령의 역사가 아닙니다. 우리가 성경을 통해 제대로 된 성령론만 가지고 있어도 이러한 주장에 현혹되지 않을 것입니다. 성령 하나님은 이 땅에 있는 하나님의 백성들로 하여금 말씀을 깨닫고 기억나도록 도우시고 말씀에 순종할 수 있도록 도와주십니다. 따라서 진정한 성령 충만은 말씀 충만이고 순종 충만입니다. 성령이 허락하시는 은사는 누군가를 유익하게 하기 위해 나에게 맡겨주신 선물입니다. 그것을 잘 전달해야 합니다. 그것을 전하지 않는 것이 죄가 되는 것입니다. 선물을 잘 전달해주었다고 해서 자신을 자랑할 일도 드높일 일도 없는 것입니다.

5장 1절부터 3절을 보면 장로들에 대한 권면이 나옵니다. 여기서 장로는 오늘날 장로와 목사를 말하는 것입니다.

너희 중 장로들에게 권하노니 나는 함께 장로 된 자요 그리스도의 고난의 증인이요 나타날 영광에 참여할 자니라 너희 중에 있는 하나님의 양 무리를 치되 억지로 하지 말고 하나님의 뜻을 따라 자원함으로 하며 더러운 이득을 위하여 하지 말고 기꺼이 하며.

하나님의 일을 함에 있어서 제일 중요한 것은 자원함입니다. 옛날 부흥사들이 하던 간증 가운데 이런 내용이 많았습니다. 자신은 진짜 목사가 안 되려고 이렇게도 저항하고 저렇게도 반항했는데 하나님이 끝까지 자기를 강권적으로 붙드셔서 어쩔 수 없이 목사가 되었다는 것입니다. 저는 대부분 자기를 높이기 위한 과장된 이야기로 이해합니다. 왜 그러냐면 하나님은 자원하는 마음이 없는 사람을 억지로 일하도록 시키시는 그런 분이 아닙니다. 오늘도 목회를 하겠다는 사람들이 이렇게나 많은데 하고 싶지 않다는 사람이 뭐가 그리 대단하다고 억지로 그 사람에게 그 일을 하도록 시키겠습니까? 그리고 억지로 행하는 그 일을 하나님이 보시면서 과연 기뻐하시겠습니까? 제발 목사님들은 이런 거짓말을 하지 마시기 바랍니다. 성도들도 목회자가 자기를 대단한 사람인 것처럼 과장하는 이런 이야기에 더 이상 속지 말아야 합니다. 그런 간증을 하시는 분들 대다수는 본인은 이런저런 일을 하고 싶었지만 그 모든 일이 다 실패하여 마지막으로 목회를 선택한 경우들이 많은 분들입니다. 저는 다섯 살 때부터 목사가 되려고 했던 사람입니다. 학창 시절 생활 기록부를 보면 저는 어렸을 때부터 꿈이 목사였고 그 꿈을 한 번도 바꾼 적이 없습니다. 간절히 목사가 되고 싶었던 그 어린아이의 꿈을 하나님께서 기억해주시고 저를 목회자로 인도해 주셨습니다. 하나님은 하고 싶어 하지 않는 사람을 억지로 그 일을 하도록 강요하는 그런 폭군적인 존재가 아닙니다. 하나님의 일을 함에 있어서 중요한 것은 자원하는 마음입니다.

두 번째로 중요한 것은 더러운 이득을 위하여 하지 않는 것입니다. 이것이 하나님의 일을 행하는 자의 자세가 되어야 합니다. 예나 지금이나 장로라는 직분은 공동체의 전체 살림과 사업을 기획하고 관리 감독하는 자리입니다. 오늘날에도 목사님과 장로님들이 모인 당회에서 중요한 사업들을 논의합니다. 예를 들면 교회 공사를 한다거나 개보수를 한다고 생각해 보십시오. 이때 장로님들 가운데 건축 사업 하시는 분이 자기가 책임지고 맡겠다고 할 때 그것을 거부하기는 쉽지 않습니다. 그런데 이때 정직하게 일을 하면 얼마나 좋겠습니까? 그런데 교회 재정을 개인의 쌈짓돈처럼 생각하는 분이 계시다면 교회는 엄청난 재정적 손실을 감수할 수밖에 없습니다. 그리고 견적서와 달리 공사를 한 것에 대해 제대로 된 AS를 하지 않았을 때 이로 인해 공동체에 분란이 발생하는 경우들도 많습니다. 그래서 목회자들 사이에는 이런 이야기가 오갑니다. 가급적 교회 건축이나 개보수 공사는 불신자들에게 맡기는 것이 좋다. 왜냐하면 불신자들은 교회 관련된 일을 할 때 자신이 일을 제대로 하지 않으면 하나님께 벌을 받을지도 모른다는 두려움이 있다는 것입니다. 그런데 교회 일에 익숙한 사람들은 교회 건축을 너무 쉽게 생각하는 경우가 많다는 것입니다. 참으로 역설적인 이야기가 아닐 수 없습니다.

교회는 그리스도 안에서 새롭게 맺어진 가족이자 공동체입니다. 공동체의 살림살이를 위해서 교인들은 헌금을 합니다. 교회는 교인들이 낸 헌금이 모이는 곳이고 재정 집행이 이루어지는 곳입니다. 이때 재정 담당자와 목회자가 한순간 나쁜 마음을 먹게 되면 더러운 이익을 취하는 행위를 할 수 있습니다. 이것을 경계해야 합니다. 성경에서 공동체의 지도자가 갖추어야 할 자세와 관련하여 계속 강조되는 내용이 하나 있습니다. 구약부터 신약까지 하나님의 일을 하는 지도자가 갖추어야 할 덕목으로 매번 기술되는 것이 돈을 사랑하지 않는 것입니다. 즉 더러운 이익을 취하지 않는 것입니다. 돈과 관련하여 정말 깨끗하고 투명한 사람, 그런 사람이 신앙 공동체의 지도자가 되어야 합니다.

계속해서 3절은 이렇게 말합니다.

맡은 자들에게 주장하는 자세를 하지 말고 양 무리의 본이 되라.

여기 본이 되라는 말은 모범이 되라는 것입니다. 이 강의를 들으시는 장로님들은 어쩔 수 없지만 앞으로 장로가 되실 가능성이 있는 집사님들은 가급적 장로 직분을 받지 않으시는 것이 좋습니다. 본이 되어야 하는데 이것이 얼마나 힘든 과업입니까? 장로가 되면 나쁜 짓에 동참하거나 거짓말을 해서는 안 됩니다. 정말 정직하고 진실하고 거룩하게 살아야 합니다. 장로로 임직 받으려고 할 때 일주일간 금식하시면서 각오와 결단이 있으시면 임직을 받아도 좋습니다. 하지만 장로답게, 목사답게 살 자신이 없으면 받지 않는 것이 맞습니다. 그렇게 살 자신도 없으면서 장로라는 타이틀을 얻으려고 용을 쓰는 이유가 무엇입니까? 오늘날 한국 교회의 문제가 바로 여기에 있습니다. 자신이 정직하고 진실하고 거룩하게 살 마음이 없으면 목사를 안 하면 되고 장로 직분을 안 받으면 되는데 본이 되고자 하는 마음도 전혀 없고 그럴 의지도 전혀 없는 사람들이 너무 쉽게 목사가 되고 장로가 되어 교회 공동체에서 지도자 행세를 하고 있다는 것이 문제입니다. 그 결과 그들은 권력만 누리려고 하고 성도들 위에 군림하려고만 합니다. 신앙의 모범에는 일체 관심이 없습니다. 교회 공동체의 지도자는 신앙의 본이 되어야 합니다. 유대교는 회당 또는 성전에 장로가 있었습니다. 10가정이 모이면 회당의 조직이 가능했고 회당이 만들어지게 되면 3명의 장로를 세웠습니다.

8절을 보겠습니다.

근신하라 깨어라 너희 대적 마귀가 우는 사자 같이 두루 다니며 삼킬 자를 찾나니.

신앙의 삶은 안전지대에서 이루어지는 것이 아닙니다. 사탄은 끊임없이 하나님의 백성된 우리를 공격하고 유혹하려고 합니다. 삼킬 자를 찾는 훼방자에게 먹히지 않기 위해서는 근신하고 깨어 있어야 합니다. 그런데 아무리 깨어 있으려고 해도 우리는 연약한 존재들입니다. 다짐하고 결단하지만 넘어지고 또 넘어지는 존재들입니다. 그래서 우리에게는 돕는 배필이 필요합니다. 내가 깨어 있지 못하는 순간에 나를 깨어 있도록 만드는 관계가 필요합니다. 이것을 성경에서는 돕는 배필이라고 말합니다. 믿음 안에서 만난 지체들은 서로가 서로에게 돕는 배필이 되어야 합니다.

12절을 보겠습니다.

내가 신실한 형제로 아는 실루아노로 말미암아 너희에게 간단히 써서 권하고 이것이 하나님의 참된 은혜임을 증언하노니 너희는 이 은혜에 굳게 서라.

베드로는 지금 실루아노를 통해서 베드로전서를 쓰고 있습니다. 실루아노가 대필자인 것입니다. 여기에 언급된 실루아노는 바울 서신에 나오는 실라와 같은 이름입니다. 바울의 동역자였던 실라와 동일 인물인지는 알 수 없지만 이름은 같습니다. 실라는 헬라식 이름이고 실루아노는 라틴식 이름입니다. 베드로는 지금 실루아노의 손을 빌려서 편지를 쓰고 있는 것입니다. 이런 대필자의 존재는 바울 서신에서도 발견됩니다. 바울 서신 가운데 바울이 직접 쓴 편지는 많지 않습니다. 대부분 대필자가 작성한 편지입니다. 그렇다면 왜 편지를 쓴 사람을 저자라고 하지 않고 바울을 저자라고 말할까요? 바울이 그 편지를 쓰도록 시킨 사람이기 때문입니다. 이것을 사역형 저자라고 합니다. 바울이 누군가로 하여금 그것을 쓰도록 시킨 사역형 저자인 것입니다. 베드로전서를 쓴 사람은 실루아노이지만 베드로를 저자로 보는 이유는 베드로가 사역형 저자이기 때문입니다.

13절을 보겠습니다.

택하심을 함께 받은 바벨론에 있는 교회가 너희에게 문안하고 내 아들 마가도 그리하느니라.

바벨론에 있는 교회는 로마에 있는 교회를 말합니다. 베드로는 마가를 내 아들이라고 불렀습니다. 바울에게 디모데와 디도가 믿음의 아들이었던 것처럼 베드로에게는 마가가 믿음의 아들이었습니다. 그렇다면 베드로와 마가는 어떻게 만나게 되었을까요? 전설에 의하면 베드로는 예루살렘 교회를 떠나서 로마로 가게 됩니다. 로마에서 베드로가 사역할 때 마가가 통역을 했다고 합니다. 베드로와 마가의 동역 속에서 자연스레 베드로는 믿음의 아버지가 되고 마가는 믿음의 아들이 된 것입니다. 이후에 베드로는 자신이 예수와 만나게 된 이야기, 예수의 공생애 이야기 등을 말하게 되었고 그것을 마가가 기술하게 된 것입니다. 그것이 마가복음입니다. 예수의 제자가 아니었던 마가가 예수님과 관련된 이야기를 상세하게 쓸 수 있었던 이유는 믿음의 아버지인 베드로를 통해 예수에 대한 상세한 이야기를 들었기 때문입니다. 그래서 마가는 사도가 아니었음에도 불구하고 마가가 쓴 마가복음이 정경으로 채택될 수 있었습니다. 사람들은 마가복음에 대해 실제 베드로가 쓴 것과 같은 권위를 부여해 주었습니다. 마가복음을 준(準) 베드로 복음이라고 생각한 것입니다.

어떤 학자들은 13절에 나오는 '바벨론에 있는 교회'라는 표현 때문에 베드로전서를 베드로가 쓰지 않았다고 주장하기도 합니다. 지금 베드로는 로마 교회를 바벨론에 있는 교회라고 말하고 있습니다. 이러한 표현은 요한계시록에도 나옵니다. 요한계시록에 보면 로마를 바벨론으로 표현하고 있습니다. 구약 이스라엘과 연관된 여러 제국들이 있습니다. 앗수르, 바벨론, 페르시아, 헬라 제국입니다. 그런데 이스라엘을 억압하고 괴롭혔던 여러 제국 가운데 왜 로마를 바벨론이라고 표현하는 것일까요? 로마를 앗수르나 헬라라고도 할 수 있을 텐데 왜 바벨론이라고 명명하고 있을까요? 그 이유는 바벨론이 성전을 무너뜨린 제국이기 때문입니다. 바벨론은 주전 586년에 남유다를 정복하면서 예루살렘 성전을 무너뜨렸습니다. 그런데 로마도 주후 70년에 예루살렘 성전을 무너뜨렸습니다. 로마를 앗수르나 페르시아라고 하지 않고 바벨론이라고 하는 이유는 바벨론과 로마가 성전을 무너뜨린 공통점이 있기 때문입니다. 그래서 70년 이후에 로마에 대한 은어 같은 표현으로 바벨론이라는 단어를 사용한 것입니다. 그런데 13절에도 '바벨론에 있는 교회'라는 표현이 사용되고 있습니다. 이는 로마에 있는 교회를 가리키는 것입니다. 문제는 로마를 바벨론이라는 은어로 사용한 것은 성전이 무너진 70년 이후일 가능성이 높은데 베드로는 64년경에 네로 황제에 의해 순교를 당했습니다. 그렇다면 64년경에 순교를 당한 베드로가 70년 이후에 사용되어진 표현을 미리 썼다고 보기는 어렵다는 문제가 발생합니다. 그래서 어떤 학자들은 여기 13절의 표현을 근거로 베드로전서는 베드로의 이름을 빌려서 누군가가 대신 쓴 편지일 것이라고 주장하기도 합니다.

다음으로 베드로후서를 살펴보겠습니다. 베드로후서는 교회 내에 팽배해 있던 예수 재림에 대한 불신앙을 경계하는 것을 목적으로 하고 있습니다. 데살로니가전후서와 같이 왜곡된 재림 신앙에 대해 경고하고 있는 본문이 베드로후서입니다. 베드로전서의 핵심은 '신앙은 예수 모방'이라는 것이고 베드로후서는 데살로니가전후서와 같이 왜곡된 재림 신앙에 대한 교훈을 담고 있습니다. 1장 5절부터 7절을 보겠습니다.

> 그러므로 너희가 더욱 힘써 너희 믿음에 덕을, 덕에 지식을, 지식에 절제를, 절제에 인내를, 인내에 경건을, 경건에 형제 우애를, 형제 우애에 사랑을 더하라.

여기에 보면 믿음으로 시작해서 사랑으로 끝나고 있습니다. 믿음으로 시작해서 신적 성품인 사랑에 도달해야 한다는 것입니다. 이처럼 믿음은 계속 자라나야 합니다. 믿음에만 머물러서는 안 됩니다. 여기에 보면 믿음에는 덕이 필요합니다. 덕에는 지식이 필요합니다. 이렇게 순서적으로 기술되고 있습니다. 이 기술을 통해 우리는 우리가 조심해야 할 것이 무엇인지를 알 수 있습니다. 예를 들면 믿음에는 덕이 필요합니다. 필요하다는 말은 믿음이 있다고 해서 모두 덕이 있다는 말은 아닙니다. 믿음에 덕을 갖추어야 한다는 말입니다. 그런데 안타깝게도 덕이 없는 믿음이 있습니다. 이것을 조심해야 합니다. 믿음에 덕이 있으면 많은 사람들을 유익하게 하겠지만 덕이 없는 믿음은 많은 사람을 실족하게 만듭니다. 소위 믿음 좋다는 사람들 중에 덕스럽지 않은 사람들이 종종 있습니다. 믿음은 좋은데 만나고 싶지 않은 사람들이 있습니다. 그런 것이 매우 위험한 것입니다. 이처럼 믿음만 있으면 안 됩니다. 믿음에는 반드시 덕이 있어야 합니다. 그리고 덕에는 지식이 있어야 합니다. 사람은 참 좋은데 분별력이 없으면 얼마나 위험합니까? 그래서 본문에 나오는 것을 거꾸로 읽어 봐야 합니다. 그리고 그것이 얼마나 위험한 것인지를 깨달아야 합니다. 덕이 없는 믿음은 위험합니다. 지식이 없는 덕도 위험합니다. 절제가 없는 지식도 위험합니다. 인내가 없는 절제도 위험합니다. 경건이 없는 인내와 형제 우애가 없는 경건과 사랑이 없는 형제 우애도 모두 위험한 것입니다.

예를 들면 형제 우애가 없는 경건이라는 말은 자기 혼자서 신앙생활 하는 것을 말합니다. 경건한 삶을 개인적으로 살아내고 있지만 신앙 안에서 아름다운 교제를 나누는 형제자매가 없는 것입니다. 언제나 혼자 있으면서 혼자서 기도하고 혼자서 말씀 읽고 혼자서 예배드리는 것입니다. 이런 신앙은 하나님이 원하시는 모습은 아닙니다. 그리고 사랑이 없는 형제 우애도 위험합니다. 겉으로 보이는 형제끼리의 우애는 좋은데 실상은 서로에 대한 사랑이 없는 경우가 있습니다. 좋은 관계인 것처럼 보이지만 사실은 서로에 대한 관심도 부재하고 깊은 사랑은 존재하지 않는 경우들이 얼마나 많이 있습니까? 만날 때마다 반갑게 인사도 하고 어떠한 갈등도 없지만 그 지체에 대한 깊은 애정과 사랑, 중보의 기도, 실제적인 권면과 도움 등은 없는 경우들이 있습니다. 이러한 모습으로부터의 탈피를 베드로는 촉구하고 있습니다. 5절부터 7절이 말하는 신앙의 아름다운 덕목들을 우리가 잘 갖추어 나갈 수 있기를 바랍니다.

9절을 보면 "이런 것이 없는 자는 맹인이라"는 표현이 나옵니다. 이런 표현들은 바꿔야 합니다. 이런 구절들 때문에 장애인들이 마음에 큰 상처를 받습니다. 본문의 맹인은 시각 장애인으로 바꿔야 합니다. 이런 표현들을 방치함으로써 한국 교회는 인권에 대한 감수성이 떨어지고 약자에 대한 공감 능력이 부족하다는 비판을 언제까지 들어야 하겠습니까? 지금 한국 교인들이 대다수 보고 있는 개역 개정 성경은 1930년대 번역을 기본 틀로 하고 있습니다. 이때는 장애인들에 대한 비하적인 표현이 사회적으로 허용되었던 시대입니다. 눈먼 자, 맹인, 소경, 절뚝발이, 병신 등의 표현을 사회에서도 일반적으로 사용했습니다. 그 때 성경이 번역되었기에 성경에 나오는 장애인들에 대해 당시 사회가 사용하던 비하적인 표현들을 그대로 차용하여 쓴 것입니다. 그러다가 1988년 서울 올림픽을 기점으로 장애인들에 대한 호칭을 변경해서 사용하고 있습니다. 올림픽 경기가 끝나고 나면 패럴림픽이 개최됩니다. 이때 전 세계에서 수많은 장애인 체육 선수들이 경기에 출전합니다. 그래서 한국 사회에서 장애인들에 대해 사용하던 용어들을 국제 사회의 기준에 맞게 변경시켰던 것입니다. 사회적으로는 장애인들을 더 이상 소경, 절뚝발이, 병신 등의 단어를 사용하지 않게 된 것입니다. 그런데 여전히 장애인들에 대한 비하적인 호칭이 바뀌지 않은 것이 성경입니다.

장애인들은 성경에 나오는 이런 표현들 때문에 마음에 깊은 상처를 받습니다. 그런데 장애인들의 그러한 아픔에 대해 신앙을 가진 비장애인 크리스천들이 너무나 무심합니다. 입장을 바꿔 생각하고 행동하는 실천이 필요한 때입니다. 입으로만 기독교를 사랑의 종교라고 말해서는 안 됩니다. 실제로 수십 년의 세월 동안 그러한 표현으로 인해 상처받는 사람들이 우리 주변에 존재하고 있는데 여전히 그러한 것을 변화시켜 내는 일에 무심하고 게으르다면 이 얼마나 큰 잘못을 범하는 것입니까? 성경 안에 존재하는 장애인들에 대한 비하적인 표현들이 속히 개정되어야 합니다. 또한 지금의 성경 번역은 다음 세대들에게도 맞지 않습니다. 개역 개정 성경은 기본적으로 1930년 대 번역을 기본 틀로 하다 보니 한문 투가 너무 많습니다. 이것을 한글 세대가 제대로 읽는 것은 결코 쉽지 않은 일입니다. 성경을 읽으라고만 할 것이 아니라 그들이 읽을 수 있는 성경 번역본을 제공해주는 것이 필요합니다. 그런데 이런 작업을 함에 있어서 걸림돌이 있습니다. 여전히 많은 신앙인들이 경전은 조금 어려워야 한다는 고루한 인식을 갖고 있습니다. 그래서 요즘 세대들이 읽을 수 있는 성경 번역을 조금은 낮추어 보는 경향이 있습니다. 이것은 매우 잘못된 자세와 태도입니다. 성경은 하나님의 계시를 모아 놓은 책입니다. 하나님의 계시는 당대의 사람들이 이해할 수 있는 눈높이로 자기를 낮추어 주신 하나님의 뜻입니다. 그래서 오늘날에는 현대인들이 이해할 수 있는 언어와 개념을 사용하여 현대인들이 읽을 수 있도록 성경을 번역하는 것이 올바른 것입니다. 읽기도 너무 어렵고 무슨 말인지도 알 수 없는 단어를 사용한다고 해서 경전인 성경의 권위가 높아지는 것이 아닙니다. 현대인들이 이해할 수 있는 성경, 특별히 자라나는 세대들이 마음껏 읽을 수 있는 성경이 번역되어 그들에게 제공되길 소망합니다.

14절을 보면 베드로후서는 베드로의 유언적인 설교와 권면임을 알 수 있습니다.

이는 우리 주 예수 그리스도께서 내게 지시하신 것 같이 나도 나의 여기 '장막을 벗어난다'는 말은 죽음을 앞두고 있다는 뜻입니다. 베드로는 자신의 죽음을 앞두고 자신이 하고 싶은 가장 중요한 말을 지금 기록하고 있는 것입니다. 무엇과 비슷합니까? 신명기와 비슷합니다. 신명기는 출애굽 2세대들을 대상으로 한 모세의 유언적인 설교입니다. 이와 마찬가지로 베드로후서는 베드로의 유언적인 설교입니다.

17절에 보면 변화산 사건에 대한 회상이 나옵니다.

복음서를 보면 예수님은 중요한 현장마다 베드로, 야고보, 요한을 데리고 다니셨습니다. 이 세 명의 제자들이 예수님의 특별한 사랑을 받았음을 알 수 있습니다. 우리는 예수님께서 열두 제자를 똑같이 사랑하셨을 거라고 생각하지만 실제 그렇지 않습니다. 예수님도 나름 편애를 하셨습니다. 특히 초기 제자였던 베드로, 야고보, 요한을 중요한 현장마다 데리고 다니셨습니다. 이 세 명의 제자가 열두 제자 안에서 나름 소그룹 리더였다고 이해하시면 됩니다. 열두 제자는 또한 70명의 제자와 120문도들의 소그룹 리더였을 것입니다.

2장 1절부터 3절에는 거짓 교사들의 특징이 나옵니다. 1절을 보겠습니다.

그러나 백성 가운데 또한 거짓 선지자들이 일어났었나니 이와 같이 너희 중에도 거짓 선생들이 있으리라.

베드로는 교회 공동체에 사탄이 심어놓은 거짓 선생들이 있음을 폭로합니다.

그들은 멸망하게 할 이단을 가만히 끌어들여 자기들을 사신 주를 부인하고 임박한 멸망을 스스로 취하는 자들이라.

거짓 선생들의 특징은 사람들이 듣고 싶어 하는 메시지를 선포한다는 것입니다. 구약에 나오는 예언자들은 크게 두 부류가 있는데 참 예언자와 거짓 예언자입니다. 참 예언자는 자기들을 예언자로 부르신 하나님 중심의 사역을 하는 사람들입니다. 반면에 거짓 예언자는 소비자 중심의 사역을 하는 사람들입니다. 소비자 중심의 사역이라는 것은 자기에게 뭔가를 제공해 줄 수 있는 사람들을 위해서 사역하는 것을 말합니다. 그들이 듣고 싶은 말을 해주거나 그들이 원하는 행동을 행하는 것입니다. 하나님께서 맡겨주신 말씀을 있는 그대로 선포하는 것이 예언 사역인데 그들은 백성들이 듣고 싶어 하는 이야기를 선포합니다. 이스라엘 백성들은 재앙의 때에도 위로의 메시지와 평화의 메시지를 원했습니다. 그러면 거짓 예언자들은 그들이 듣기 원하는 평화의 메시지를 선포했습니다. 이 모든 것이 하나님의 뜻과는 아무런 상관이 없는 것입니다. 하나님이 그들에게 맡겨주신 말씀을 내어던지고 하나님의 뜻과는 아무런 상관이 없는 말을 그들은 선포했습니다. 그리하여 자신들이 거짓 예언자임을 스스로 증거했습니다.

1절을 보면 "이단을 가만히 끌어들여"라는 표현이 나옵니다. 여기 이단이라는 단어가 사용되고 있습니다. 이것을 통해 우리는 이 시기에 정통과 이단이 서서히 갈라서는 때라는 것을 알 수 있습니다. 이단이 등장하려면 정통이 무엇인지가 먼저 확립되어야 합니다. 이것이 올바른 정통이라고 할 때 거기에 동의하지 않는 것이 이단입니다. 따라서 베드로후서가 기록될 당시에 이단이라는 단어가 사용된 것을 보면 이 시기에 신앙인들이 고백하고 붙잡아야 할 올바른 믿음이 무엇인가 하는 것이 나름 확립되었음을 알 수 있습니다. 중요한 것이 예수에 대한 인식입니다. 예수께서 공생애를 처음 시작하신 시점에는 많은 사람들이 예수를 예언자로 인식했습니다. 그러나 제자들은 예수를 메시아라고 생각했고 십자가와 부활, 승천, 성령 강림 사건 이후에는 예수를 하나님으로 고백했습니다. 초대 교회 역사를 보면 수백 년 동안 예수와 관련된 논쟁이 계속되었습니다. 예수를 신으로 볼 것인지 인간으로 볼 것인지에 대한 논쟁, 신으로 본다면 성부와의 관계는 어떻게 되는지에 대한 논쟁, 예수가 신이라면 예수의 어머니인 마리아는 어떻게 이해해야 하는지에 대한 논쟁 등이 있었습니다. 이런 치열한 토론과 논쟁, 연구의 시간들을 통하여 신앙인이 고백해야 할 올바른 기독론이 무엇인가를 확립해 간 것입니다. 올바른 것을 확립해 가는 순간에 올바른 것에 동의하지 아니하고 다른 목소리를 내는 집단은 이단이 되었습니다. 이처럼 이단은 정통이 확립된 이후에 탄생하게 되는 것임을 알 수 있습니다. 1절에 이단이라는 단어가 사용되고 있는 것을 통해 이 시기에 교회가 붙잡아야 할 올바른 신앙고백들이 확립되어졌음을 알 수 있습니다.

14절을 보겠습니다.

여기 보면 거짓 교사들이 추구하는 것이 나옵니다. 그들은 돈과 권력과 성에 대한 과도한 욕망을 추구했습니다. 기독교 역사에서 교회의 지도자들이 무너졌던 중요한 이유도 이 세 가지 때문입니다. 돈과 권력과 성의 유혹에서 자신을 지켜내지 못함으로 인해 무너지게 된 것입니다. 거짓 교사들은 누구를 타깃으로 유혹합니까? 굳세지 못한 영혼들을 가진 자들입니다. 뉴스앤조이에서 10년 동안 목회자 성범죄와 관련된 기획 기사를 올린 적이 있는데 여기에 보면 목사들이 말도 안 되는 이야기를 하면서 수많은 성범죄를 저질렀음을 알 수 있습니다. 목사답지 못한 목사들의 문제는 아무리 강조해도 지나치지 않을 것입니다. 그런데 그런 목사들에게 피해를 입은 사람들 중에는 분별력을 상실하고 믿음 자체가 왜곡되어 있는 분들도 많이 있음을 보게 됩니다.

　한 청년 자매에게 목사가 성범죄를 저지르면서 계속적으로 '이것은 신비로운 영적 체험이야'라는 식으로 가스라이팅을 했습니다. 목사의 그런 이야기에 자매는 세뇌가 되었습니다. 목사는 이런 행위를 신비로운 영적 체험이라고 하는데 자매는 이것을 영적 체험으로 이해하지 못하고 육적 행위가 아닌가 하고 의심하는 자신의 믿음 없음 때문에 힘든 시간을 보냈다고 합니다. 신앙인들 가운데 영이나 영적이라는 말만 앞에 붙이면 거기에 꾸벅 굴복하는 분들이 생각보다 많습니다. 너무도 어리석은 것입니다. 제발 영적이라는 말을 과도하게 사용하는 분들을 조심하시기 바랍니다. 인간이 하는 모든 행위는 다 육적인 것입니다. 그 육적인 행위가 하나님의 뜻에 올바르다면 하나님은 그것을 기쁘게 열납하실 것입니다. 인간이 행하는 모든 행위들은 다 육으로 드러나게 됩니다. 예를 들면 찬양도 육으로 하는 것이고 예배도 육으로 드리는 것입니다. 출생의 순간부터 죽음의 순간까지 인간의 삶 자체가 육적인 행위의 연속입니다. 그런데 거짓 교사들일수록 영적이라는 말을 사용하여 사람들을 현혹시킵니다. 나쁜 목사가 성적인 행위를 신비로운 영적 체험이라고 하니까 젊은 자매는 신비로운 영적 체험을 이해하지 못하고 육체적인 행위로만 이해하는 자신을 책망하게 되는 것입니다. 영적인 세계에 대한 이해가 부족하다고 스스로를 정죄하게 된 것입니다. 이 얼마나 어리석은 판단입니까? 나중에서야 자매는 목사가 행한 그 모든 행위가 성범죄라는 것을 깨닫게 되었고 목사를 고소하게 되었습니다. 거짓의 지배와 헛된 유혹으로부터 자기를 지켜내기 위해서는 굳센 믿음을 가져야 합니다. 하나님의 말씀에 올바로 뿌리내려 굳센 믿음을 갖지 못하면 거짓 교사들의 먹잇감이 될 가능성이 아주 높습니다.

15절에는 거짓 교사들이 추종하는 모델로 브올의 아들 발람을 제시하고 있습니다.

그들이 바른 길을 떠나 미혹되어 브올의 아들 발람의 길을 따르는도다 그는 불의의 삯을 사랑하다가.

발람 이야기는 민수기에 나옵니다. 민수기에서 우리는 발람에 대한 두 가지 이야기를 구분하셔야 합니다. 민수기 22장부터 24장은 여호와의 영에 사로잡혔을 때 발람의 이야기지만 31장 8절과 16절은 하나님께서 발람을 심판하시는 이야기입니다. 발람이 심판 받는 이유는 바알브올 사건을 조언했고 이로 인해 이스라엘이 넘어졌기 때문입니다. 이스라엘을 넘어뜨리는 일에 발람이 적극적인 기획과 조언을 했음을 알 수 있습니다. 바알브올 사건으로 인해 하나님께서는 이스라엘 백성들에게 염병을 보내셨고 그 결과 2만 4천 명이 하나님의 심판을 받아 죽게 된 것입니다. 그것을 처음부터 기획하고 조언한 사람이 발람입니다. 민수기 22~24장에는 여호와의 영의 지배를 받았을 때 발람의 모습을 보여주고 있는데 이때 발람은 하나님이 뜻하신 바대로 행동했습니다. 그러나 여호와의 영을 거부한 후 자기 이성을 중심으로 행동했을 때 발람은 이스라엘 백성들을 우상 숭배에 빠뜨리는 조언을 하게 됩니다. 그 결과 하나님으로부터 심판 받는 이야기가 민수기 31장에 나옵니다.

베드로후서 2장 20~21절을 보겠습니다.

만일 그들이 우리 주 되신 구주 예수 그리스도를 앎으로 세상의 더러움을 피한 후에 다시 그 중에 얽매이고 지면 그 나중 형편이 처음보다 더 심하리니 의의 도를 안 후에 받은 거룩한 명령을 저버리는 것보다 알지 못하는 것이 도리어 그들에게 나으니라.

여기서는 신앙을 가지는 것보다 더욱 중요한 것이 올바른 신앙 안에 거하는 것임을 알려줍니다. 언약 체결보다 중요한 것은 언약을 신실하게 지키는 것입니다.

3장 1절에서 베드로는 다음과 같이 말합니다.

사랑하는 자들아 내가 이제 이 둘째 편지를 너희에게 쓰노니.

베드로후서를 수신자들에게 보낸 두 번째 편지라고 보는 이유가 여기에 나오는 '둘째 편지'라는 표현 때문입니다.

3절부터 5절을 보면 예수 재림과 최종적인 심판을 조롱하는 자들이 등장합니다.

먼저 이것을 알지니 말세에 조롱하는 자들이 와서 자기의 정욕을 따라 행하며 조롱하여 이르되 주께서 강림하신다는 약속이 어디 있느냐 조상들이 잔 후로부터 만물이 처음 창조될 때와 같이 그냥 있다 하니 이는 하늘이 옛적부터 있는 것과 땅이 물에서 나와 물로 성립된 것도 하나님의 말씀으로 된 것을 그들이 일부러 잊으려 함이들은 교회 공동체에 있음에도 불구하고 하나님의 심판을 믿지 않습니다. 종말의 때를 믿지 않습니다. 이런 사람들이 유대인들 중에서는 누구였습니까? 사두개파입니다. 사두개파는 하나님은 믿지만 내세와 심판과 부활을 믿지 않았습니다. 제 생각에는 오늘날 한국 교회를 어지럽히고 부끄럽게 만드는 신앙인들 대다수가 사두개파적 신앙을 가지고 있다고 봅니다. 목사들 중에서도 하나님의 심판을 믿지 않는 사람들이 많습니다. 하나님의 심판을 믿는다면 저렇게 살 수는 없을 것입니다. 하나님을 믿기는 믿지만 심판과 내세를 믿지 않았던 사두개파들처럼 초대 교회에도 주의 재림과 하나님의 심판을 믿지 않는 사두개파적 신앙인들이 있었음을 알려주고 있습니다. 3장에서는 10절이 아주 중요합니다.

그러나 주의 날이 도둑 같이 오리니 그 날에는 하늘이 큰 소리로 떠나가고 물질이 뜨거운 불에 풀어지고 땅과 그 중에 있는 모든 일이 드러나리로다.

주의 날은 도둑 같이 오기 때문에 항상 깨어 있는 것이 중요합니다. 본문이 중요한 이유는 예수께서 언젠가 재림하셔서 우리가 꿈꾸는 하나님 나라가 도래하게 되면 지금 우리가 발 딛고 살아가는 이 땅은 어떻게 될 것인가에 대해 중요한 암시를 주고 있기 때문입니다. 마지막 때의 모습에 대해 '물질이 뜨거운 불에 풀어지고'라고 말씀합니다. 학자들은 이 말씀에 근거하여 주의 재림 이후에 이 땅은 어떻게 될 것인가에 대해 크게 두 가지 주장을 하고 있습니다. 하나는 '이 세상은 완전히 소멸된다'고 보는 소멸론입니다. 다른 하나는 '이 세상이 새롭게 갱신된다'고 보는 갱신론입니다. 대부분은 갱신론을 받아들이고 있습니다. 갱신론을 수용하는 가장 중요한 이유는 하나님께서 자신이 직접 창조하신 이 아름다운 세계를 버리실 이유가 없다고 보기 때문입니다. 하나님의 창조 세계는 보존될 것입니다. 그러나 지금의 이 모습 이 모양은 아닐 것입니다. 무엇인가 새로운 모습으로 변화될 것으로 봅니다. 그것이 바로 갱신입니다. 첫 창조의 에덴동산에서는 인간을 유혹하는 대적자가 있었습니다. 그러나 최후의 하나님 나라에서는 더 이상 대적자들과 유혹자들이 존재하지 않습니다. 최초의 에덴동산보다 더욱 멋지고 아름다운 곳으로 갱신될 것이라고 봅니다. 학자들은 이 땅에 있는 온갖 죄악들은 다 불태워지고 하나님의 통치가 온전히 이루어지는 아름다운 땅으로 지금의 세상이 갱신될 것이라고 봅니다.

15절을 보겠습니다.

또 우리 주의 오래 참으심이 구원이 될 줄로 여기라 우리가 사랑하는 형제 바울도 그 받은 지혜대로 너희에게 이같이 썼고.

주님의 오래 참으심을 통하여 우리가 구원을 얻게 되는 것입니다. 하나님은 오늘이라도 당장 죄인들을 심판하실 수 있지만 한 사람이라도 더 돌이키길 기대하시면서 죄인들이 돌이킬 수 있는 무수한 기회를 주십니다.

16절을 보겠습니다.

또 그 모든 편지에도 이런 일에 관하여 말하였으되 그 중에 알기 어려운 것이 더러 있으니 무식한 자들과 굳세지 못한 자들이 다른 성경과 같이 그것도 억지로 풀다가 스스로 멸망에 이르느니라.

15절과 16절은 우리에게 중요한 정보를 알려주고 있습니다. 초대 교회 당시에 바울의 편지를 왜곡하여 해석하는 사람들이 있었다는 것입니다. 바울의 편지를 자기 멋대로 풀다가 무너진 사람들이 있었던 것입니다. 그것 가운데 하나가 바울이 말한 믿음에 대한 오해입니다. 바울이 말하는 믿음은 헤브라이즘의 믿음인데 사람들은 그것을 헬레니즘의 믿음으로 생각했습니다. 그래서 머리로는 믿고 입으로는 고백하면서 삶으로는 하나님을 부인하는 사람들이 탄생하게 되었습니다. 오늘날 한국 교회에도 바울에 대한 왜곡된 이해가 많다고 생각합니다. 다시 한 번 강조하지만 바울이 말하는 믿음 안에 순종의 행위가 포함된다는 것을 반드시 기억하셔야 합니다.

요한일이삼서·유다서 I

신약 성경은 총 27권입니다. 신약 27권의 본문 가운데 가장 많은 성경 본문을 쓴 사람은 바울이고 두 번째가 요한입니다. 요한이 쓴 성경 본문이 다섯 개가 있습니다. 요한복음, 요한일서, 이서, 삼서, 요한계시록입니다. 이렇게 총 다섯 개의 본문의 저자가 요한입니다. 요한일서의 주제는 세상을 이기는 믿음입니다. 우리가 세상 속에서 살아가면서 어떻게 세속의 가치와 문화를 이겨낼 수 있을까 하는 것이 요한일서의 주된 관심사입니다. 우리는 이 본문을 요한일서라고 부르고 있는데 이와 같은 책의 제목이 만들어지게 된 것은 2세기 말부터입니다. 이것은 요한일서만 그런 것이 아닙니다. 대부분의 신약 본문들이 처음 등장할 때는 저자가 누구인지, 언제 어디에서 쓰였는지, 책의 제목이 무엇이지에 대한 기록이 존재하지 않았습니다. 후대에 의해서 오늘 우리가 보는 본문의 제목이 결정된 것입니다. 오늘날에는 누군가 책을 쓴다고 할 때 책의 제목을 먼저 잡고 내용을 쓰기도 하고 내용을 먼저 쓴 다음에 제목을 마지막에 정하기도 합니다. 그리고 저자의 이름도 쓰고 날짜도 기입할 것입니다. 그런데 초대 교회

문헌에는 대부분 서지정보가 없습니다. 예를 들면 마태복음을 생각해 보십시오. 우리는 마태복음이라는 책의 제목을 보면서 당연히 마태가 쓴 본문이겠지 하고 생각하지만 마태가 썼다는 정보가 나오지 않습니다. 복음서가 처음 등장했을 때 마태복음이라는 책의 제목이 존재하지 않았습니다. 수십 년의 시간이 경과한 후에 이 복음서는 마태가 쓴 것이라는 합의하에 후세대에 의해 마태복음이라는 책의 제목이 붙어진 것입니다. 요한일서도 마찬가지입니다. 처음 쓰일 때부터 요한일서라는 본문의 제목이 있었던 것이 아닙니다. 2세기 말부터 요한일서, 이서, 삼서라는 제목으로 불리게 되었습니다.

요한일서의 저자를 요한으로 봅니다. 요한은 예수님이 특별히 사랑하셨던 제자로 순교하지 아니하고 유일하게 자연사한 제자입니다. 예수님의 열두 제자 가운데 가장 연장자는 베드로였습니다. 베드로는 20대 초반이었을 것이고 베드로를 제외한 나머지 제자들은 20세 미만이었을 것으로 추측합니다. 그렇게 보는 근거가 마태복음 17장 24~27절 때문입니다. 예수님과 열두 제자 가운데 성전세를 납부한 사람은 예수님과 베드로밖에 없었습니다. 성전세는 20세 이상의 남성이 내는 세금입니다. 그래서 학자들은 예수님이 30세일 때 베드로는 21세 정도로 봅니다. 당시 이스라엘 남성들은 보통 18세에서 20세 사이에 결혼했습니다. 복음서에 보면 예수님께서 베드로 장모의 집에 들어가셔서 장모의 열병을 치유해주시는 이야기가 나옵니다. 이로 볼 때 베드로는 20세가 넘었고 결혼했음을 알 수 있습니다. 그 외의 제자들은 10대 중후반이었을 것으로 봅니다. 그중에서도 가장 나이 어린 제자를 요한으로 봅니다. 요한은 15세 정도로 봅니다. 오늘날 15세인 중학교 3학년을 생각한다면 예수님의 제자가 이렇게 나이가 어렸다는 것이 이해하기 어렵지만 우리나라 역사도 보면 100년, 200년 전 남자 나이 15세는 지금과는 개념도 달랐고 사람들의 인식도 달랐음을 기억하셔야 합니다. 요한일서의 저자인 요한은 예수님의 제자 가운데 가장 어린 나이였고 제자들 대부분은 순교했는데 유일하게 자연사한 제자로 보고 있습니다.

요한에게는 야고보라는 형이 있었습니다. 야고보와 요한은 성격이 급하고 욱하는 성질이 있어서 예수님은 이들에게 '보아너게'라는 별명을 붙여주셨습니다. 보아너게는 '우뢰의 아들'이라는 뜻입니다. 그런데 우레의 아들이었던 요한이 이후에는 '사랑의 사도'라는 별명을 갖게 됩니다. 예수 제자로서 인품과 성격이 바뀐 것입니다. 성화의 주요 모델이 요한이라고 할 수 있습니다. 신앙인들 중에도 '예수를 아무리 열심히 믿어도 인품이나 성격은 안 바뀐다'고 말하는 분들이 있습니다. 그러나 그렇지 않습니다. 요한은 예수와의 만남 이후에 성품이 새로워질 수 있음을 증거한 산 증인이었습니다.

요한일서와 이서는 이단에 대항하기 위한 서신입니다. 당시 초대 교회를 괴롭혔던 가장 강력한 이단은 영지주의입니다. 그 영지주의에 반박하는 것이 요한일서와 이서의 가장 중요한 저술 목적입니다. 초대 교회에 영지주의라고 하는 강력한 이단이 등장했는데 이단이 등장하기 위해서는 정통이 먼저 확립되어야 합니다. 무엇이 옳은 것인가를 먼저 확립해야 만이 이 옳은 것과 다른 이단에 대한 판별이 가능한 것입니다. 따라서 초대 교회에 이단이 등장했다는 말은 이미 초대 교회에 '우리가 믿어야 될 올바른 신앙의 내용이 무엇인가'에 대한 정통의 확립이 완료되었음을 알 수 있습니다.

　이단에 대처할 수 있는 방식에는 두 가지가 있습니다. 첫째는 이단들의 잘못된 주장을 논박하는 것입니다. 그러나 논박만 해서는 이단을 제압할 수 없습니다. 거짓 이단과 다른 정통의 품격을 보여주어야 합니다. 진짜가 무엇인가를 제대로 증거함으로써 사람들을 올바른 길로 인도해야 하는 것입니다. 이러한 자세와 태도는 오늘날 교회 개혁과도 연관이 됩니다. 교회 개혁이 성공하기 위해서는 두 가지가 겸비되어야 합니다. 먼저 교회 안에 있는 잘못된 것에 대한 비판과 청산입니다. 잘못된 관습이나 문화를 무너뜨릴 수 있어야 합니다. 그런데 이것보다 더욱 중요한 것이 올바른 교회를 건설하고 세우는 것입니다. 무엇이 잘못인지를 지적한다고 해서 교회가 새로워지지 않습니다. 이것도 잘못되었고 저것도 잘못되었음을 비판한다고 해서 교회가 변화되는 것이 아닙니다. 무엇이 잘못되었음에 대해 우리가 안타까움을 갖는 이유는 올바른 것에 대한 열망이 있기 때문이 아니겠습니까? 그래서 무엇이 잘못되었다는 것을 비판하는 것 이상으로 우리가 열과 성을 다해야 하는 것은 옳은 것을 건설하는 것에 힘을 다해야 하는 것입니다.

　안타깝게도 그동안 한국 교회에서 일어났던 무수한 개혁 운동들이 알찬 열매를 맺지 못한 이유가 바로 여기에 있습니다. 대부분 개혁 운동을 시작하면서 사람들은 전자에 열심을 다합니다. 무엇이 잘못되었는지를 비판하는 일에 몰두하는 것입니다. 이것은 개혁을 위한 출발로서는 아주 의미 있는 행동입니다. 그러나 여기에 머물러서는 안 됩니다. 진짜 힘을 쏟아야 하는 것은 올바른 것을 세워나가는 일입니다. 그런데 그 일에는 열과 성을 다하지 않습니다. 무수한 교회에서 개혁 운동이 일어났지만 뚜렷한 성과를 내지 못하고 흐지부지되어 버린 가장 중요한 이유가 바로 여기에 있습니다. 그렇다면 왜 이런 일이 반복되고 있는 것일까요? 무엇이 잘못되었는지를 비판하는 것은 상대적으로 쉽습니다. 더욱이 대부분의 비판은 내 존재 바깥에 있는 누군가 혹은 무엇에 대한 비판이기에 제대로 된 사실 확인만 된다면 쉽게 할 수가 있습니다. 그런데 올바른 것을 세워나가는 것은 자기 갱신과 연결이 됩니다. 올바른 것을 세워나가기 위해서는 내 안에 있는 잘못된 것부터 극복해야 합니다. 나에게 익숙한 관성을 벗어던져야 합니다. 이것 앞에서 개혁 운동을 시작했던 많은 이들이 결국 포기하게 되는 것입니다. 모든 개혁과 갱신은 결국 자기 갱신이 동반되어야 합니다. 그런데 이것이 참으로 어려운 일입니다. 전자가 타자의 잘못을 책망하는 것이라면 후자는 나의 잘못을 책망하고 자신을 바꾸어 내는 일입니다. 여기서 대부분의 개혁 운동이 좌초되고 맙니다.

이단들에 대한 대처도 그렇습니다. 오늘날 한국 교회를 어지럽게 만드는 수많은 이단들이 있습니다. 그런데 신천지나 하나님의교회와 같은 이단들의 문제를 비판한다고 해서 이단들이 사라지게 될까요? 이단들은 조금도 타격받지 않을 것입니다. 무엇보다 교회 밖에 있는 제3자가 볼 때는 이단을 비판하는 한국 교회나 한국 교회에 의해서 비판을 받고 있는 이단들이나 동일하게 생각할 것입니다. 이단의 문제가 무엇인지를 말하는 것도 중요한 일이지만 무엇이 정통인지를 명확하게 보여주지 못한다면 이단에 대한 비판은 큰 성과를 얻지 못할 것입니다. 초대 교회에서도 그러했을 것입니다. 이단들의 문제가 무엇인지에 대해 지속적으로 비판하는 것도 중요한 일입니다. 그런 비판을 통해 교회 안에 있는 사람들에게 옳고 그름에 대한 이해를 깊게 하기도 하고 이단의 공격과 유혹으로부터 자기를 지켜내도록 돕기도 했을 것입니다. 그러나 이단에 대한 비판만으로 이단이 소멸되지 않습니다. 결국은 무엇이 옳은 것인지에 대해 보여주어야 합니다. 안타깝게도 한국 교회가 이 부분에 있어서 취약합니다.

초대 교회를 어지럽혔던 대표적인 이단은 영지주의입니다. 영지주의는 무엇을 주장했을까요? 영지주의 안에도 다양한 그룹들이 있었지만 그들 모두의 공통점은 예수를 그리스도로 받아들이지 않는다는 것입니다. 영지주의자들은 육신을 입었던 존재는 예수이고 그리스도는 예수와는 별개의 존재라고 주장했습니다. 그리스도는 육신을 입을 수 없다는 전제에서 이런 주장을 펼친 것입니다. 그들은 육신을 가진 예수가 세례 요한에게 세례를 받고 물에서 올라올 때 그 예수에게 메시아가 임했다고 봅니다. 그래서 메시아의 능력으로 예수님은 놀라운 공생애 사역을 하셨다는 것입니다. 그리고 수난과 고통을 받으셨는데 예수님이 십자가에 달려 돌아가시기 전에 메시아가 떠났다고 보는 것입니다. 그렇다면 실제 죽은 것은 누구입니까? 인간 예수가 죽은 것입니다. 영지주의자들이 이렇게 주장하게 된 이유는 신은 죽을 수 없다는 전제 때문입니다. 그들은 신이 나무에 매달려서 죽었다는 것을 도저히 받아들일 수 없었던 것입니다. 예수는 육신을 입은 존재이고 그리스도는 영입니다. 영이신 그리스도는 죽을 수 없는 존재이기에 결국 십자가상에서 죽은 존재는 예수라고 본 것입니다.

영지주의는 당시 사람들이 보편적으로 가지고 있었던 신 관념에 근거하여 주장을 펼쳤습니다. 신에 대한 보편적인 관념이 무엇입니까? 신은 전지하시고 전능하시고 무소부재하시고 영원무궁하시다는 것입니다. 이러한 사고에 기반하여 영지주의가 나온 것입니다. 신이 죽을 수 있습니까? 만약 신이 우리 인간처럼 죽을 수 있다면 인간과 신의 차별성은 사라지게 될 것입니다. 인간은 죽는 존재이지만 신은 죽을 수 없는 존재입니다. 이런 신 이해를 가지고 있던 당시 사람들이 신이 십자가상에서 죽었다는 사실을 받아들일 수 있었겠습니까? 신이 인간의 육신을 입고 물질세계에 성육신했다는 사실도 믿기가 어려운데 신이 나무 십자가에 매달려 죽었다는 내용은 도저히 받아들일 수 없었을 것입니다. 그래서 이들은 예수는 인간이고 인간 예수에게 메시아가 임함으로 인해 예수가 놀라운 사역을 행하였다가 인간 예수가 죽을 때쯤에 메시아는 인간 예수를 떠났다고 주장한 것입니다. 십자가에서 죽은 것은 인간 예수이지 그리스도가 아니라는 것이 영지주의자들의 핵심 주장입니다. 이처럼 영지주의는 철저하게 이원론적인 사고에 바탕을 두고 있습니다. 이들은 육과 영을 나누고 성과 속을 구분합니다. 영은 거룩한 것이고 육은 속된 것으로 이해합니다. 예수는 육신을 입은 육적 존재이고 메시아는 영적 존재입니다. 이런 영육 이원론적인 사고 속에서 영지주의가 탄생한 것입니다.

영지주의자들은 예수에 대한 믿음으로 구원받는 것이 아니라 영적인 지식을 소유해야 만이 구원받을 수 있다고 주장했습니다. 영적인 지식을 소유한다는 것은 흔히 말하는 득도했다는 것과 비슷한 것입니다. 이는 신비로운 경험을 통해서 신의 세계에 참여하는 것을 의미합니다. 영지주의자들은 이런 깨달음을 얻기 위해서 명상을 비롯한 수행들을 행했습니다. 영지주의에서 중요한 것은 신이 있는 빛의 세계에 들어가기 위해서 영적인 지식을 소유하는 것입니다. 그래서 영지주의자들이 있는 교회에서는 교인들이 두 그룹으로 구별되게 됩니다. 영적인 지식을 소유한 사람과 아직까지 소유하지 못한 사람으로 나뉘게 되는 것입니다. 신의 세계에 들어갈 수 있는 영지를 가진 구원받을 사람과 아직까지 영지를 소유하지 못하여 구원받지 못한 사람으로 구분이 되는 것입니다. 자연스럽게 교회 공동체 안에서 영지를 가졌다고 주장하는 사람들은 그렇지 못한 교인들을 하대하게 되었습니다. 한국 교회에서도 이와 비슷한 일이 있었습니다. 오순절 신학에 근거하여 성령 세례를 받아야만 구원 받는데 성령 세례를 받았다는 증거가 방언이라는 주장이 한동안 한국 교회 안에서 강력한 힘을 발휘했습니다. 그때 방언을 할 수 있는 사람과 하지 못하는 사람들을 구분했고 방언을 하는 사람들은 상대적 우월감에 방언을 하지 못하는 사람들은 상대적 열등감에 사로잡히게 되었습니다.

영지주의자들이 주도하는 교회에서는 영적인 지식을 깨달은 사람들과 아직까지 영적 지식을 깨닫지 못한 사람들로 나뉘어졌습니다. 즉 영적 위계가 형성된 것입니다. 누가 위에 있는 것입니까? 영적인 지식을 소유한 사람들, 놀라운 신비 체험을 경험한 사람들, 득도의 경험이 있는 사람들이 우위에 있는 것입니다. 반면에 영적 지식과 체험이 부재한 사람들은 열등한 존재가 되어 영적 지식을 가졌다는 사람들의 목회적 지도를 받게 됩니다. 영지주의를 반박하면서 요한이 끊임없이 사랑을 말하는 이유가 여기에 있습니다. 영지주의자들이 지배하는 교회에서는 영적인 깨달음을 소유했다고 주장한 사람들이 그렇지 못한 사람들을 하대했고 무시했습니다. 영지주의가 판을 치는 교회에서는 교회 공동체에 위계가 있었습니다. 하나님이 원하시는 거룩의 위계질서가 아니라 군림과 지배, 하대와 무시의 위계가 만들어진 것입니다. 이것을 반대하면서 요한은 하나님의 사람이 갖추어야 할 자질은 형제에 대한 사랑임을 강조합니다. 내가 영적인 지식을 소유했다고 해서 그렇지 못한 사람들을 무시하고 하대하고 그들 위에 군림하려고 하는 것은 결코 하나님의 사람이 가져야 할 모습이 아님을 지적합니다. 하나님의 사람은 하나님의 말씀에 순종하는 존재이고 그가 하나님의 말씀에 순종하고 있다는 것을 보여줄 수 있는 가장 명백한 증거는 형제를 사랑하는 것임을 강조하면서 형제 사랑이 부재한 영지주의자들을 책망하고 있습니다.

요한일서에서 형제를 사랑하라는 말씀이 강조되는 이유가 여기에 있습니다. 요한은 형제 사랑이라는 올바른 모습을 제시하면서 자연스럽게 형제 사랑이 부재한 영지주의에 대해 반박하고 있는 것입니다. 70년 이후에 기술된 복음서들도 그 저술 목적 가운데 하나가 영지주의에 대한 반박입니다. 가장 먼저 기술된 마가복음과 이후에 기술된 누가복음과 마태복음을 공관복음이라고 합니다. 공관복음은 예수님의 육체성을 강조하고 있습니다. 왜 예수님의 육체성을 강조하는 것입니까? 영지주의를 반박하기 위함입니다. 공관복음서에 보게 되면 예수님이 마리아라고 하는 여인의 몸에서 태어나심, 우리와 똑같이 음식을 드시지 못하면 배고파하심, 피곤하시면 주무심, 슬픈 광경을 보시면 우심, 창에 찔리심을 통하여 피를 흘리심 등의 기사가 나옵니다. 오늘 우리가 볼 때는 특별한 내용으로 다가오지 않지만 복음서가 기록될 당시에는 이 내용이 매우 중요한 의미를 담고 있는 것입니다. 이런 내용 하나 하나가 모두 영지주의에 대해 반박하고 있습니다.

이제 본문을 살펴보도록 하겠습니다. 1장 1절을 보겠습니다.

태초부터 있는 생명의 말씀에 관하여는 우리가 들은 바요 눈으로 본 바요 자세히 보고 우리의 손으로 만진 바라.

여기에 보면 태초와 생명과 말씀이라는 단어가 등장합니다. 이 단어들은 요한복음 앞부분에도 등장하는 단어들입니다. 요한복음의 저자와 요한일서의 저자가 동일 저자임을 여기서 알 수 있습니다. 요한일서는 태초부터 계셨던 그분이 어떤 분이신가 하는 것을 알려주고자 하는 것이 목적입니다. 예수가 그리스도이심을 밝히고자 요한은 요한일서를 기술하고 있는 것입니다. 그리스도를 한문으로 표현할 때 기독이라고 합니다. 그래서 예수님에 대한 신학적인 교리를 기독론이라고 말합니다. 예수가 어떤 분이신지와 그분이 어떤 사역을 행하셨는지에 대한 내용을 정리해 놓은 것이 기독론입니다. 예수가 누구인가에 대해 알려주고자 하는 것이 요한일서의 저술 목적입니다.

2절을 보겠습니다.

이 생명이 나타내신 바 된지라 이 영원한 생명을 우리가 보았고 증언하여 너희에게 전하노니 이는 아버지와 함께 계시다가 우리에게 나타내신 바 된 이시니라.

예수는 태초부터 성부 아버지와 함께 계신 분입니다. 이것을 선재라고 말합니다. 이 땅에 출연하시기 전부터 이미 아버지와 함께 계셨음을 고백하는 것입니다. 공관복음이 예수님의 인성을 강조한다면 요한복음은 예수님의 신성을 강조합니다. 더욱이 예수님의 신성을 강조할 때 예수가 존재하시게 된 시점을 태초라고 말합니다. 태초부터 누구와 함께하셨습니까? 아버지와 함께하셨습니다. 요한복음의 내용과 동일한 내용이 요한일서에도 기술되어져 있음을 2절에서 볼 수 있습니다. 이런 구절들을 통해서 요한일서의 저자와 요한복음의 저자가 동일인임을 알 수 있습니다.

5~6절을 보겠습니다.

우리가 그에게서 듣고 너희에게 전하는 소식은 이것이니 곧 하나님은 빛이시라 그에게는 어둠이 조금도 없으시다는 것이니라 만일 우리가 하나님과 사귐이 있다 하고 어둠에 행하면 거짓말을 하고 진리를 행하지 아니함이거니와.

하나님과 사귀면서 어두움 가운데 거한다면 그는 거짓말을 하고 진리를 행하지 아니하는 자라고 말합니다. 하나님과 사귐이 있다는 말은 빛 안에 거한다는 것입니다. 빛 안에 거한다는 것은 어둠과는 단절되는 것입니다. 그렇다면 요한일서에서 빛 가운데 거한다는 것이 구체적으로 어떤 모습으로 드러나야 한다고 말하고 있을까요? 그것을 알려주는 것이 2장 10절입니다.

요한일서에서 한 사람이 빛 가운데 거하는지 어둠 가운데 거하는지를 알 수 있는 유일한 잣대는 형제 사랑의 유무입니다. 형제를 진심을 다해 사랑하고 있다면 이 사람은 빛 가운데 거하는 것입니다. 반대로 형제를 무시하고 하대하고 경멸하는 것은 그가 어둠 가운데 거하고 있는 가장 명백한 증거입니다. 이 후자의 모습이 누구의 모습입니까? 영지주의자들의 모습입니다. 요한은 이것을 계속하여 비판하고 있는 것입니다.

9절을 보겠습니다.

하나님은 우리가 회개하는 것을 너무나 기뻐하십니다. 사람들이 언제 심판을 받습니까? 회개를 거부할 때 심판을 받습니다. 죄를 지어서 심판을 받는 것이 아닙니다. 우리가 죄를 범하게 되면 하나님은 우리가 돌이킬 수 있는 무수한 기회를 허락해 주십니다. 그런데 아무리 많은 기회를 주신다고 하더라도 우리들이 돌이키고자 하지 않고 회개를 거부할 때 하나님의 심판이 임하게 되는 것입니다. 우리 하나님은 죄인들이 돌이키고 회개하는 것을 기뻐하십니다. 죄의 수렁에서 헤매지 않고 속히 하나님께서 허락하시는 회개의 때를 붙잡아야 합니다. 특히 9절에서 중요한 것은 '우리 죄를 자백한다'는 표현입니다. 여기서 '자백'이라는 것은 진실한 자백을 말합니다. 진실한 자백만이 참된 회개가 되는 것입니다. 하나님 앞에서 거짓 회개를 드려서는 안 됩니다. 자기 죄를 뉘우치고자 하는 마음도 없고 자기 죄로 인해 상처 입은 사람들에 대해서 미안한 마음도 전혀 없으면서 말로만 '하나님 잘못했습니다, 용서해 주세요'라고 말하는 것은 거짓 회개입니다. 이런 회개의 모습이 사람들을 속일 수 있을지 몰라도 결코 하나님을 속일 수는 없습니다. 하나님은 우리가 행하고 있는 회개의 모습이 진실한 자백인지 거짓 자백인지를 정확하게 알고 계십니다.

출애굽기에 나오는 이집트 왕 바로의 모습을 상상해 보십시오. 하나님께서 애굽 땅에 재앙을 내리실 때 바로는 '이번에는 내가 잘못했습니다'하고 고백을 하기도 합니다. 그런데 막상 재앙이 철회되고 나면 이전의 모습들을 여전히 고집합니다. 위기의 순간을 모면하기 위해 거짓 회개를 한 것입니다. 이와 마찬가지로 우리가 9절의 말씀을 인용하면서 우리가 회개의 고백을 하기만 하면 하나님은 무조건 용서해주시는 것처럼 말해서는 안 됩니다. 우리 하나님께서는 우리가 정직한 회개의 고백을 할 때는 그 어떤 죄라도 용서해 주십니다. 그러나 거짓 회개의 고백에 속임 당하지는 않으십니다. 이 말씀을 인용하면서 참된 회개를 할 수 있어야 함을 강조해야 합니다. 무엇이 참된 회개입니까? 내가 저지른 잘못에 대해 통회 자복하는 마음, 나의 잘못으로 인해 상처 입고 피해 입은 사람들에 대해서 미안해하는 마음과 필요한 배상과 보상을 지불하겠다는 마음, 다시는 이러한 죄를 범하지 않겠다는 결단이 있어야 합니다. 우리가 참된 회개를 행할 때 하나님은 우리의 회개하는 모습을 보시고 기뻐하시고 우리의 죄를 용서해 주십니다.

2장 3절을 보면 하나님의 말씀에 순종하는 것이 참된 하나님에 대한 앎의 모습임을 알려줍니다.

우리가 그의 계명을 지키면 이로써 우리가 그를 아는 줄로 알 것이요.

초대 교회 최고의 이단이었던 영지주의는 깨달음을 중시했습니다. 즉 득도 체험을 중시했습니다. 그런데 요한은 계속해서 하나님의 계명을 지켜야 함을 강조합니다. 하나님의 계명을 지켰을 때 드러나는 궁극적인 모습은 무엇입니까? 형제를 사랑하는 것입니다. 영지주의 신앙을 강조하게 되면 신앙은 결국 개인주의화 될 수밖에 없습니다. 교회 공동체는 그리스도 안에서 한 몸 된 성도들이 교제를 나누는 곳인데 그러면 도대체 무슨 의미가 있을까요? 영지주의는 자신이 영적인 지식을 깨닫는 것만이 중요할 뿐입니다. 그런 의미에서 영지주의는 불교의 선종과 유사한 측면이 있습니다. 불교에는 경전 공부를 강조하는 교종과 참선을 중시하는 선종이 있습니다. 자신이 수행을 통하여 영적인 지식을 체득하는 것, 신의 세계에 들어가는 것을 중시한 영지주의에서는 옆에 있는 지체와 한 몸된 사랑을 나누는 것은 우선순위에서 후자로 밀려날 수밖에 없는 것입니다.

당시 영지주의가 많은 사람들에게 호응을 받게 된 중요한 이유가 있습니다. 우리가 하나님의 말씀을 읽고 배워야 한다고 하면 기본적으로 문자를 모르는 사람은 배우기가 어렵습니다. 하나님의 말씀을 읽고 배우려면 기본적으로 히브리어나 헬라어를 알아야만 합니다. 문자를 모르는 사람들 입장에서는 하나님의 말씀을 읽고 배운다는 것은 거의 불가능한 일에 가깝습니다. 그런데 문자를 모른다고 하더라도 신비로운 체험을 통하여 영적인 지식에 도달할 수 있다고 가르치는 영지주의는 누구에게나 신비로운 뜻을 깨달을 수 있는 통로를 열어준 것입니다. 많은 사람들이 영지주의에 현혹되고 집착한 이유가 여기에 있었습니다. 그런 맥락에서 영지주의는 민중 친화적인 입장을 견지했다고 할 수 있습니다. 마치 불교에서 원불교와 비슷한 것입니다. 불교에는 많은 경전이 있습니다. 그것을 민중들이 공부한다는 것은 쉽지가 않습니다. 이때 경전을 읽지 않아도 참선과 수행을 통해서 득도할 수 있다고 말하는 원불교는 민중들에게 희망의 종교로 다가왔을 것입니다. 영지주의가 초대 교회에서 가장 강력한 이단이 된 이유나 많은 사람들이 영지주의에 넘어간 이유를 주목해야 합니다. 영지주의는 당시의 이원론적 세계관을 가지고 사람들에게 접근했고 무엇보다 절대 다수의 민중들에게도 매력적으로 다가온 것입니다. 그러나 영지주의 신앙을 강조하게 되면 결국 신앙은 파편화될 수밖에 없습니다. 그러면 공동체가 무엇이 필요하겠습니까? 스스로 참선하고 수행하여 영적인 지식을 얻으면 되는 것입니다. 영적인 지식을 소유했는가에 따라 사람들 상호간에 비교와 평가가 이루어지고 영적인 지식을 소유했다는 사람들은 영적 우월 의식에 빠지고 그렇지 못한 사람들을 하대하는 모습은 결코 하나님께서 기대하시는 신앙 공동체의 모습이라고 할 수 없습니다. 왜 초대 교회가 영지주의를 이단으로 규정하고 반대했는지 그 이유를 주목해야 합니다.

4절을 보겠습니다.

이것이 전형적인 헬레니즘이 말하는 앎의 한계입니다. 그들은 머리로 아는 것을 앎이라고 생각했습니다. 인지적으로 '이웃을 사랑하라'는 말씀을 알고 있다면 실제 삶 속에서는 이웃을 사랑하지 않아도 그들은 이웃을 사랑하라는 그 말씀을 알고 있다고 생각했습니다. 머리로는 알면서 삶으로는 행하지 않은 것입니다. 삶으로 행하지 못하고 순종하지 못하면 실제는 아는 것이 아님에도 불구하고 그들은 인지적으로 알고 있는 것으로 인해 자기들이 안다고 착각한 것입니다. 이것이 구약 이스라엘이 보여주었던 종교적인 한계라고 할 수 있습니다. 이스라엘은 제의법 준수에는 열심을 다했지만 하나님이 기대하신 도덕법 준수에는 무관심했습니다. 제의법에는 무엇이 있습니까? 할례법, 음식 정결법, 제사법 같은 것들이 있습니다. 이 법을 준수하는 것은 상대적으로 쉽습니다. 그러나 정직하고 진실하고 거룩하게 살아갈 것을 요청하는 도덕법을 준수하는 것은 결코 쉽지 않습니다. 자기 손해도 감수해야 하고 자기 삶의 내용도 변화시켜 내야 합니다. 문제는 그들이 제의법 준수를 강조함으로써 일상의 불순종에 대해서 면죄부를 주고자 했다는 것입니다. 그래서 예언자 호세아는 이스라엘 백성들을 향해 '힘써 여호와를 알자'고 호소했습니다. 여기서 말하는 안다는 것이 무엇입니까? 하나님과 관계를 맺는 것이고 하나님과 동행하는 것입니다. 머리에 있는 인지적 내용이 손과 발을 통하여 삶으로 발현될 때 진정 아는 자라고 말할 수 있는 것입니다.

12~14절에서 요한은 교회 공동체에 있는 사람들을 크게 세 부류로 나누고 있습니다. 즉 아이들과 청년들과 아비들입니다. 신앙의 공동체에는 어린아이 단계에 있는 신앙인도 있고 청년의 단계에 있는 신앙인도 있고 아비의 단계에 있는 신앙인도 있습니다. 어린아이 단계에 있는 신앙인은 아비들의 도움이 필요합니다. 스스로의 신앙을 지켜내기가 쉽지 않습니다. 누군가 도와주지 않으면 신앙의 길을 제대로 걸어갈 수 없는 사람들입니다. 이런 사람들이 어린아이 단계에 있는 신앙인들입니다. 청년 단계에 있는 신앙인들은 1인분의 신앙생활은 할 수 있는 사람들입니다. 어떤 유혹과 시험이 몰려와도 자기 신앙 하나는 지켜낼 수 있습니다. 그러나 자기 신앙은 지켜낼 수 있지만 누군가를 도와주지는 못합니다. 자기 신앙을 지키는 것 하나만으로도 힘에 부칩니다. 아비 단계에 있는 신앙인들은 어떤 사람들입니까? 자기 신앙을 지켜낼 수 있을 뿐만 아니라 누군가를 도와줄 수 있

는 신앙인들입니다. 이들이 아비 단계에 있는 신앙인들입니다. 지상의 신앙 공동체는 이렇게 다양한 부류의 사람들이 모여서 그리스도의 한 몸 됨을 누리고 있습니다. 어린아이 단계에 있는 신앙인들은 아비 단계에 있는 신앙인들의 도움을 받으면서 성장해가야 합니다. 청년 단계의 신앙인들도 아비 단계에 있는 신앙인들의 도움을 받으면서 성장해가야 합니다.

16절에서 요한은 세상에 지배받지 말 것을 강조합니다.

이는 세상에 있는 모든 것이 육신의 정욕과 안목의 정욕과 이생의 자랑이니 다 아버지께로부터 온 것이 아니요 세상으로부터 온 것이라.

여기에 보면 세상이 사람들을 지배하는 세 가지 방식이 있습니다. 즉 육신의 정욕, 안목의 정욕, 이생의 자랑입니다. 이러한 것으로 세상은 사람들을 지배합니다. 신앙인들은 이런 것들을 사랑하거나 이런 것들에 지배받지 말아야 합니다. 먼저 육신의 정욕입니다. 육신의 정욕은 좀 더 편안하고 싶고, 좀 더 맛있는 것을 먹고 싶고, 좀 더 멋진 옷을 입고 싶고, 멋진 차를 타고 싶은 것들이 모두 육신의 정욕에 포함되는 것입니다. 예수님은 '너희는 무엇을 먹을까 마실까 입을까 염려하지 말라'고 하셨습니다. 이 모든 것이 육신의 정욕과 연관된 것들입니다.

두 번째는 안목의 정욕입니다. 안목의 정욕이라는 말은 눈에 보이는 모든 것을 갖고 싶은 욕망이라는 뜻입니다. 오늘날 안목의 정욕을 부추기는 대표적인 것이 상업 광고입니다. 나에게 꼭 필요한 것이 아님에도 불구하고 계속해서 상업 광고에 노출되면 저것을 소유하지 못했기 때문에 자신이 지금 행복하지 않은 것처럼 생각하게 됩니다. 저것만 소유하게 되면 어떤 근심 걱정도 없이 행복하게 살 수 있을 것처럼 생각합니다. 나에게 저것이 꼭 필요한 것인지를 질문하기에 앞서 이처럼 우리 눈에 보이는 모든 것을 갖고 싶게 만드는 욕망이 안목의 정욕입니다. 선악과 시험에서 아담과 하와가 넘어지게 된 중요한 이유도 안목의 정욕 때문입니다. 하와가 뱀의 유혹을 받고 나서 선악과를 보게 되는 순간 그 선악과는 이전과 많이 달라 보였습니다. 하나님께서 이미 허락하신 은총이 있음에도 불구하고 뱀은 하나님께서 허락하지 않으신 선악과를 주목하게 되었고 하와는 그 유혹을 듣고 나서 흔들리게 됩니다. 우리가 안목의 정욕에서 우리 자신을 지켜내기 위해서라도 우리가 일상에서 무엇을 보고 듣고 있는가를 잘 성찰해야 합니다.

세 번째는 이생의 자랑입니다. 오늘날 대한민국 사회에서 가장 강력한 힘을 발휘하고 있는 것이 이생의 자랑이라고 할 수 있습니다. 학벌이 어떻게 되는지, 가문이 어떻게 되는지, 얼마나 많은 것들을 소유하고 있는지, 어디에 살고 있는지, 직업은 무엇인지, 연봉은 얼마나 되는지가 자랑거리가 되었습니다. 남들보다 자랑거리가 많은 사람들은 어깨에 힘을 주고 자랑거리가 없는 사람들은 위축된 삶을 살아갑니다. 안타까운 현실은 신앙인들도 육신의 정욕이나 안목의 정욕이나 이생의 자랑에 지배받으며 살아가는 사람들이 많다는 것입니다. 여전히 하나님의 통치 안에 온전히 거하지 못하고 있는 단적인 모습이라고 할 수 있습니다. 신약 성경을 보면 우리가 사랑해야 될 세상이 있고 거부해야 될 세상이 있습니다. 요한복음 3장 16절에는 "하나님이 세상을 이처럼 사랑하사"라고 말씀하고 있습니다. 하나님 은 자신이 창조하신 세상과 당신의 형상대로 창조하신 사람들을 사 랑하십니다. 하나님이 사랑하시는 세상을 하나님의 백성된 우리들도 사랑해야 합니다. 그런데 요한일서 2장 15절에는 "이 세상에 있는 것 들을 사랑하지 말라"고 말씀합니다. 여기에 나오는 세상의 것은 세상 사람들이 만든 질서, 가치, 문화를 말합니다. 신앙인이 사랑해야 할 세상은 하나님이 창조하신 세상, 하나님의 형상대로 지음 받은 사람 들입니다. 세상에 있는 사람들은 사랑해야 합니다. 그러나 사람들이 만든 질서, 가치, 문화는 사랑해야 할 대상이 아닙니다. 세속의 가치 와 문화에 동화되어서는 안 됩니다. 복음을 전한다는 것은 세속의 가 치와 문화에 종속되어 살아가는 사람들을 왜곡된 가치와 질서와 문 화로부터 건져내어 하나님의 통치 안으로 견인해 내는 것을 의미합 니다.

18절에 보면 '적그리스도'라는 표현이 나옵니다. 예전에는 교회에 서 적그리스도에 대해서 가톨릭의 교황이나 소련이나 중국 같은 나 라를 가리키는 것이라고 말하기도 했습니다. 그러나 이것은 본문이 말하는 적그리스도의 일차적 의미는 아닙니다. 여기서 말하는 적그 리스도는 그리스도를 대적한다는 말이 아닙니다. 이것을 명확하게 아셔야 합니다. 우리는 흔히 '적그리스도'라는 단어에 대해서 그리스 도를 대적한다는 것으로 이해하기 쉽습니다. 만약 적그리스도가 그리스도를 대적하는 존재라면 신앙인들은 적그리스도를 경계할 것입니다. 그리스도를 대적하는 그러한 적그리스도에게 누가 속하여 한편이 되겠습니까? 본문에서 말하는 적그리스도는 그리스도를 대신한다는 의미입니다. 적그리스도는 그리스도를 대신하는 존재입니다. 예수님이 앉아야 할 그 자리에 대신 앉아 있는 존재를 가리키는 것입니다. 신앙인들은 예수님을 자기 인생의 주인이라고 고백합니다. 그런데 예수님이 아닌 다른 존재를 자기 인생의 주인으로 붙잡고 있다면 그것이 바로 적그리스도입니다. 예수님이 있어야 할 그 자리에 예수님 대신 내가 붙잡고 있는 그것이 적그리스도입니다. 적그리스도는 예수님에게 향해야 할 우리의 마음을 가로채는 존재입니다. 예수님에게 바쳐야 할 우리의 충성심을 빼앗아 가는 존재입니다. 오늘날 한국 교회를 어지럽히는 이단과 사이비들, 거짓 복음을 전하는 존재들이 적그리스도인 것입니다. 안타까운 것은 예수를 믿어야 할 사람들이 적그리스도의 메시지에 열광하고 있다는 것입니다. 예수에게 순종해야 할 사람들이 사이비들의 말에 현혹되고 있습니다. 이처럼 하나님이 아님에도 불구하고 우리 인생의 주인 노릇을 하는 그것을 적그리스도라고 말하는 것입니다. 요한일서가 기술될 당시에는 적그리스도는 영지주의였습니다.

19절에 보면 요한의 편지를 받는 공동체가 최근에 어려운 일을 경험했음을 알 수 있는데 많은 사람들이 교회 공동체를 떠났습니다.

그들이 우리에게서 나갔으나 우리에게 속하지 아니하였나니 만일 우리에게 속하였더라면 우리와 함께 거하였으려니와 그들이 나간 것은 다 우리에게 속하지 아니함을 나타내려 함이니라.

많은 사람들이 교회 공동체를 떠난 문제로 인해 남아 있던 교인들도 마음에 상처를 많이 입었을 것입니다. 자신들이 무엇인가 잘못한 것이 있어서 그들이 떠난 것이 아닌가 하고 스스로 자책도 많이 했을 것입니다. 그런데 요한은 이것을 진리의 문제로 보고 있습니다. 요한은 공동체를 떠난 그 사람들을 향해 그들은 처음부터 우리에게 속하지 아니한 사람들이라고 말합니다. 여기서 우리에게 속하지 아니하였다는 말은 참된 복음 안에 거하지 않았다는 말입니다. 참된 복음 안에 거하지 아니하였기에 그들은 하나님의 통치 안에 온전히 머물지 않았습니다. 그 결과 하나님의 통치를 거부하고 신앙의 공동체를 뛰쳐나간 것입니다. 요한이 이렇게 자신 있게 말할 수 있는 이유는 지금 남아 있는 교인들이 복음 안에서 온전히 살아가고자 분투하고 있음을 알기 때문입니다.

사실 교인들의 수가 늘어나고 있는가, 줄어들고 있는가 하는 것은 신앙 공동체의 본질적인 문제가 아닙니다. 신앙의 공동체라면 하나님의 말씀 앞에 온전히 서 있는가, 하나님이 원하시는 공동체의 모습을 세워내고 있는가 하는 것을 질문해야 합니다. 사람들이 많이 모인다 하더라도 그 안에 참된 복음이 없고 하나님의 백성으로 살아가고자 하는 삶의 분투가 존재하지 않는다면 많은 사람들이 모인다는 것이 무슨 의미가 있겠습니까? 예나 지금이나 참된 신앙의 공동체일수록 사람들은 그곳에 몸담으려고 하지 않습니다. 왜 그럴까요? 자신에 대한 전면적인 갱신과 삶의 변화가 있을 것에 대한 두려운 마음이

크기 때문입니다. 대부분의 신앙인들은 자기 삶을 크게 뒤흔들지 않는 범위 안에서 적당히 구제와 봉사 활동에 참여하고 교회 활동에 참여하는 것을 선호합니다. 그 결과 신앙의 연수가 쌓일수록 종교적 행위들은 습관처럼 행하게 되는데 하나님의 백성다운 존재의 변화는 늘 지지부진한 모습을 보이는 것이 우리들의 현주소입니다.

우리가 하나님의 말씀에 철저하게 붙잡힐수록 거짓을 용납하지 않게 됩니다. 불의를 용납하지 않게 되고 형제에 대한 사랑 없음을 용납하지 않게 됩니다. 그렇게 되면 거짓과 불의에 대해 무감각하고 형제에 대한 사랑 없음을 당연하게 받아들이는 사람들이 그 공동체에 함께할 수 있겠습니까? 그럴 수 없습니다. 신앙의 공동체에는 이런 역설이 있습니다. 우리가 단순하게 생각할 때는 교회가 교회다워지면 많은 사람들이 그 교회에 올 것 같지만 실제로는 그렇지 않습니다. 교회가 교회다워지는 것을 부담스러워하는 이들이 많다는 것을 아셔야 합니다. 오늘날 한국 교회에서 청년들이 많이 모이는 교회들이 어떤 교회인가를 생각해 보십시오. 청년들이 많이 모이는 교회 가운데 정말로 하나님의 말씀 앞에 온전히 서고자 하는 교회들이 많지 않다고 봅니다. 어떤 교회에 청년들이 많이 모이고 있습니까? 청년들의 문화를 수용하고 펼칠 수 있는 교회에 많이 모입니다. 놀라운 것은 교회에 모여 있는 청년들이 옳고 그름에 대해서 분별력 있게 행동하지 못합니다. ○○의교회가 담임목사 문제로 시끄러웠을 때 대다수의 청년들은 오○○ 목사 편에 섰습니다. ○○교회도 문제가 일어났을 때 대다수 청년들이 김○○ 목사 편에 섰습니다. 청년들이 가장 깨어 있을 것 같지만 실제로는 그렇지 않습니다. 목회자들의 윤리 도덕적인 문제에 대해서도 아주 무관심합니다.

안타까운 것은 교회에 열심히 다니는 청년들일수록 하나님이 주신 일반 은총인 이성을 집에 두고 교회에 오는 경우들이 많습니다. 교회에 올 때는 감성만 가지고 옵니다. 마음껏 찬양할 수 있는 그 문화에 심취하고 또래들과 즐거운 교제를 나누는 것에 몰두합니다. 교회를 다니는 청년임에도 불구하고 하나님 나라 백성으로서 어떻게 살아가야 할 것인가에 대해서는 무관심합니다. 한 사람의 시민으로서 건강한 의식을 갖는 일에도 무관심합니다. 심지어 하나님의 말씀을 배우고 공부하는 일, 신실한 기도의 삶을 살아감을 통해서 자기의 뜻을 내어던지고 하나님의 뜻을 아멘으로 받아들이는 일, 지체들과 아름다운 성도의 교제를 나누는 일 등에 있어서도 열심을 내는 경우들이 많지 않습니다. 이런 상황에서 교회가 신앙 공동체의 본질을 강조하고 말씀 공부에 매진하며 오늘 이 시대 속에서 하나님의 백성으로 살아가는 구체적인 삶의 실천을 논의하게 되면 많은 청년들이 그 교회에 함께하게 될까요? 그렇지 않습니다. 그들은 자기들이 원하는 것을 마음껏 행할 수 있는 그런 교회를 찾아 교회를 옮기게 될 것입니다. 교회가 교회다워지면 많은 사람들이 모일 것 같지만 절대 그렇지 않습니다. 길이요 진리요 생명이신 예수를 떠난 사람들이 얼마나 많은지를 생각해 보십시오. 신앙의 공동체가 하나님 앞에서 온전히 서고자 할수록 그것을 견디지 못하고 떠나는 사람들이 발생하게 됩니다. 요한의 편지를 받는 수신자들이 최근에 그런 경험을 한 것입니다. 요한은 그들을 위로해 주고 있습니다. 그들이 참된 신앙의 공동체를 떠났다는 것은 그들이 진리 안에 거하지 않은 증거라고 할 수 있습니다. 최근에 큰 어려움을 겪은 교회를 위로하고 권면하기 위해서 요한은 19절을 말씀하고 있는 것입니다.

22절을 보면 아버지와 아들을 부인하고 예수가 그리스도임을 부인하는 자를 적그리스도라고 말씀합니다.

예수께서 그리스도이심을 부인하는 자들이 누구입니까? 영지주의 자들입니다. 요한일서에서 적그리스도는 영지주의자들을 가리키는 것입니다. 앞에서 말씀드린 것처럼 적그리스도는 그리스도를 대적하는 것이 아닙니다. 적그리스도는 얼핏 보면 기독교 신앙과 아주 유사합니다. 우리가 믿고 있는 신앙의 내용을 다 공유하고 있는 것처럼 보입니다. 그래서 많은 사람들이 적그리스도의 주장에 현혹되는 것입니다. 비슷한 듯 보이지만 기독교 신앙의 중요한 내용을 거부함으로써 우리가 믿는 예수를 왜곡해서 이해하도록 하는 것이 바로 적그리스도입니다.

2장 26절과 5장 13절에는 요한일서를 저술한 목적이 나옵니다. 먼저 2장 26절을 보겠습니다.

다음으로 5장 13절을 보겠습니다.

내가 하나님의 아들의 이름을 믿는 너희에게 이것을 쓰는 것은 너희로 하여금 너희에게 영생이 있음을 알게 하려 함이라.

요한은 요한일서를 저술한 목적으로 헛된 미혹에 넘어가지 말 것을 경고합니다. 수신자들이 지금의 위기를 믿음으로 이겨낸다면 영생을 받는 자가 될 것임을 확신시켜 줍니다. 그런 의미에서 요한일서는 목회 서신이라고 할 수 있습니다. 적그리스도의 미혹 가운데 시달리는 교인들을 올바른 신앙 안에 서도록 하기 위한 목회 서신이 요한일서입니다.

그런데 2장 27절의 번역은 조금 아쉽습니다.

너희는 주께 받은 바 기름 부음이 너희 안에 거하나니 아무도 너희를 가르칠 필요가 없고.

지금 요한일서를 받고 있는 수신자들이 누구의 교육도 받을 필요가 없는 사람임을 말하는 것처럼 보입니다. '아무도 너희를 가르칠 필요가 없고'라고 분명하게 말하고 있기 때문입니다. 그렇다면 이 사람들이 요한의 말은 들을 필요가 있는 것입니까? 아무도 너희를 가르칠 필요가 없다고 했으면 요한도 여기에 포함되는 것 아닙니까? 그러면 여기에서 '아무도'는 '어느 누가'로 번역해야 합니다. 지금 수신자들은 누구의 교육도 받지 않아도 될 만큼 탁월한 신앙인임을 말하는 것이 아닙니다. '어느 누가' 너희를 가르칠 필요가 없음을 말하는 것입니다. 여기서 '어느 누가'는 누구를 가리키는 것입니까? 영지주의자들을 가리킵니다. 즉 요한일서의 수신자들은 영지주의자들의 교육을 받을 필요가 없음을 말하는 것입니다. 다시 말해 27절은 거짓 교사의 가르침을 경계하라는 것입니다. 지금까지 너희가 보고 듣고 배운 것 안에 거하라는 것입니다. 이것이 27절의 핵심적인 내용입니다.

다음으로 3장 6절을 보겠습니다.

그 안에 거하는 자마다 범죄하지 아니하나니 범죄하는 자마다 그를 보지도 못하였고 그를 알지도 못하였느니라.

본문은 신앙인들을 아주 부담스럽게 하는 말씀입니다. 우리는 하나님을 믿고 하나님께 예배를 드립니다. 그러나 일상을 살아가면서 하나님이 원하시지 않는 죄를 범하는 경우들이 많습니다. 여전히 누구를 미워하기도 하고 신실한 순종의 삶을 살아가지 못하기도 합니다. 절제하지 못하기도 하고 욱하고 성질을 낼 때도 있습니다. 여전히 우리는 죄를 범하고 있는데 3장 6절은 '그 안에 거하는 자마다 범죄하지 아니한다'고 말씀합니다. 이 말씀에 근거하면 우리는 여전히 그리스도 안에 거하지 못하고 있는 것이 아닌가 하는 고민을 하게 됩니다. 본문은 신앙인들을 아주 부담스럽게 만듭니다. 여기서 '범죄하지 아니한다'는 것은 습관적이고 반복적인 죄를 범하지 않는다는 말입니다. 전혀 죄를 범하지 않는다는 말이 아닙니다. 신앙인들조차도 넘어질 수 있습니다. 그런데 신앙인들은 넘어진 그 자리에서 복원력이 빠릅니다. 자기가 무엇을 잘못했는지를 금방 깨닫고 하나님 앞에 죄를 자복하며 죄의 굴레에서 벗어나고자 합니다. 비록 신앙인들도 넘어지는 존재이지만 그러나 습관적이고 반복적인 죄의 수렁에 머물지 않음을 말하는 것입니다.

7~8절에서 요한은 우리를 미혹하는 자들에게서 담대하게 승리하라고 말씀합니다.

자녀들아 아무도 너희를 미혹하지 못하게 하라 의를 행하는 자는 그의 의로우심과 같이 의롭고 죄를 짓는 자는 마귀에게 속하나니 마귀는 처음부터 범죄함이라 하나님의 아들이 나타나신 것은 마귀의 일을 멸하려 하심이라.

여기서의 죄도 반복적이고 습관적인 죄를 말합니다. 한글 번역은 명료하지 않지만 헬라어 원어는 미완료형으로 되어 있습니다. 미완료는 계속 반복하는 것을 말합니다. "죄를 짓는 자는 마귀에게 속하나니 마귀는 처음부터 범죄함이라 하나님의 아들이 나타나신 것은 마귀의 일을 멸하려 하심이라." 하나님의 백성들은 습관적이고 반복적인 죄를 단호하게 끊어낸 자입니다. 더 이상 그런 죄에 지배받지 않고 죄를 이기는 삶을 살아갑니다. 죄 사함을 받았을 뿐만 아니라 죄의 유혹을 이겨내는 존재로 살아갑니다.

신앙인들이 이런 질문을 많이 합니다. "당신은 죄 사함을 받으셨습니까?” 여기서 말하는 죄 사함을 받았다는 것은 과거의 일을 말합니다. 과거의 어느 시점에 우리는 예수를 그리스도로 고백함을 통하여 죄 사함을 받았습니다. 이것은 신앙인들 모두에게 너무나 중요한 신앙의 고백입니다. 그러나 여기에만 머물러서는 안 됩니다. 죄 사함을 받았다는 과거보다 훨씬 더 중요한 것이 오늘도 죄 사함의 은혜 안에서 실제적으로 죄를 이기는 삶을 살아내는 것입니다. 그런 의미에서 우리는 이렇게 질문해야 합니다. “오늘도 죄 사함의 은혜 안에서 죄를 이기는 삶을 살아내고 계십니까?” 우리는 예수를 믿음으로 말미암아 하나님을 믿기 전에 범했던 모든 죄에 대해서 죄 사함을 받았습니다. 그러나 죄 사함은 받았지만 여전히 과거에 우리를 지배하던 그 죄에 다시 종속되어 버리고 헤어 나오지 못한다면 우리가 과거에 받았던 죄 사함의 은혜가 무슨 의미가 있겠습니까? 죄 사함의 은혜보다 더 중요한 것은 오늘도 그 죄 사함의 은혜 안에 머무는 것입니다. 죄 사함의 은혜가 실제적으로 우리 삶에 유효하게 드러나야 하는 것입니다. 우리가 죄 사함을 받았다는 가장 강력한 증거가 무엇입니까? 과거에 범했던 그 죄를 더 이상 반복하지 않는 것입니다. 이제는 그 죄악의 유혹으로부터 우리 자신을 지켜내는 것입니다. 이것이 진짜 죄 사함의 은총 가운데 있는 사람들의 모습이라고 할 수 있습니다.

4장은 사랑장이라고 말합니다. 신약 성경에서 사랑장이라고 하면 고린도전서 13장을 많이 생각하는데 요한일서 4장도 사랑장입니다. 여기서 하나님은 사랑이시고 그 사랑의 본질은 자기를 비우고 자기를 내어주는 것임을 강조하고 있습니다. 사랑이라고 하는 것은 누군가를 살리기 위해서 자기를 희생하는 것입니다. 세상에서 우리가 경험하는 사랑의 대표적인 모습이 부모님의 사랑일 것입니다. 어린 자녀가 고열로 힘들어 할 때 일반적인 부모는 밤새 자녀를 돌봅니다. 어린 자녀를 위해 자신을 온전히 희생합니다. 아이들이 성장하는 것만큼 부모들은 자신을 그만큼 희생하고 소진시킵니다. 그것이 사랑입니다. 사랑은 자기 내어줌이고 자기 비움입니다. 그런데 이러한 사랑의 모습이 육신의 가족 안에서만 일어나게 된다면 사람들은 점점 이기적이 될 수밖에 없습니다. 육신의 가족이라는 경계를 뛰어 넘어서 사랑이 확장되어야 합니다. 그런 의미에서 교회 공동체에서 지체들이 서로를 사랑하는 것은 사랑의 확장이라는 맥락에서 중요합니다. 교회 안에서의 지체들은 육신의 피가 한 방울도 섞이지 않은 사람들입니다. 예수가 아니었다면 함께할 수 없었던 사람들이 예수로 인해 한 몸 됨을 누리게 된 것입니다. 그들과의 관계 안에서 하나님의 자기 비움과 자기 내어줌을 모방해야 합니다. 진짜 사랑의 공동체임을 입증해야 하는 것입니다. 4장의 핵심은 교회가 하나님을 닮아서 사랑 공동체이자 돌봄 공동체가 되어야 함을 강조하고 있습니다.

1~3절에는 영을 다 믿지 말라고 말합니다. 1절을 보겠습니다.

사랑하는 자들아 영을 다 믿지 말고 오직 영들이 하나님께 속하였나 분별하라 많은 거짓 선지자가 세상에 나왔음이라.

누군가 자신을 목사라고 소개한다고 해서 그 사람의 말에 귀를 쫑긋 세워서는 안 됩니다. 십자가를 내건 예배당 건물이 있다고 해서 그곳에 모인 사람들을 무조건 교회라고 생각하시면 안 됩니다. 인간의 이성으로 설명할 수 없는 놀라운 일이 일어난다고 해서 그 모든 것을 성령의 역사라고 생각하시면 안 됩니다. 영의 역사에는 성령의 역사도 있고 악령의 역사도 있습니다. 이것이 성령의 역사인지 악령의 역사인지를 분별해야 합니다. 신앙인에게 요청되는 가장 중요한 능력이 바로 분별력입니다. 분별력이 없으면 참 선지자와 거짓 선지자를 구분할 수 없습니다. 하나님의 뜻과 사탄의 뜻을 구분할 수 없습니다. 오늘날 한국 교회에 신사도 운동에 빠진 분들이 너무나 많습니다. 멀쩡하게 서 있는 사람들에게 한 사람씩 앞으로 나오게 하여 장풍을 쏘면 휘청하면서 넘어집니다. 이런 행위를 성령의 역사라고 하면서 사람들은 흥분합니다. 아니 멀쩡하게 서 있는 사람을 넘어뜨리게 만드는 것이 도대체 성령의 역사와 무슨 상관이 있습니까? 진짜 성령의 역사는 그런 모습으로 나타나지 않습니다. 입만 열면 거짓 말하고 사기 치던 사람이 성령을 만나게 되면 진실을 말하는 자가 됩니다. 자기밖에 모르던 이기적인 사람이 성령으로 충만해지게 되면 타인을 존중히 여기고 사랑할 수 있는 사람으로 바뀌는 것입니다. 이것이 진짜 성령의 역사인 것입니다. 종교의식에서 일어나고 있는 신비하고 기이한 현상들을 무조건 성령의 역사로 단정해서는 안 됩니다. 그렇게 되면 우리가 거짓 영에 속아 넘어갈 가능성이 높아집니다.

구약 예언서를 보면 중요한 공식을 하나 발견하게 됩니다. 우리가 하나님께 순종하고자 하지 않으면 하나님의 말씀은 들리지 않습니다. 그래서 오랜 시간 하나님의 말씀이 부재하게 되면 말씀의 기근에 시달리게 됩니다. 말씀의 기근에 시달리게 되면 결국에는 분별력을 상실하게 됩니다. 분별력을 상실하게 되면 자기가 원하는 하나님 상을 만들어냅니다. 그리고 그것을 열심히 섬깁니다. 그것이 장기화되면 자기가 만든 가짜를 진짜로 생각하고 진짜 하나님을 거부하게 됩니다. 그것이 예언서에서 이스라엘이 지속적으로 보여주고 있는 모습입니다. 자기가 만든 가짜 하나님을 열심히 섬긴 결과 진짜 하나님의 뜻을 거부하는 것입니다. 그 절정이 무엇입니까? 십자가 사건입니다. 하나님께서 이 땅에 있는 당신의 백성들을 찾아오셨지만 그들은 하나님을 알아보지도 못하고 환영하지도 않았습니다. 도리어 그 하나님을 죽였습니다. 하나님을 죽이는 일에 앞장 선 사람들이 누구입니까? 장로들과 대제사장들과 서기관들입니다. 하나님을 가장 사랑한다고 말하는 사람들이 하나님의 이름으로 하나님을 죽인 것입니다. 그것이 바로 십자가 사건입니다. 어떻게 이런 일이 일어나게 된 것입니까? 진짜 하나님을 밀어내고 자기들이 원하는 가짜 하나님을 만들어 계속하여 섬겼기 때문입니다. 가짜의 이름으로 진짜를 죽인 것이 십자가 사건입니다. 이것은 비단 2천 년 전에만 존재하던 사건일까요? 우리는 두렵고 떨리는 마음을 가져야 합니다. 요한은 한 사람이 진짜 성령을 믿고 있는 것인지 악령을 믿고 있는 것인지를 구분할 수 있는 하나의 잣대를 제시하는데 태초부터 계셨던 그 하나님께서 육신을 입고 이 땅에 오셨음을 믿는다면 그 사람은 성령 안에 있는 것입니다. 그러나 예수와 그리스도를 구분하는 자가 있다면 그 사람은 악령의 지배를 받는 것이라고 말합니다.

7~8절은 요한일서에서 가장 유명한 구절입니다.

사랑하는 자들아 우리가 서로 사랑하자 사랑은 하나님께 속한 것
이니 사랑하는 자마다 하나님으로부터 나서 하나님을 알고 사랑하
지 아니하는 자는 하나님을 알지 못하나니 이는 하나님은 사랑이
심이라.

요한은 하나님의 본질을 사랑이라고 말합니다. 하나님은 사랑이시
기 때문에 하나님의 백성인 우리도 사랑 충만한 존재가 되어야 함을
말하고 있습니다. 사랑이라고 하는 것은 상대방을 살리기 위해서 끊
임없이 나를 내어주는 것입니다. 보아너게, 즉 우레의 아들이라는 별
명을 예수님으로부터 받았던 요한은 이후에 사람들을 만날 때마다
'사랑, 사랑, 사랑'만을 말했다고 합니다. 그래서 요한의 별명이 사랑
의 사도입니다. 하루는 제자들이 요한에게 이런 질문을 던졌다고 합
니다. "사도님은 왜 다른 말씀은 안 하시고 항상 사랑 사랑만을 말씀
하시는 것입니까?" 이때 요한이 제자들에게 "내가 너희들에게 항상
사랑하라고 이야기를 해도 너희들이 서로 사랑하지 않기 때문에 나
는 사랑하라는 이야기만을 할 수밖에 없다"고 말했습니다. 오늘날
도 누군가가 똑같은 말만 계속하게 되면 사람들은 짜증을 내면서 이
런 말을 할 것입니다. "다 알고 있으니까 이제 그만 말씀하셔도 됩니
다." 여기서 말하는 다 알고 있다는 것은 머리로 알고 있는 것입니다.
머리로는 알고 있는데 손과 발로 살아내지 못한다면 그것이 진정 아
는 것일까요? 머리가 아니라 손과 발로 진짜 살아내는 것만이 아는
것입니다. 머리로만 아는 관념적인 지식이 아니라 진짜 아는 것이 필
요합니다. 우리는 자신이 많은 것을 알고 있다고 착각하는 경우들이
많습니다. 그래서 스스로 교만해집니다. 그러나 삶으로 살아내지 못

한다면 그것은 진짜 아는 것이 아닙니다. 우리가 모르는 것이 많음을 스스로 인정해야 합니다. 그것을 인정하는 것이 올바른 삶을 살아낼 수 있는 출발점이라는 사실을 기억하셨으면 좋겠습니다.

14절에는 '구주'라는 단어가 등장합니다.

아버지가 아들을 세상의 구주로 보내신 것을 우리가 보았고 또 증언하노니.

신약 성경에 예수님을 표현하는 다양한 구절들이 있습니다. 예수는 하나님이시다, 예수는 하나님의 아들이시다, 예수는 구원자이시다, 예수는 주님이시다, 예수는 세상의 평화이시다 등이 그러합니다. 여기서 예수님에 대해 사용되고 있는 여러 표현들은 초대 교회가 독창적으로 만들어낸 것이 아닙니다. 원래 이 모든 표현들은 로마의 황제를 수식하던 표현들입니다. 당시 로마 제국에서 황제는 신인으로 인식되었습니다. 황제는 신의 아들로 신적 존재이며 우리의 구원자이고 우리 인생의 주인이며 세상에 평화를 가져오는 존재로 고백되어졌습니다. 이렇게 황제를 수식하던 표현들을 초대 교회가 예수를 향해 고백한 것입니다. 이것은 무슨 의미가 있습니까? 황제가 아니라 예수가 진짜 우리의 구원자이고 황제가 아니라 예수가 우리의 진짜 주인임을 고백한 것입니다. 이 얼마나 결연하고 담대한 행동입니까?

이것은 마치 이런 모습과 유사합니다. 오랜 세월 불교가 지배하고 있는 땅에 들어가서 이렇게 말한다고 생각해 보십시오. '당신들이 믿고 섬기는 최고의 부처가 예수이다.' 당시 사람들이 가지고 있던 인식 세계와 종교적 틀을 차용하여 당신들이 찾던 진짜 참 신이 예수임을 선포하는 것입니다. 우리는 매년 12월 25일을 예수님의 탄생일로 기념합니다. 그러나 복음서를 보면 예수님은 3월 중순부터 10월 중순에 태어나셨을 가능성이 높습니다. 그것을 어떻게 알 수 있습니까? 복음서를 보면 예수님이 태어나시던 날 밤에 목자들이 들에서 양을 치고 있었습니다. 목자들이 들에서 유목을 하는 시기는 건기입니다. 비가 내리는 우기에는 유목을 하지 않습니다. 이스라엘에서 건기는 3월 중순부터 10월 중순입니다. 그런데 초대 교회가 4세기 말부터 12월 25일을 예수 탄생일로 지키기 시작했습니다. 12월 25일은 로마 제국이 태양신의 탄생일로 지키던 날입니다. 미트라라고 하는 종교에서 태양신의 탄생일로 지키던 날이 12월 25일입니다. 그런데 초대 교회는 태양신의 탄생일로 지키던 그 날을 예수의 탄생일로 기념하기 시작했습니다. 이 어두운 세상을 비추는 참 빛, 모든 생명들이 살아갈 수 있도록 에너지를 공급하는 참 태양이 미트라가 아니라 예수임을 선포한 것입니다. 이런 자신감으로 초대 교회는 미트라 탄생일로 지키던 12월 25일을 예수 탄생일로 기념하기 시작한 것입니다. 불교가 국교인 나라에 가서 진짜 진리를 깨닫고 행한 자는 예수임을 선포하면서 그들이 지키던 4월 초파일을 예수 탄생일로 지키는 것과 비슷한 것입니다. 확고한 자신감이 존재하지 않는다면 이렇게 하는 것은 결코 쉽지 않은 일입니다. 그런데 초대 교회는 그렇게 했습니다. 초대 교회는 로마 황제에게 갖다 붙였던 모든 칭호를 예수에게로 전이시켰습니다. 이를 통해 로마 황제가 구원자가 아니라 예수가 구원자임을 선포했습니다. 로마 황제가 우리 인생의 주인이 아니라 예수가 우리의 진정한 주인이심을 고백했습니다. 세상의 빛으로 숭배 받던 미트라가 진짜 세상의 빛이 아니라 예수가 세상의 참 빛임을 선포했습니다. 이런 신앙의 자신감이 우리에게도 있어야 합니다. 어떤 것과 만나고 어떤 것을 사용해도 복음의 순수성을 상실하지 않을 수 있다는 이런 자신감이 참으로 부럽습니다.

20절을 보겠습니다.

누구든지 하나님을 사랑하노라 하고 그 형제를 미워하면 이는 거짓말하는 자니 보는 바 그 형제를 사랑하지 아니하는 자는 보지 못하는 바 하나님을 사랑할 수 없느니라.

눈에 보이는 형제를 사랑하지 않는 사람은 하나님을 사랑하는 자가 아님을 분명하게 말합니다. 이것이 누구를 향한 비판입니까? 영지주의에 대한 반박입니다. 하나님을 사랑한다고 말하면서도 자기와 같은 영적인 지식이 없는 사람들을 하대하고 무시했던 영지주의자들에 대한 책망의 말씀입니다.

5장 3절에 보면 하나님을 사랑한다는 것은 그의 계명을 지키는 모습을 통해 드러나는 것임을 말해줍니다.

하나님을 사랑하는 것은 이것이니 우리가 그의 계명들을 지키는 것이라 그의 계명들은 무거운 것이 아니로다.

하나님을 사랑한다는 것은 감정적인 어떤 행위가 아닙니다. 찬양 집회에서 몇 시간씩 손을 들고 찬양하는 모습이 하나님을 사랑한다는 증거가 될 수 없습니다. 하나님을 사랑하는 것은 하나님의 말씀에 순종하는 모습을 통해서 드러납니다. 요한복음 14장 21절입니다.

7~8절을 보겠습니다.

여기서 말하는 증언은 무엇을 증언하는 것입니까? 예수가 하나님의 아들이자 메시아이심을 증언하는 것입니다. 누가 그것을 증언합니까? 성령과 물과 피입니다. 여기서 물은 예수 공생애 초기에 세례 받음을 말하는 것이고 피는 십자가 사건을 말합니다. 즉 물과 피는 예수 공생애 초기와 마지막을 포괄하는 단어로써 공생애 전체를 가리키는 표현입니다. 예수가 메시아이심을 공생애 처음과 끝 그 모든 과정을 통해서 알 수 있다는 것입니다. 그리고 예수의 공생애 사역을 증거하는 존재가 누구입니까? 성령입니다. 그분이 메시아이심을 우리에게 알려주시는 분이 성령이십니다. 그래서 증언하는 이가 셋이라고 말합니다. 곧 성령과 물과 피입니다.

13절에는 요한일서를 기록한 목적이 나오는데 하나님의 아들을 믿는 자들에게 영생이 있음을 알려주고자 하는 것입니다. 이것은 요한복음 20장 31절과 똑같습니다. 요한일서는 처음부터 끝까지 요한일서를 쓴 사람이 요한복음을 쓴 사람과 동일 인물임을 알려줍니다. 13절에는 '영생'이라는 단어가 나옵니다. 영어 성경에는 대부분 영생을 이터널 라이프(eternal life)로 번역하고 있지만 영생이라는 말의 문자적인 의미는 영원한 생명이 아닙니다. 영생의 문자적 의미는 하나님과 함께 누리는 생명, 신적인 생명, 참된 생명입니다. 유대인들에게는 우리가 생각하는 영혼의 개념이 없습니다. 유대인들에게 영생은 우리가 생각하는 영생과는 그 의미가 전혀 다릅니다. 유대인들이 소망했던 영생은 하나님의 통치 안에 거하는 삶입니다. 이것이 신적인 생명입니다. 가짜 생명이 아닌 진짜 생명, 이것을 유대인들은 영생이라고 생각한 것입니다.

16~17절을 보겠습니다.

누구든지 형제가 사망에 이르지 아니하는 죄 범하는 것을 보거든 구하라 그리하면 사망에 이르지 아니하는 범죄자들을 위하여 그에게 생명을 주시리라 사망에 이르는 죄가 있으니 이에 관하여 나는 구하라 하지 않노라 모든 불의가 죄로되 사망에 이르지 아니하는 죄도 있도다.

여기서는 사망에 이르는 죄와 사망에 이르지 않는 죄를 구분합니다. 사망에 이르는 죄는 복음서에서 말하는 성령 훼방죄와 같은 것입니다. 성령 훼방죄는 결코 용서받지 못하는 사망에 이르는 죄입니다. 요한이 16~17절에서 사망에 이르는 죄라는 표현을 사용한 이유는 영지주의자들 때문입니다. 요한이 볼 때 영지주의자들이 행하는 잘못은 사망에 이르는 죄입니다. 예수와 그리스도를 구분하고 예수를 그리스도로 고백하지 않는 것이야말로 사망에 이르는 죄인 것입니다. 이것이 곧 성령 훼방죄입니다. 고린도전서 12장 3절에 보면 성령으로 아니하고는 누구든지 예수를 주라고 할 수 없습니다. 즉 영지주의자들은 성령의 역사를 거부하고 있는 것입니다. 예수를 그리스도로 고백할 수 있는 이유는 성령의 도우심 때문에 가능합니다. 성령이 우리로 하여금 계속해서 그것을 깨우쳐 주고 계십니다. 그러나 영지주의자들은 성령의 도우심을 거부했습니다. 그 결과 예수와 메시아를 구분하고 있습니다. 예수를 메시아로 고백하지 않습니다. 이는 성령의 도우심을 거역하는 죄를 범하고 있는 것입니다. 이것이 성령 훼방죄입니다. 이런 죄가 사망에 이르는 죄가 되는 것입니다.

요한일이삼서·유다서 II

　서신서 배치 기준에 대해서는 앞에서도 말씀드렸지만 교회에게 보낸 편지를 먼저 배치하고 개인에게 보낸 편지를 뒤에 배치했습니다. 여러 교회에 편지를 보낸 경우에는 분량이 많을수록 앞에 배치했습니다. 요한일서와 이서와 삼서가 있을 때는 분량이 많은 순서로 배치했습니다. 따라서 요한 서신은 요한일서가 제일 길고 이서가 그다음 삼서가 제일 짧습니다. 한 교회에 보낸 편지가 전서와 후서가 있을 경우에는 좀 더 긴 것이 전서이고 짧은 것이 후서입니다. 배치 기준에 근거할 때 당연히 요한이서가 삼서보다 분량이 많음을 알 수 있습니다. 그런데 절수로는 요한이서는 13절이고 삼서는 15절입니다. 절수가 더 많은 요한삼서가 이서보다 더 긴 것이 아닌가 생각할 수도 있습니다. 여기서 길고 짧은 것은 절수를 가지고 말하는 것이 아니라 단어수입니다. 지금 우리가 읽고 있는 성경의 장이 확정된 것은 1200년경이고 절이 확정된 것은 1550년경입니다. 원래 성경에는 장과 절이 없습니다. 신약 성경에서 분량으로 볼 때 가장 긴 본문은 누가복음이고 장으로 볼 때 가장 긴 본문은 마태복음과 사도행전입니다.

요한이서의 주요 내용은 일서와 비슷합니다. 예수와 그리스도를 분리하여 사고하는 영지주의를 배격하고 바른 진리 안에 거할 것을 촉구하는 것이 요한이서입니다. 여기 요한이서에도 진리, 사랑, 계명이라는 단어가 강조되고 있습니다. 요한일서와 내용적인 연관성이 있다고 이해하시면 될 것 같습니다. 1장 1절을 보겠습니다.

요한이서에서 발신자는 자신을 장로로 지칭하고 있습니다. 여기 장로라는 말은 오늘날로 말하면 목사입니다. 이때는 목회자의 숫자는 적고 교회는 많이 탄생한 시점이므로 한 사람의 목회자가 여러 교회를 담당했습니다. 요한은 요한계시록에 나오는 일곱 교회를 담당했다고 봅니다. 요한계시록에 보면 에베소, 서머나, 버가모, 두아디라, 사데, 빌라델비아, 라오디게아 일곱 교회가 나옵니다. 이 일곱 교회를 요한이 목회했다고 보면 됩니다. 요한이서의 수신자는 택하심을 받은 부녀와 그의 자녀들입니다. 여기서 '부녀와 그의 자녀들'이라는 표현으로 인해 요한이서의 수신자를 결혼한 여인과 자녀들로 보기도 합니다. 그러나 그렇지 않습니다. 여기 부녀와 자녀들이라고 할 때 부녀라는 단어는 헬라어로 '퀴리아'입니다. 퀴리아는 여성형으로 '주님의 것'이라는 뜻입니다. 이것을 한글 번역으로 부녀라고 한 것입니다. 본문은 '택하심을 받은 주님의 것과 그 안에 있는 자녀들'이라는 말입니다. 여기서 택하심을 받은 주님의 것은 무엇을 말할까요? 헬라어로 교회를 에클레시아라고 합니다. 에클레시아는 여성형입니다. 주님의 것도 여성형입니다. 따라서 대부분의 학자들은 여기에 나오는 '주님의 것'을 교회로 이해합니다. 그렇다면 택하심을 받은 교회 안에 있는 자녀들은 누구를 가리키는 말일까요? 교회 안에 있는 구성원들, 즉 지체들을 말하는 것입니다. 1장 1절에 '부녀와 그의 자녀들'에서 부녀는 개개의 교회를 말하는 것이고 자녀는 교회를 이루고 있는 구성원 개개인을 가리키는 표현입니다.

요한이서의 핵심 내용은 영지주의에 대한 반박입니다. 7절을 보겠습니다.

미혹하는 자가 세상에 많이 나왔나니 이는 예수 그리스도께서 육체로 오심을 부인하는 자라 이런 자가 미혹하는 자요 적그리스도니.

여기 적그리스도는 영지주의를 말하는 것으로 영지주의는 태초부터 계셨던 성자 하나님께서 이 땅에 인간의 육을 입고 오신 성육신을 인정하지 않습니다. 육은 육인 것이고 영은 영인 것으로 이해합니다. 저들의 이해 속에서는 예수는 육신이고 메시아는 영입니다. 따라서 예수는 메시아가 될 수 없습니다. 또한 저들의 이해와 믿음 속에서는 메시아는 죽을 수 없는 존재입니다. 따라서 십자가에서 죽임 당한 예수는 메시아가 될 수 없는 것입니다. 철저하게 예수와 그리스도, 예수와 메시아를 분리하는 사고가 영지주의입니다. 이러한 영지주의자들의 주장에 반박하는 것이 요한일서와 이서입니다.

다음으로 요한삼서를 보겠습니다. 요한일서와 이서는 초대 교회를 어지럽혔던 영지주의에 대한 반박이 주된 내용을 이루고 있습니다. 그러나 요한삼서는 그렇지 않습니다. 요한삼서는 교회 공동체 안에 존재하던 선교 정책과 관련된 갈등을 다루고 있습니다. 요한삼서는 선교 정책으로 인해 갈등 상황에 처해 있는 교회에게 요한이 보낸 편지입니다. 요한일서와 이서가 영지주의를 반박하는 것이 목적이라면 삼서는 가이오라는 수신자에게 편지를 보내서 선교 정책을 수용하지 않는 사람을 책망하며 그 사람의 편에 서지 말 것을 촉구하는 것이 주된 내용입니다. 바울 서신은 교회에게 보낸 편지도 있고 개인에게 보낸 편지도 있습니다. 이때 교회에게 보낸 편지를 앞에 개인에게 보낸 편지를 뒤에 배치했습니다. 요한 서신도 마찬가지입니다. 요한일서와 이서는 교회에게 보낸 편지이고 삼서는 가이오라는 개인에게 보낸 편지입니다. 그래서 교회에게 보낸 편지가 앞에 배치되어 요한일서와 이서가 된 것이고 개인에게 보낸 편지는 뒤에 배치되어 삼서가 된 것입니다. 그런데 요한일서와 이서에서 요한의 편지를 받는 교회의 이름이 정확하게 명시되어 있지 않습니다. 그렇다면 요한의 편지를 받은 교회는 어떤 교회일까요? 학자들은 이들을 요한 공동체라고 봅니다. 마태가 쓴 복음서를 읽었던 최초의 독자들이 마태 공동체였던 것처럼 요한이 쓴 복음서와 서신을 읽었던 일차 수신자들을 요한 공동체로 보는 것입니다.

요한일서와 이서가 교회에게 보낸 편지라면 삼서는 가이오라는 개인에게 보낸 서신입니다. 핵심적인 내용은 "으뜸 되기를 좋아하고 나그네를 영접하지 아니하는" 디오드레베라는 사람을 본받지 말고 선한 것을 행하는 데메드리오를 본받으라는 것입니다. 이것이 요한 삼서의 핵심적인 내용입니다. 한마디로 디오드레베라는 인물은 반면교사입니다. 이 사람은 자기가 항상 주인공이 되어야 합니다. 자기가 항상 으뜸이 되어야 하는 사람입니다. 요한은 이런 사람을 본받지 말라고 말합니다. 반면에 데메드리오라는 사람은 겸손함과 동시에 사람들을 섬길 줄 아는 사람입니다. 데메드리오는 정면교사와 같은 존재입니다. 디오드레베와 같은 반면교사는 거부하고 정면교사인 데메드리오를 잘 보고 배울 것을 말하는 것이 요한삼서의 핵심입니다.

편지의 수신자인 가이오는 장로의 선교 정책을 적극적으로 지지하고 실행하는 사람입니다. 반면에 디오드레베는 장로의 선교 정책을 거부하는 사람입니다. 그렇다면 장로의 선교 정책은 어떤 내용이었을까요? 장로의 선교 정책은 순회 전도자를 통해서 복음을 전파하는 것입니다. 이 순회 전도자들은 지역 교회에서 후원을 받으면서 사역을 했습니다. 지역 교회의 후원을 받는다는 것은 이런 것입니다. 한 사람의 순회 전도자가 A 교회를 방문했습니다. 그러면 A 교회에서 머물며 사역하는 동안에는 A 교회에서 순회 전도자의 모든 생활을 책임져주는 것입니다. 이것이 지역 교회의 후원을 받는다는 의미입니다. 그러다가 순회 전도자가 B 교회로 이동을 하게 되면 그때는 B 교회가 순회 전도자의 삶을 책임져 주는 것입니다. 이것이 장로가 추구했던 순회 전도 정책입니다. 장로는 믿을 만한 순회 전도자를 통하여 복음을 전하고 목회함으로써 이단들을 막고자 했습니다. 만약 어떤 사람들이 바른 복음에 기반하지 아니한 채 교회를 세우고 자기들 마음대로 교회를 운영하게 되면 어떻게 되겠습니까? 요한은 준비된 사람들이 순회 전도를 통해서 복음의 씨앗을 잘 뿌리고 신앙의 성장을 도와야 한다는 마음으로 순회 전도 정책을 시행했던 것입니다.

그런데 이러한 선교 정책을 반대하는 사람이 있었는데 그가 디오드레베입니다. 디오드레베는 순회 전도자가 오는 것을 반대했습니다. 자신의 교회는 자기가 알아서 하겠다는 것입니다. 그래서 순회 전도자를 보내고자 하는 장로와 독자적인 목회를 하고자 하는 디오드레베 사이에 갈등이 일어났습니다. 이런 상황에서 장로는 가이오라는 수신자에게 편지를 보내 디오드레베를 본받지 말라고 강력하게 경고하고 있습니다. 이처럼 요한일서나 이서가 적그리스도인 영지주의를 반박하는 것이 목적이라면 삼서는 선교 정책으로 인한 갈등 문제를 다루고 있습니다. 선교 정책에 대한 갈등 문제는 기본적으로 선과 악의 문제는 아닙니다. 오늘날 교회에서도 이러한 갈등은 빈번하게 일어날 수 있습니다. 사실 선과 악이 대립할 때는 선의 편에 서는 것이 상대적으로 쉽습니다. 그러나 선과 악의 문제가 아닌 경우에는 어느 편에 서야 하는지를 결정하는 것이 참으로 애매모호합니다.

한국 교회 초기에도 선교사님들 사이에 선교 정책과 관련해서 충돌이 있었습니다. 어떤 선교사님은 우리가 조선에 복음을 전하는 선교사로 왔으니까 선교 사역의 본질이라고 할 수 있는 복음 전도에 집중하자고 했습니다. 즉 오직 복음만 전해야 된다는 입장을 취하신 것입니다. 반면에 다른 선교사님은 복음을 전한다는 것은 하나님의 뜻을 알리는 것인데 하나님의 뜻을 알리는 방법에는 교회를 세우는 것도 있고 학교를 세우는 것도 있고 병원을 세우는 것도 있다고 했습니다. 따라서 교육 선교나 의료 선교도 하나님의 선교라고 주장했습니다. 이 두 그룹 사이에 갈등이 있었던 것입니다. 이때 복음을 전하는 것만이 선교라는 입장을 가진 선교사님은 학교를 세우고 병원을 세우는 선교사님들을 보면서 무슨 생각을 했겠습니까? 선교 사역의 본질에는 관심이 없고 부차적인 것에 열심을 내는 모습을 보면서 답답하게 생각했을 것입니다. 반면에 교육 선교와 의료 선교를 열심히 하셨던 분들의 입장에서는 복음 전도를 통한 교회 설립만을 강조하는 분들이 얼마나 꽉 막힌 사람으로 인식되었겠습니까? 그래서 충돌이 발생했습니다. 이러한 선교 정책의 갈등이 기본적으로 요한삼서의 배경을 이루고 있음을 기억하셨으면 좋겠습니다.

요한삼서 1장 2절을 보면 삼박자 축복의 근거 본문이 나옵니다.

사랑하는 자여 네 영혼이 잘됨 같이 네가 범사에 잘되고 강건하기를 내가 간구하노라.

본문은 덕담입니다. 사람을 대면할 때나 문자로 '건강하세요'하고 인사를 건네거나 새해에 '새해 복 많이 받으세요'하고 인사하는 것처럼 본문은 덕담입니다. 그런데 덕담을 가지고 교리를 만들어낸 것이 삼박자 축복론입니다. 삼박자 축복론은 다음과 같이 주장합니다. 하나님께서는 그의 사랑하는 자녀들에게 세 가지 복을 주기를 원하신다는 것입니다. 첫째는 영혼의 복입니다. 둘째는 범사에 잘되는 물질의 복입니다. 셋째는 육신의 건강의 복입니다. 여기까지 말하는 것은 대부분의 신앙인들이 수용할 수 있는 내용입니다. 하나님께서 그의 사랑하는 자녀들에게 영혼의 잘됨, 물질적인 부유함, 육신적인 강건함의 복을 주길 원하신다는 것에 대해서 대부분의 신앙인들은 아멘으로 응답할 수 있을 것입니다. 그런데 2절을 보면 복을 '준다'가 아니라 하나님께서 당신의 백성에게 이러한 복을 주시기를 '간구하노라'고 말하고 있습니다. 그런데 삼박자 축복론에서는 '간구하노라'가 아니라 하나님께서 그의 사랑하는 자녀들에게 이 세 가지 복을 반드시 주시는 것처럼 말합니다.

그런데 여기서 중요한 문제가 발생합니다. 세 가지 복 가운데 물질적인 부유함의 복이나 육신의 강건함의 복을 받았는지 받지 못했는지는 우리 눈으로 확인이 가능한 것입니다. 하지만 한 사람이 영혼의 복을 받았는지에 대해서 우리가 무엇으로 판단할 수 있습니까? 이때 삼박자 축복론에서는 이렇게 주장합니다. 영혼의 복을 받은 자가 물질의 복과 육신의 건강의 복도 받는다는 것입니다. 이렇게 되면 물질을 많이 소유하고 육신적으로 강건한 사람은 영혼의 복을 받았기 때문에 눈에 보이는 이러한 복을 받은 것이라고 말할 수 있게 됩니다. 즉 눈에 보이는 것들을 통하여 한 사람이 영혼의 복을 받았는지 받지 못했는지를 판단하게 되는 것입니다. 이렇게 되면 결국 삼박자 축복론은 부유한 사람들과 건강한 사람들이 자신들을 신앙적으로 옹호할 수 있는 논리가 됩니다. 예를 들면 신앙생활을 열심히 하는데 몸이 건강하지 못하거나 물질적으로 부유하지 못하다면 그분은 아직 영혼의 복을 받지 못하였기 때문에 그런 것입니다. 그렇다면 어떻게 해야 영혼의 복을 받을 수 있는 것입니까? 건축 헌금도 많이 내고 일천번제 헌금도 신실하게 드리고 교회에서 하는 모임에도 빠지지 말고 적극적으로 참여해야 한다고 조언합니다. 결국은 영혼의 복을 받게 하기 위해서는 교회에 절대 충성하고 헌신하는 교인을 양산시켜 내는 논리로 작동하게 되는 것입니다.

그렇다면 한 사람이 영혼의 복을 받은 증거가 물질적인 부유함과 육신의 강건함이라고 할 수 있습니까? 이것이 과연 성경적인 주장입니까? 그러면 물질적으로 평생 부유하지 못했던 예수님이나 육신적으로 사탄의 사자의 공격을 받아 질병에 시달려야 했던 바울은 하나님께 영혼의 복을 받지 못한 것입니까? 그런데 이런 말도 안 되는 이야기들이 한국 교회 안에서 널리 유통되고 있습니다. 이런 주장들이 물질적으로 부유해지고 싶은 사람들의 욕망과 맞아떨어지는 것이기 때문입니다. 이런 모습을 보면 한국 교회는 정통과 이단의 경계가 너무나 불분명하다는 생각을 하게 됩니다. 한국 교회는 자본주의와 손을 맞잡은 기독교입니다. 하나님의 이름으로 맘몬을 추구할 수 있는 길을 한국 교회가 열어주고 있습니다. 신앙의 이름으로 자기 욕망을 추구하는 것이 용인됩니다. 그래서 많은 신앙인들이 자신은 하나님을 믿고 있다고 말하지만 실상은 이 땅을 지배하는 맘몬과 권력과 욕망 앞에서 무릎 꿇고 살아가는 경우들이 비일비재합니다. 그러한 사람들의 욕망을 건드리면서 등장하게 된 것이 바로 삼박자 축복론입니다.

9~10절을 보면 왜 디오드레베가 순회 전도자의 방문을 반대했는지에 대해 몇 가지 내용을 추론할 수 있습니다. 첫째는 순회 전도자가 오게 되면 지역 교회가 재정적인 부담을 감당해야 합니다. 순회

전도자가 오면 그 사람이 떠나기 전까지 숙식을 비롯한 모든 경비를 지역 교회가 지원해 주어야 합니다. 순회 전도자가 올 때 한 두 사람이 올 수도 있지만 많은 경우에는 수십 명의 사람들이 올 수도 있습니다. 이들 모두를 재정적으로 책임지는 것이 결코 쉽지는 않았을 것입니다. 둘째는 순회 전도자가 오게 되면 그 지역 사회에서 민감한 반응을 보이게 될 것입니다. 오늘날과 달리 고대 사회는 폐쇄적인 사회였습니다. 고대 사회는 누가 들어오고 나가는지에 대해 아주 민감했습니다. 즉 새로운 사람들이 그 지역으로 들어오게 되면 그 동네 입장에서는 비상 상황이 되는 것입니다. 이 사람들이 누구이고 왜 이곳에 들어오게 되었는지 긴장하게 되는 것입니다. 낯선 외지인들이 순회 전도자로 한 지역에 들어오게 되면 그 지역에 교회 공동체가 있다는 것이 곧바로 드러나게 됩니다. 당시에는 초대 교회가 유대교로부터도 핍박을 받았고 로마로부터도 핍박을 받았습니다. 이런 상황에서 순회 전도자들의 방문으로 인해 교회의 존재가 노출될 수 있는 것입니다. 디오드레베의 입장에서는 교회의 존재 자체가 노출되는 것에 대한 부담감도 있었을 것입니다.

9절에 보면 디오드레베는 으뜸 되기를 좋아하는 사람입니다. 자신이 중심이 되고 최고가 되기를 원한 것입니다. 그런데 디오드레베는 지도자가 될 만큼 준비된 사람은 아닙니다. 지도자로서의 준비는 부족한데도 스스로 지도자가 되고 싶어 하는 것입니다. 이런 상황에서 순회 전도자의 방문이 디오드레베에게 있어서는 결코 반가운 일이 되지 못했을 것입니다. 순회 전도자들이 와서 지금까지 디오드레베가 가르친 것과 다른 내용을 말하게 되면 디오드레베의 권위가 어떻게 되겠습니까? 따라서 으뜸 되기를 좋아하는 디오드레베 입장에서는 자기 수하에 있는 사람들이 자기 외에 다른 사람들의 이야기에는 귀를 기울이지 않기를 바랐을 것입니다. 그래서 순회 전도자의 방문을 반대한 측면도 있습니다. 이런 여러 가지 이유들이 복합적으로 작용하면서 디오드레베는 순회 전도자를 반대하게 된 것입니다. 특별히 요한이 9절에서 디오드레베가 순회 전도자를 반대하는 가장 중요한 이유로 으뜸 되기를 좋아한다는 말을 하는 것을 주목해야 합니다. 순회 전도자의 방문을 거부한 다른 이유들보다 자신의 리더십이 약화되는 것을 가장 크게 우려했음을 알 수 있습니다.

다음으로 유다서를 보겠습니다. 유다서는 총 25절로 구성되어 있습니다. 그런데 4절부터 19절까지 총 16절이 거짓 교사들에 대해서 다루고 있으며 그들이 반드시 하나님의 심판을 받을 것을 강조합니다. 이것이 유다서의 핵심적인 내용입니다. 유다서는 거짓 교사의 위험성을 경고하는 동시에 온전한 복음을 붙잡을 것을 권면하는 서신입니다. 교회의 정통이 확립되어 가면서 자연스럽게 교회 공동체에서 거짓 가르침을 가르치는 자들이 많이 생겼는데 그들을 경고하는 서신이 유다서라고 이해하시면 되겠습니다. 유다서는 수신자들이 언급되어 있지 않는데 요한일서와 비슷합니다. 요한일서에는 구체적인 수신자들이 언급되어 있지 않습니다. 그렇다면 요한이 누구를 대상으로 요한일서를 기술한 것일까요? 그들을 요한 공동체로 봅니다. 이와 마찬가지로 유다서에는 수신자들이 언급되지 않았습니다. 그렇다면 유다는 누구를 대상으로 서신서를 기술한 것일까요? 학자들은 유다서의 수신자들을 유다 공동체로 이해합니다.

유다서를 보면 구약에 대한 인용이 많고 외경의 말씀을 많이 인용하고 있습니다. 외경은 최종적으로 정경이 되지 못한 본문을 말합니다. 유다서에는 구약의 말씀이 인용되거나 외경이 인용된 것을 보면 유다서의 수신자들이 구약에 대한 이해가 있었음을 알 수 있습니다. 따라서 학자들은 유다서의 수신자들을 유대 기독교인들이라고 이해합니다. 유다서는 매우 난해한 본문으로 인식이 됩니다. 그래서 신앙인들도 유다서를 즐겨 읽지 않습니다. 읽어도 무슨 내용인지를 이해하는 것이 쉽지 않습니다. 유다서가 난해한 이유 중 하나는 바울이 기술한 골로새서와 내용적으로 충돌하는 지점이 있기 때문입니다. 고대 근동 사회에서는 신과 인간 사이를 연결해주는 무수한 매개자들이 있다고 생각했습니다. 골로새 교인들도 그러한 인식을 당연하게 받아들였습니다. 문제는 골로새 교회에 신과 인간 사이를 연결해주는 무수한 매개자들이 있는데 그들 중 하나가 예수라고 주장하는 자들이 있었다는 것입니다. 이들은 하나님과 사람 사이에 중간 매개자로서 하나님의 뜻을 우리에게 알려주는 무수한 매개자들이 있는데 왜 예수만을 섬기고 경배해야 하는지에 대해 문제를 제기했습니다. 그러면서 예수와 더불어 다른 매개자들에 대해서도 우리가 예배해야 되는 것이 아닌가 하고 골로새 교인들을 현혹시킨 것입니다. 이것을 천사 숭배설이라고 합니다. 이들이 골로새 교회 안에서 강력한 힘을 발휘하고 있는 상황에서 바울은 골로새서를 써서 그들을 책망하고 있습니다. 바울은 골로새서에서 예수 한 분만으로 충분하다는 것을 강조합니다. 예수 한 분만으로 우리는 충분히 하나님의 뜻을 알 수 있고 예수 한 분만 섬겨도 하나님의 백성으로써 충분함을 주장했습니다. 이처럼 당시 골로새 교회에는 바울과 대척점에 서 있던 일단의 그룹이 있었습니다. 이들을 천사 숭배론자들이라고 할 수 있는데 그들은 예수와 함께 하나님의 뜻을 전달해 준 다른 영적 존재들도 섬겨야 한다고 주장했습니다.

그런데 유다서는 정반대입니다. 유다서의 저자는 골로새서에 나와 있는 바울의 대적자들처럼 율법뿐만 아니라 천사들도 존경해야 한다고 주장합니다. 천사들에 대해서 함부로 비방하는 말을 해서는 안 된다고 말하는데 얼핏 보면 바울의 입장과는 다르다는 생각이 듭니다. 그런데 유다는 천사들을 숭배해야 한다고 말하는 것도 천사들을 예배해야 한다고 말하는 것도 아니라 천사들을 존경해야 한다고 주장합니다. 천사들을 존경해야 한다는 것은 천사 숭배론과는 다른 것입니다. 골로새서에서 바울이 비판했던 사람들은 하나님의 뜻을 우리에게 전달해 주는 무수한 매개자들이 있는데 왜 예수에게만 우리가 경배를 해야 하는가 하고 문제를 제기하면서 하나님의 뜻을 전달해 주는 천사들도 경배해야 한다고 주장한 사람들입니다. 이들을 천사 숭배론자들이라고 할 수 있습니다. 그런데 유다서를 보면 하나님이 우리에게 주신 율법뿐만 아니라 신앙인들이 존중하고 존경해야 될 대상 가운데 하나가 천사로 나옵니다. 천사들에 대해서 함부로 말하면 안 된다고 경고합니다. 그래서 얼핏 보면 바울과 유다의 입장이 정반대가 아닌가 하고 생각하기 쉽습니다. 그러나 유다는 천사를 숭배해야 한다고 주장하는 것은 아닙니다. 하나님의 뜻을 우리에게 전달해 주는 천사들을 함부로 대해서는 안 되고 존경해야 한다는 것이 유다의 입장입니다.

1장 1절을 보겠습니다.

예수 그리스도의 종이요 야고보의 형제인 유다는 부르심을 받은
자 곧 하나님 아버지 안에서 사랑을 얻고 예수 그리스도를 위하여
지키심을 받은 자들에게 편지하노라.

공동 서신은 예수의 동생인 야고보의 편지로 시작해서 예수의 동
생인 유다의 편지로 마무리가 됩니다. 공동 서신은 예수의 동생들의
편지가 앞뒤에 위치하고 그 가운데 베드로전후서와 요한일이삼서
가 위치하고 있습니다. 여러 번 말씀드렸지만 개신교에서 예수의 친
동생이라고 생각하는 야고보와 유다를 가톨릭에서는 이복형이나 사
촌으로 이해합니다. 사도행전 1장 13절에 보면 마가의 다락방에 모
여 있었던 사람들의 이름들이 쭉 열거되는데 '야고보의 아들 유다'라
는 표현이 나옵니다. 본문에 아들로 번역된 단어는 형제로 해석할 수
도 있습니다. 즉 '야고보의 형제 유다'로 번역하면 유다서의 저자인
유다도 마가의 다락방에 함께 있었음을 알 수 있습니다. 개역 개정을
보면 야고보의 아들이라고 하는 단어에 각주가 있습니다. 각주를 보
면 '형제로 읽을 수도 있음'이라고 되어 있습니다. 즉 야고보의 아들
은 야고보의 형제로도 읽을 수 있습니다. 그렇게 되면 야고보의 형제
인 유다도 초대 교회 공동체가 탄생하는 마가의 다락방에 함께 있었
음을 알 수 있습니다.

3~4절에는 교회의 순수성을 지키기 위해서 교회 안에 침투해 들어
온 거짓 교사들에 맞서 힘써 싸울 것을 강조하고 있습니다.

사랑하는 자들아 우리가 일반으로 받은 구원에 관하여 내가 너희에게 편지하려는 생각이 간절하던 차에 성도에게 단번에 주신 믿음의 도를 위하여 힘써 싸우라는 편지로 너희를 권하여야 할 필요를 느꼈노니 이는 가만히 들어온 사람 몇이 있음이라 그들은 옛적부터 이 판결을 받기로 미리 기록된 자니 경건하지 아니하여 우리 하나님의 은혜를 도리어 방탕한 것으로 바꾸고 홀로 하나이신 주재 곧 우리 주 예수 그리스도를 부인하는 자니라.

현재 유다 공동체 안에는 경건하지 않고 방탕한 삶을 살고 있으며 예수 그리스도를 부인하는 자들이 들어와서 교회를 어지럽히고 있습니다. 이들은 하나님 나라의 백성이 아닙니다. 이들은 사탄이 지상 교회에 파송한 사탄의 지상 하수인들입니다. 사탄은 뜻이 하늘에서 이루어진 것같이 땅에서도 이루어지는 것을 견디지 못합니다. 그래서 사탄은 교회와 신앙인들을 끊임없이 공격하고 유혹하여 하나님으로부터 멀어지게 만듭니다. 지상의 교회가 사탄의 일차 공격 대상임을 기억해야 합니다. 사탄은 자신의 하수인들을 교회 안에 침투시켜 교회를 어지럽히고 성도들을 미혹하고 있습니다. 말씀 앞에 깨어 있는 성도들은 사탄이 심어 놓은 가라지를 분별하는 일에 열심을 내야 합니다.

6절은 유다서에서 가장 유명한 구절입니다.

또 자기 지위를 지키지 아니하고 자기 처소를 떠난 천사들을 큰 날의 심판까지 영원한 결박으로 흑암에 가두셨으며.

대부분의 신앙인들은 사탄의 기원과 관련하여 천사 타락설을 믿습니다. 사탄이 원래는 하나님을 섬기던 천사 가운데 하나였는데 어느 날 타락하여 하나님을 대적하게 되었다고 보는 것입니다. 이러한 천사 타락설의 근거 본문으로 내세우는 것이 6절입니다. 자기 지위를 지키지 아니하고 자기 처소를 떠난 천사가 바로 사탄이라는 것입니다. 그런데 주목해야 할 것은 본문은 외경인 에녹서에 나오는 말씀을 유다가 인용한 것입니다. 여기에 고민이 있습니다. 유다서는 현재 정경 본문 중 하나입니다. 그래서 신약 성경 27권에 들어와 있습니다. 당연히 6절 말씀을 하나님의 말씀으로 받아들이고 있고 그 결과 천사 타락설을 대부분 수용하고 있습니다. 그런데 6절은 외경인 에녹서의 말씀을 인용한 것입니다. 외경은 하나님의 영감으로 기록된 하나님의 말씀으로 최종 승인을 받지 못한 본문입니다. 그러면 외경에 있는 말씀을 인용한 것을 그대로 수용해도 되는지에 대한 고민이 있습니다.

오늘날 대부분의 성도들은 목회자들의 설교 시간을 하나님의 말씀을 전하는 시간이라고 받아들이는데 목회자들은 설교 시간에 예화를 사용하기도 합니다. 예화 중에는 어떤 문학 작품의 내용을 인용한 것도 있고 드라마나 영화의 내용이나 대사를 인용하는 경우도 있습니다. 그런데 예화에서 인용하는 것들은 성경 말씀은 아닙니다. 성경 말씀이 아닌 것을 성경 말씀을 전하는 시간에 사용하는 것에 대해서 여러분은 어떻게 생각하십니까? 유다서에서 외경의 말씀을 인용한 것은 이런 것과 비슷한 것입니다. 그래서 신학자들은 고민을 합니다. 6절은 외경 에녹서에 있는 말씀을 인용한 것인데 외경에 있는 말씀을 가지고 그것을 교리화하여 받아들이는 것이 가능한지를 질문합니다. 6절이 정경 안에 있는 것은 맞지만 6절은 외경인 에녹서를 인용한 것이기 때문에 하나님의 말씀 그대로 받아들이는 것에 대해서 신중한 자세를 취하는 것이 필요합니다. 더욱이 그 말씀을 가지고 신앙인들이 반드시 받아들여야 하는 교리로 확정하는 것에 대해서는 더욱 조심해야 합니다.

우리가 너무나 궁금해 하는 질문에 대해 성경에는 명쾌하게 답변하지 않는 것들이 많습니다. 그 중에 하나가 사탄이라고 하는 존재가 어떻게 탄생하게 되었는지에 대한 문제입니다. 대부분은 사탄의 기원과 관련하여 천사 타락설을 이야기합니다. 이것이 한국 교회에서는 정설처럼 인식되고 있지만 정답이라고 말하는 것은 조심해야 합니다. 천사 타락설을 지지하는 중요한 근거가 6절인데 이 말씀은 외경인 에녹서를 인용하고 있기 때문입니다. 무엇이 정답인지에 대해 우리가 정확히 알 수 없다는 겸손한 입장을 취해야 합니다. 성경이 그 문제에 대해서 상세한 기술을 하지 않고 있습니다. 이것은 우리가 그런 문제에 대해서 관심을 기울이지 말라는 의미는 아닙니다. 사탄이 어떻게 탄생하게 되었는가에 대해서 질문하는 것은 당연한 것입니다. 그러나 그것보다 성경이 더 강조하는 것이 있습니다. 지금도 사탄이 하나님의 백성된 우리들을 집어삼키기 위해서 호시탐탐 공격하고 미혹하고 있다는 사실입니다. 사탄의 기원에 대해서는 우리가 명확하게 알 수 없다고 하더라도 오늘 여기에서 여전히 사탄이 우리들을 공격하고 유혹하고 있다는 사실을 기억해야 합니다. 그래서 항상 깨어 있어야 합니다. 이것이 우리가 관심을 가져야 할 더 중요한 문제입니다.

8절을 보면 '꿈꾸는 이 사람들'이라는 표현이 나옵니다.

그러한데 꿈꾸는 이 사람들도 그와 같이 육체를 더럽히며 권위를 업신여기며 영광을 비방하는도다.

꿈꾸는 이 사람들은 누구입니까? 오늘날로 말하면 직통 계시파들입니다. 이들은 오랜 세월 신앙 공동체가 묵상한 구약 말씀을 경시합니다. 하나님의 뜻을 전달해 주는 천사에 대해서도 무시합니다. 이들에게 중요한 것은 자신이 직접 하나님과 소통하고 있다는 사실입니다. 자신이 직접 하나님께 받은 그 말씀이 세상 그 무엇보다 권위가 있고 중요하다고 봅니다. 직통 계시파에게서 가장 중요한 존재는 하나님의 계시를 받는 자기 자신이 될 수밖에 없습니다. 이런 직통 계시파들이 하나님의 뜻을 매개해 주었던 존재들을 무시합니다. 천사와 같은 중간 매개자가 없어도 자신들이 직접 하나님과 소통하면 된다고 생각합니다. 직통 계시파들은 결국 자기중심적인 신앙생활로 귀결될 수밖에 없습니다. 이들은 신앙 공동체가 오랜 세월 묵상해 온 하나님의 말씀들은 과거의 것들로 치부해 버립니다. 중요한 것은 오늘 나에게 주어지는 새로운 말씀입니다. 결국 직통 계시를 강조하게 되면 과거에 기술되어 지고 과거에 주어진 하나님의 말씀보다 지금 나에게 주신 뜻을 더 중요하게 생각합니다. 그리고 과거에 하나님의 뜻을 전달해 주었던 천사와 같은 존재들보다 하나님과 직접적으로 소통하는 자신을 더 우위에 두게 되는 것입니다. 당연히 직통 계시파들은 천사를 하대하고 무시합니다. 이런 상황에서 유다는 천사를 조롱하고 하대하는 그런 분위기에 대해서 경계하고 있는 것입니다. 그런데 거짓 교사들은 바울이 말한 천사 숭배 금지에 대해 곡해하고 있습니다. 9~10절을 보겠습니다.

천사장 미가엘이 모세의 시체에 관하여 마귀와 다투어 변론할 때에 감히 비방하는 판결을 내리지 못하고 다만 말하되 주께서 너를 꾸짖으시기를 원하노라 하였거늘 이 사람들은 무엇이든지 그 알지 못하는 것을 비방하는도다 또 그들은 이성 없는 짐승 같이 본능으로 아는 그것으로 멸망하느니라.

여기 9절 말씀이 조금 난해할 것입니다. 천사장 미가엘이 마귀와 모세의 시체에 대해서 변론했다고 말합니다. 그런데 천사장조차 마귀에 대해서 함부로 이야기하지 않았다는 것입니다. 이 말이 무슨 말이냐면 영적인 존재들에 대해서 함부로 말하거나 비판할 수 없다는 것입니다. 그들을 비판하고 심판하시는 분은 하나님이심을 강조합니다. 그런데 꿈꾸는 직통 계시파들은 천사들에 대해서 함부로 말하고 무시하고 있습니다. 천사장 미가엘조차도 마귀에 대해서도 함부로 말하지 않았음을 강조함을 통하여 유다는 유다 공동체의 직통 계시파들을 책망하고 있는 것입니다. 직통 계시파들은 자신들이 하나님과 직접 소통하고 있다는 자부심으로 인해 하나님의 계시를 전달해 주었던 천사들에 대해 함부로 이야기하고 있습니다. 그것을 책망하는 것이 9절입니다.

정리하면 바울은 골로새서에서 천사의 사역은 인정하고 존중하지만 천사를 섬김과 경배의 대상으로 삼는 것에 반대했습니다. 바울은 천사를 무시하라고 말한 적이 없습니다. 그런데 유다서에서 대적자들은 자기들이 하나님과 직접 소통하고 있다는 이유로 인해 천사들을 무시하고 함부로 말하고 있습니다. 자기들이 오늘 받았다고 생각하는 계시를 근거로 과거의 계시인 성경을 무시했습니다. 여기에 대해서 문제 제기를 하고 있는 본문이 유다서입니다.

Q 요한삼서를 읽으면서 이 본문이 어떻게 정경이 되었을까 생각을 해봤습니다. 그리고 지금의 상황에 맞추어서 새로운 성경 본문들이 추가되어야 하는 것은 아닌가 하는 생각도 하게 되었습니다. 니케아 종교 회의에서 결정된 정경으로 하나님의 계시는 종결되었다고 보는 것이 맞는 것인지가 궁금합니다.

A 먼저 신약 27권이 정경으로 확정된 것은 니케아 종교 회의가 아니라 397년 카르타고 종교 회의입니다. 그리고 카르타고 종교 회의에서 갑자기 27권의 본문이 하나님의 말씀으로 결정된 것이 아닙니다. 2세기 초반부터 시작해서 200년 이상 신앙 공동체에서 그 본문들은 하나님의 말씀으로서의 권위를 인정받은 책들입니다. 오랜 세월 동안 권위를 인정받아 온 것을 카르타고 종교 회의에서 정경으로 확증한 것입니다. 질문하신 것처럼 요한삼서 같은 본문이 정경으로 채택된 이유는 무엇 때문일까요? 선교 정책에 대한 갈등 문제는 과거에만 존재하던 것이 아닙니다. 기독교 2천 년 역사 내내 교회 공동체에서 이 문제는 끊임없이 재연되고 있습니다. 어떤 문제와 관련하

여 교회 공동체에서 다른 의견이 나올 수는 있습니다. 그런데 본문에 나오는 디오드레베처럼 으뜸 되기를 좋아하는 사람들이 무엇인가를 가로막으며 자기가 주인공이 되지 않으면 모든 것들을 비방하는 이런 모습은 지양해야 하는 것입니다. 이런 현상은 과거에만 존재하던 사건이 아니라 오늘날에도 여전히 반복될 수 있는 사건입니다. 동일한 상황 속에 처하게 되었을 때 하나님의 뜻은 무엇일까를 본문을 통해서 깨닫고 하나님이 원하시는 선택을 하기를 바라는 마음으로 하나님께서는 유다서를 정경으로 주셨을 것입니다.

66권의 정경이 확정이 되었는데 오늘의 상황에 맞는 새로운 말씀들이 필요한 것이 아닌가 하는 질문을 주셨습니다. 제가 볼 때 우리의 구원을 위해 필요한 말씀들은 성경에 모두 있다고 봐야 합니다. 교회 공동체에서 벌어지는 각론적인 문제에 대해서는 성경이 모두 다루고 있지 않지만 최소한 우리가 교회 공동체에서 지체들을 어떻게 대해야 하는지, 어떤 마음으로 신앙의 삶을 살아야 하는지에 대한 중요한 본질적인 내용들은 66권에 기록되어 있다고 봅니다. 그래서 새로운 내용들이 추가되지 않는다고 하더라도 하나님의 백성으로 온전히 살아갈 수 있는 모든 지침들은 성경에 기술되어 있다고 볼 수 있습니다. 그런 의미에서 우리는 계시가 완성되었다고 보는 것입니다.

Q 디오드레베 같은 자기중심적인 사람들로 인하여 초대 교회에서 감독 시스템이 더 강화되었을 수 있겠다는 생각이 듭니다.

A 맞습니다. 말씀하신 것처럼 새로운 종교가 등장하게 될 때 결코

한목소리만 존재하는 것은 아닙니다. 한번 생각해 보십시오. 예수를 만났던 사람들이 얼마나 많이 있었겠습니까? 그들 모두가 자기가 만난 예수에 대해서 이야기 할 때 그 중에 상충되는 내용들이 있지 않았겠습니까? 그래서 누군가가 이것을 교통 정리해주는 것이 필요했을 것입니다. 디오드레베 같은 사람은 자기가 으뜸 되기를 좋아하고 자기가 주인공이 되어야 하는 사람입니다. 자기 외에는 그 누구도 교인들을 목회하면 안 된다고 보는 사람입니다. 이런 사람들이 많아지게 되면 기독교 신앙인들이 많아진다 하더라도 제대로 된 신앙을 가진 사람들이 많아지는 것은 아닐 것입니다. 그래서 감독들이 여러 교회들을 관리 감독하면서 올바로 목회하는 감독제가 강화된 측면이 있습니다. 문제는 감독 스스로도 자기중심주의에 빠질 수 있다는 것입니다. 어떤 시스템이 모든 문제의 해결책이 될 수는 없는 것입니다. 그런 의미에서 말씀 앞에 깨어 있는 자들이 교회의 지도자가 되고 말씀 앞에 깨어 있는 자들이 서로에게 돕는 배필이 되는 것이 너무나도 중요합니다.

요한계시록 I

요한계시록은 초대 교회 때부터 지금까지 정통 교회로부터 서자 취급을 받아 온 서러운 본문 중 하나입니다. 역설적이게도 요한계시록에 대한 반응은 두 가지인데, 하나는 요한계시록을 과도하게 집착하는 그룹이 있고 다른 하나는 요한계시록을 지나치다 싶을 정도로 무시하는 그룹이 있습니다. 재미있는 것은 요한계시록에 대해 과도하게 집착하는 그룹은 대부분 이단들입니다. 기독교 2천 년의 역사에서 대부분의 이단들이 요한계시록에 대한 광적인 집착을 드러냈습니다. 그들은 요한계시록을 마지막 종말의 때에 미래에 어떤 일이 일어날 것인가에 대해서 미리 예견해 놓은 책으로 이해합니다. 그래서 본문에 나와 있는 내용을 잘 숙지하고 그 내용대로 따라야 만이 온전한 구원을 받을 수 있다고 생각했습니다. 이처럼 기독교 역사에서 이단으로 정죄 받은 많은 집단들이 요한계시록에 대해서 광적인 집착 증세를 보여왔습니다. 그래서 오늘날에도 신앙인들에게 '당신이 성경에서 가장 좋아하는 본문은 무엇입니까'하고 물었을 때 '저는 요한계시록을 가장 좋아합니다'하고 답하면 이단에 속한 사람이 아닌가 하는 의심을 받게 되는 것입니다.

2천 년 기독교 역사에서 우리가 잘 알고 있는 유명한 기독교 지도 자들일수록 요한계시록을 무시했습니다. 종교 개혁자 칼빈은 성경에 대한 주석을 썼는데 유일하게 쓰지 않은 것이 요한계시록 주석입니다. 그는 요한계시록에 대한 주석을 써야 할 이유를 찾지 못한 것입니다. 이처럼 정통 교회나 신앙인들에게는 서자 취급을 받고 이단이라고 정죄 받은 곳일수록 광적으로 사랑했던 본문이 요한계시록입니다. 이러한 현상은 오늘날 한국 교회에서도 그대로 반복되고 있는데 정통 교회에서는 요한계시록을 본문으로 거의 설교하지 않습니다. 목사님들이 요한계시록에 대한 설교를 할 때도 2장과 3장에 나오는 일곱 교회에 대한 주님의 말씀과 관련된 설교를 주로 하고 4장부터 22장을 가지고 설교하는 경우는 그리 많지 않습니다. 한국 교회에서 요한계시록을 가장 사랑하는 집단이 어디입니까? 신천지입니다. 이처럼 기독교 2천 년의 역사에서 재연되었던 모습들이 한국 교회 안에서도 그대로 드러나고 있는 것입니다. 이단들은 요한계시록에 광적인 집착을 드러내고 정통 교회는 일정 거리두기를 하고 있습니다. 기독교 2천 년의 역사에서 요한계시록에 대한 두 극단의 반응이 있음을 기억하시면 좋겠습니다.

그렇다면 왜 정통 교회는 요한계시록에 대해 거리두기를 하고 있는 것일까요? 가장 중요한 이유는 신학을 공부한 목사님들조차도 요한계시록을 문자 그대로 읽었을 때 그 의미를 정확하게 포착해서 설교한다는 것이 쉽지 않기 때문입니다. 요한계시록은 목회자들이나 성도들에게 항상 부담스럽게 다가오는 성경 본문입니다. 마치 고등학교 수포자들이 갖는 마음과 비슷한 느낌입니다. 뒤늦게나마 국사나 국어 같은 과목은 열심히 한 번 공부해보면 할 수 있을 것 같은데 기초가 전혀 없는 상태에서 수학을 공부하려고 할 때 막막한 마음이 밀려들 수밖에 없습니다. 신앙인들에게는 요한계시록이 그러한 본문입니다. 요한계시록이라는 단어만 들어도 목회자나 성도들 모두에게 조금은 부담스러운 본문이나 아무리 읽어도 이해하기 어려운 본문이라는 선입견이 있습니다. 그래서 요한계시록을 볼 때마다 먼저 가져야 할 마음은 요한계시록에 대한 과도한 부담감을 떨쳐내는 것입니다. 사실 요한계시록은 매우 단순한 본문입니다. 매우 단순함에도 불구하고 요한계시록을 부담스러워 하는 이유는 그 안에 환상이나 숫자나 상징이 많이 나오기 때문입니다. 그런데 요한계시록에 나오는 환상이나 상징이나 숫자를 자세히 보면 요한계시록에 처음으로 등장하는 것들이 아님을 알 수 있습니다. 요한계시록에 나오는 대다수의 환상과 상징과 숫자는 구약에 이미 등장했던 것들입니다. 즉 구약에 대한 이해를 가지고 있는 분들에게는 요한계시록은 단순한 본문이라고 할 수 있습니다.

요한계시록에 보면 첫째부터 넷째까지 다양한 색깔의 말들이 등장합니다. 이것은 구약 스가랴에 나오는 내용입니다. 증인들이 복음을 전하고 박해받는 42달이라는 표현이 나옵니다. 이것은 다니엘에 나오는 내용입니다. 일곱 인, 일곱 나팔, 일곱 대접이라는 연속적인 재앙 이야기가 나옵니다. 이것은 출애굽기에 나와 있는 열 가지 재앙을 연상케 하는 것들입니다. 하늘 보좌에 있는 여러 가지 동물 모양들이 나옵니다. 다양한 동물 모양에 대한 내용은 에스겔에 이미 나오고 있습니다. 이처럼 요한계시록에 나오는 환상과 상징과 숫자는 이미 구약 성경에 나오는 내용들입니다. 이를 통해서 우리는 요한계시록의 일차 수신자들이 구약 성경을 잘 알고 있던 사람들이었구나 하고 짐작할 수 있습니다. 일차 수신자들이 구약에 대한 이해가 있었기 때문에 요한은 그들이 알고 있는 내용을 가지고 하나님의 계시를 전해주었던 것입니다. 요한계시록의 일차 독자들은 출애굽기도 알고 에스겔도 알고 다니엘도 알고 스가랴도 알고 있는 사람들입니다. 구약 본문에 대한 내용을 전혀 모르는 사람들에게는 요한계시록에 나와 있는 환상이나 숫자나 상징은 아주 난해했을 것입니다. 그러나 그 내용을 알고 있는 사람들 입장에서는 이것이 바로 이런 내용이구나 하는 것을 금방 연상할 수 있었을 것입니다. 정리하면 요한계시록은 창세기부터 유다서까지의 성경의 다른 본문들과 긴밀하게 연결된 본문입니다. 성경의 다른 본문들에 대한 이해를 가진 사람들을 대상으로 요한계시록은 기술되어졌습니다. 우리가 요한계시록을 제대로 이해하기 위해서라도 창세기부터 유다서까지의 내용들에 대한 기본적인 이해를 갖는 것이 중요합니다.

요한계시록이 말하고자 하는 핵심은 아주 명확하고 단순합니다. 그 핵심적인 내용을 잘 붙잡는 것이 무엇보다 중요합니다. 요한계시록은 미래에 일어날 일에 대한 타임 테이블이 아닙니다. 요한계시록이 말하고자 하는 핵심은 로마에 굴복하지 말라는 것입니다. 로마 황제는 신앙인들이 결코 무릎 꿇고 경배해야 할 예배의 대상이 아닙니다. 로마의 가치, 로마의 문화, 로마의 질서에도 신앙인들은 순응하지 말아야 합니다. 왜냐하면 로마는 하나님의 심판을 받아서 멸망할 것이기 때문입니다. 이 세상을 영원히 다스리시는 분은 오직 하나님 한 분이심을 믿어야 합니다. 그 하나님께만 온전히 순종해야 합니다. 요한계시록은 독자들에게 중요한 질문을 던집니다. 로마 황제와 하나님 가운데 누구를 예배하고 누구를 섬길 것인가? 이러한 질문을 던지면서 하나님만을 섬기는 백성이 되기를 촉구하는 것이 요한계시록의 핵심적인 내용입니다. 이처럼 요한계시록은 말하고자 하는 바가 아주 선명하고 분명합니다. 요한계시록에서 가장 중요한 본문은 18장 4절입니다.

또 내가 들으니 하늘로부터 다른 음성이 나서 이르되 내 백성아, 거기서 나와 그의 죄에 참여하지 말고 그가 받을 재앙들을 받지 말라.

본문에서 말하는 '거기서'는 로마를 가리킵니다. 로마의 지배로부터 탈출하라는 것입니다. 다시 말해 요한계시록은 제2의 출애굽을 요청하는 본문입니다. 최초의 출애굽 사건이 바로의 압제와 애굽의 문화와 질서에 속박된 히브리인들을 하나님께서 구원해 주신 사건이라면 요한계시록은 로마의 압제, 로마의 가치와 문화의 지배로부터 시달리는 하나님의 백성을 구원해 주시는 이야기입니다.

여전히 많은 분들이 요한계시록을 낯설어하고 부담스러워합니다. 자신이 알지 못하는 아주 심오한 내용이 있는 것은 아닐까 하는 선입견에 지배를 받고 있습니다. 하지만 그런 부담감을 떨쳐 버려야 합니다. 요한계시록은 아주 명료하고 단순한 메시지를 선포하고 있습니다. 우리가 누구를 믿고 예배할 것인가 하는 질문을 던지면서 우리가 진정 믿어야 할 참 신은 눈에 보이는 신이 아님을 폭로합니다. 우리 눈에 보이는 신은 이 땅을 지배하는 것처럼 보입니다. 그의 권세는 영원무궁할 것 같은 착각을 불러일으킵니다. 그가 누구입니까? 로마의 황제입니다. 이 땅을 영원무궁토록 다스릴 것 같은 나라가 있습니다. 그 나라는 절대로 무너지지 않을 것 같습니다. 그 나라가 어디입니까? 로마입니다. 로마와 로마의 황제가 천하를 지배하는 듯 보이는 현실에서 오직 하나님만을 믿고 순종하고자 하는 백성들은 핍박을 받고 있습니다. 순교를 당하고 있습니다. 그래서 많은 신앙인들이 자기 목숨 하나 지켜내고자 배교를 하고 있습니다. 이런 상황에서 요한계시록의 말씀이 선포되고 있습니다. 무엇을 말하고 있습니까? 하나님께서 반드시 음녀 바벨론인 로마를 심판하실 것이고 하나님의 온전한 세계 통치가 이루어질 것임을 강조합니다. 이것을 믿고 하나님의 구원에 동참하는 자가 되라고 권면합니다. 하나님의 구원에 동참하는 자가 되기 위해서는 로마의 압제로부터 출애굽 해야 합니다. 이것을 강조하는 것이 요한계시록의 핵심적인 메시지입니다. 요한계시록은 너무나 심오한 내용이 담겨 있는 어려운 책이라는 부담감을 버려야 합니다. 아주 명료하고 분명하며 단순한 메시지라는 마음을 가지고 요한계시록을 보셔야 합니다.

요한계시록은 묵시 문학입니다. 묵시 문학은 소수자 의식을 가진 집단에게 주어지는 말씀입니다. 소수자 의식을 가진 집단은 실제적으로도 소수의 무리들로 구성되어 있으며 불의한 다수에 의해서 핍박을 받습니다. 다수의 사람들로부터 왜 이런 삶을 살아가는지에 대해 이해를 받지 못하는 것입니다. 이런 소수자 의식을 가지고 있는 집단이 세상의 마지막 날에 일어날 일들에 대해서 하나님으로부터 비밀스럽게 계시 받은 내용들이 묵시 문학입니다. 비밀스럽게 계시 받았다는 것은 계시 안에 암호와 상징이 가득하다는 말입니다. 요한계시록도 그러합니다. 요한계시록에는 많은 암호와 상징들이 있습니다. 왜 요한은 직설적으로 무엇인가를 말하지 않고 암호와 상징들을 많이 사용했을까요? 이때가 핍박의 시대이기 때문에 그렇습니다. 개인의 양심과 신앙의 자유가 억압받던 시대이고 언론이 통제되던 시대입니다. 있는 그대로를 말할 수 없는 시대입니다. 로마의 권력을 있는 그대로 비판할 수 없는 그런 시대입니다. 그래서 요한계시록에서는 로마를 바벨론이라고 기술합니다. 언론의 자유가 없는 상황에서 암호와 상징 같은 비밀스러운 것들을 사용하여 세상 마지막 날에 어떤 일이 일어날 것인가 하는 것을 기록한 문서가 요한계시록입니다. 주목해야 할 것은 요한계시록에 나오는 암호와 상징이 불신자들에게는 난해한 것이지만 신자들에게는 익숙한 내용들이라는 것입니다. 42달, 흰 말, 붉은 말 등의 다양한 색깔들의 말들, 연속적인 재앙들이 구약을 알고 있는 신앙인들에게는 익숙한 것들입니다. 그러나 신앙 바깥에 있는 사람들에게는 그것은 오직 암호일 뿐입니다. 어떻게 해석할지 애매하고 난해한 것으로 다가올 수 있습니다.

요한계시록의 핵심은 낡은 세상이 해체되고 새로운 세상이 도래한다는 것입니다. 지금의 불의한 세상은 끝장난다는 것을 강조합니다. 그런 의미에서 요한계시록은 저항 문학입니다. 무엇에 저항하는 것입니까? 기존의 권력에 저항하는 것이고 지금의 체제에 저항하는 것입니다. 지금 권력을 쥐고 있는 너희들이 영원무궁할 것 같지만 너희들은 곧 끝난다는 것을 강조하는 것이 요한계시록입니다. 지금의 불의한 세상이 끝나면 이후에는 무엇이 펼쳐집니까? 하나님의 통치가 온전히 이루어집니다. 지금 당장 고난과 핍박을 받는다고 해서 곧 멸망당할 바벨론과 손을 맞잡는 것은 얼마나 어리석은 일입니까? 그래서 고난 받는 성도들에게 인내하고 끝까지 하나님에 대한 믿음을 지켜내라고 촉구하고 있는 것이 요한계시록입니다. 요한계시록은 이 낡은 세계와 새로운 세계의 과도기에 성도들의 고난이 필수적이라고 주장하며 성도들을 격려하고 있습니다. 불의한 세상에서 하나님 나라 백성으로서 미움을 받는 것을 당연하게 받아들여야 합니다. 불의한 자들은 의로운 사람들을 좋아하지 않습니다. 거짓을 신봉하는 사람들은 진실을 말하는 사람을 좋아하지 않습니다. 불의한 자들일수록 정직하고 진실하고 거룩하게 살아가고자 하는 신앙인들이 얼마나 꼴 보기 싫겠습니까? 무엇을 잘못해서가 아니라 불의한 자들이 판치는 세상에서는 옳은 것을 지향한다는 이유만으로도 미움을 받고 핍박을 받습니다. 불의한 세상에서 성도들의 고난은 피할 수가 없습니다. 성도들은 고난의 때도 하나님에 대한 믿음을 드러냄을 통하여서 그 고난의 시험으로부터 승리해야 합니다. 무엇보다 하나님께서는 우리가 승리하기를 바라시고 응원해 주고 계십니다. 이 고난의 때가 곧 끝남을 알려줌을 통하여 끝까지 하나님에 대한 믿음을 지켜내라고 촉구하고 있는 본문이 요한계시록입니다.

신앙인들에게 있어서 낡은 세계의 부정과 자기 부인과 고난은 불가피한 것입니다. 우리가 의롭게 살아가려고 작정하고 거짓말도 하지 않고 불의한 일에 협력하지 않는다면 세상 모든 사람들이 우리를 좋아할까요? 진짜 정직하고 진실하게 살아가려고 작정하다 보면 내가 무엇을 잘못한 것도 아닌데도 부담스러워하는 사람들이 생겨나게 됩니다. 그것이 불의한 세상에서 참된 신앙인들이 매순간 경험하게 되는 실존적 상황입니다. 신앙인들은 이런 생각을 많이 합니다. 이 땅에 있는 모든 신앙인들이 정직하고 진실하고 거룩하게 살아가게 되면 세상 모든 사람들이 교인들을 칭찬하며 교회로 나오지 않을까 하고 생각합니다. 그러나 절대 그렇지 않습니다. 우리가 지금보다 훨씬 더 정직해지고 훨씬 더 진실해지고 훨씬 더 거룩해지면 우리의 변화된 모습을 좋아하는 사람들보다 부담스러워하는 사람들이 더 많아질 것입니다. 이것이 역설입니다. 왜 이런 역설이 벌어지냐면 세상이 죄악으로 충만하기 때문에 그렇습니다.

오〇〇 목사가 〇〇의교회에 부임한 이후에 정감 운동을 펼쳤습니다. 당시 〇〇의교회에 다니는 교인들은 메일을 보낼 때도 마지막에 '정직합시다. 감사합시다'라는 문구를 꼭 썼습니다. 저는 정감 운동이 시작될 때 기대를 많이 했습니다. 당시 〇〇의교회를 출석하는 법조인들만 200~300명이 된다고 했습니다. 이분들이 정직하게 법조인 생활을 하게 되면 대한민국 사회는 매일 엄청난 뉴스를 접하게 될 것이라는 기대를 했습니다. 판사가 재벌에게도 공정한 판결을 내리고 검사들은 오직 정의에 입각하여 기소와 수사를 하고 변호사들은 기댈 곳이 없는 사회적 약자들을 정직하게 돕는다면 얼마나 많은 뉴스들이 쏟아지겠습니까? 개인적으로 기대를 많이 했는데 이후 어떤 뉴스도 듣지를 못했습니다. 캠페인 차원에서만 정감 운동이 시행되었고 세상 속에서 정직을 실행하는 것으로는 나아가지 못했습니다. 구호를 뛰어 넘어 실제적인 실천으로 이어지는 것은 참 쉽지 않은 일입니다. 그 이유는 불의로 가득한 세상에서 우리가 정말 정직하게 진실하게 살아간다고 할 때 세상과의 충돌을 감수해야 하기 때문입니다. 자신이 지금까지 누려왔던 기득권들을 기꺼이 포기해야 할 수도 있습니다. 그래서 성도들은 불의한 세상에서 고난 받을 수밖에 없습니다. 미움 받을 수밖에 없습니다. 이것을 견뎌낼 수 있는 신앙적인 맷집이 필요합니다. 이러한 맷집이 없으면 금방 타협하게 됩니다.

요한계시록은 묵시 문학입니다. 묵시 문학을 제대로 이해하기 위해서는 묵시가 무엇인가에 대해 살펴보는 것이 필요합니다. 구약에도 묵시 문학이 몇 곳에서 나타나고 있는데 다니엘 일부, 에스겔 일부, 스가랴 일부가 묵시 문학입니다. 그런데 본문 전체가 묵시 문학인 것은 요한계시록이 유일합니다. 묵시는 예언과는 전혀 다른 장르입니다. 예언과 묵시는 세 가지 정도 중요한 차이가 있다고 했습니다. 먼저 예언은 청중의 반응 여하에 따라 얼마든지 변경 가능한 것입니다. 하나님께서 예언자를 보내셔서 심판을 경고하시는 목적이 어디에 있습니까? 회개하고 돌이키라고 촉구하는 것이 예언자를 보내신 목적입니다. 하나님은 예언자를 통해 심판을 경고하시지만 사람들이 경고의 말씀을 듣고 돌이키게 되면 하나님이 작정하신 심판은 철회됩니다. 이처럼 예언은 청중의 반응 여부에 따라 얼마든지 변경 가능한 말씀입니다. 그리고 예언은 부분적인 수정과 변화를 기대하는 것입니다. 하나님이 원하시는 정치, 경제, 사회, 문화, 종교의 모습이 있습니다. 그런데 현실 속에서의 모습은 하나님이 원하시는 모습으로부터 많이 이탈되어 있습니다. 그 잘못된 모습을 지적하고 그것을 변화시켜내려고 할 때 예언 사역이 이루어집니다. 예언이 궁극적으로 기대하는 바는 잘못된 것을 고치는 것에 있습니다. 또한 예언은 하나님이 선택하신 예언자들을 통해서 선포됩니다. 여기서 예언이라고 할 때 '예'자는 맡길 예(預)자입니다. 하나님께서 맡겨주신 말씀을 있는 그대로 선포하는 것이 예언이고 그것을 행하는 자를 예언자라고 부릅니다.

그런데 묵시는 예언과 다릅니다. 가장 두드러진 특징은 묵시는 청중의 반응이 중요하지 않습니다. 묵시는 이미 결정되어 있습니다. 청중의 반응 여부에 따라서 결정된 것이 수정되지 않습니다. 결정된 그대로 가는 것입니다. 이것이 묵시입니다. 또한 예언이 잘못된 부분을 고치는 것에 관심이 있다면 묵시는 이 땅 전체를 새롭게 하는 것입니다. 지금의 이 땅은 총체적으로 타락한 상태입니다. 몇 가지를 고친다고 해서 해결될 수 있는 상황이 아닙니다. 지금의 하늘과 땅을 완전히 새 하늘과 새 땅으로 변화시켜내는 것 외에는 답이 없을 때 묵시가 등장합니다. 예언이 청소기가 고장 났을 때 청소기 부품을 교체하는 것이라면 묵시는 청소기를 새 것으로 교체하는 것입니다. 마지막으로 예언이 인간 예언자를 통해 전달되는 것이라면 묵시는 천사와 같은 천상적 존재를 통해서 전달됩니다. 이것이 예언과 묵시의 중요한 차이입니다.

요한계시록이 저술된 시기는 도미티안 황제가 교회를 박해하던 시기입니다. 로마 황제 가운데 황제 숭배를 본격적으로 강요했던 인물이 도미티안입니다. 도미티안은 81년부터 96년까지 다스렸는데 자신이 통치하던 기간에 자신에 대해 주님과 신으로 고백할 것을 명령했습니다. 도미티안은 살아 있는 신으로 자기를 신격화했습니다. 자신을 로마 제국에 있는 백성들의 주인이자 신으로 섬기도록 했습니다. 그리고 자신에게 무릎 꿇지 않는 자들을 박해했습니다. 이때부터 초대 교회는 약 300년 동안 로마로부터 수많은 박해를 받았습니다. 초대 교회가 로마로부터 박해를 받은 몇 가지 이유가 있습니다. 첫째는 무신론자라는 이유에서입니다. 여기서 무신론이라고 하는 것은 신을 믿지 않는다는 것이 아니라 로마가 인정하는 신을 믿으면 유신론자이고 로마가 인정하지 않는 신을 믿으면 무신론자인 것입니다. 당시 로마는 유대인들이 믿는 야웨는 신으로 인정했습니다. 그래서 유대인들은 유신론자가 되었습니다. 그러나 초대 교인들이 믿는 예수는 신으로 인정하지 않았습니다. 따라서 초대 교인들이 예수를 신으로 믿는 것은 로마 입장에서는 무신론자가 된 것입니다. 이것이 언제 바뀌게 되었을까요? 313년에 선포된 밀라노 칙령 때부터입니다. 밀라노 칙령은 기독교를 로마의 국교로 인정한 것이 아닙니다. 기독교가 로마의 국교가 된 것은 392년입니다. 밀라노 칙령은 기독교인들이 믿고 있는 예수를 로마가 신으로 인정한 것입니다. 이때부터 기독교인들은 무신론자라는 이유로는 핍박받지 않게 된 것입니다.

둘째는 황제 숭배를 거부한 것 때문입니다. 교인들은 예수 그리스도만이 우리의 주인이자 신으로 고백했습니다. 그래서 황제에게 무릎 꿇지 않았습니다. 이것 때문에 큰 핍박을 받았습니다.

셋째는 근친상간자라는 누명을 쓰고 핍박을 받았습니다. 초대 교인들은 남편을 형제님으로 아내를 자매님으로 불렀습니다. 이를 빌미로 로마는 초대 교회를 근친상간자들의 모임으로 비난하며 박해했습니다. 교회 바깥에 있는 사람들 입장에서는 초대 교인들이 사용하는 용어를 들으면서 이들이 원래는 한 가족인데 결혼한 것으로 오해할 수 있었을 것입니다.

넷째는 식인종이라는 소문으로 인해 핍박을 받았습니다. 식인종이라는 소문은 성찬으로 인해 발생한 것입니다. 초대 교회는 매주 예배 때마다 성찬을 거행했습니다. 성찬을 통해서 예수의 몸을 먹고 예수의 피를 마신다는 소문이 돌면서 자연스럽게 로마는 초대 교인들을 사람을 잡아먹는 식인종이라는 누명을 씌워 박해했습니다.

마지막으로 초대 교회가 로마로부터 박해를 받았던 중요한 이유 가운데 하나가 군대 징집을 거부했기 때문입니다. 초대 교회는 로마의 군인으로 징집되는 것을 거부했습니다. 그들이 징집을 거부한 가장 중요한 이유는 평화의 왕이신 예수 그리스도를 믿는 사람으로서 사람을 죽이는 전쟁에 참여하지 않겠다는 것입니다. 재미있게도 초대 교회의 이러한 전통을 지금도 그대로 계승한 사람들이 여호와의 증인과 안식일 교인들입니다. 초대 교회는 전쟁에 참여하지 않았습니다. 로마의 군인들도 예수를 믿게 되면 무기를 버리고 탈영하는 일들이 빈번하게 일어났습니다. 그러니 로마의 입장에서는 기독교인들이 많아지면 많아질수록 로마의 군사력이 약화되는 모습을 봐야 했습니다. 그래서 기독교를 박해한 것입니다. 그렇다면 언제부터 기독교인들이 군대 징집에 응하게 된 것일까요? 기독교가 로마의 국교가 된 이후부터 바뀌었습니다. 기독교가 로마의 국교가 되고 나서부터는 로마에 충성하는 것이 곧 하나님께 충성하는 것으로 인식이 바뀌었습니다. 이제는 누구보다 더 열심히 로마 군대에 들어가서 로마를 위해 싸우게 된 것입니다. 로마가 승리하는 것을 하나님이 승리하신 것으로 로마가 패배하는 것을 하나님이 패배하신 것으로 생각하게 된 것입니다. 이상에서 보듯이 초대 교인들은 다섯 가지 이유로 로마로부터 박해를 받게 되었습니다.

요한계시록의 주제는 그리스도와 교회가 악에 대해서 궁극적으로 승리한다는 것입니다. 여기서 악의 대표는 로마입니다. 로마를 요한계시록에서는 바벨론이라고 했습니다. 요한계시록은 박해의 때에 세상으로 기울어져 쉽게 순응하며 살아가고자 하는 그리스도인들을 일깨우기 위한 목적으로 쓴 본문입니다. 요한계시록의 일차 독자들로 하여금 로마의 박해로 인해 변절하거나 타협하지 말 것을 촉구하는 목적으로 기술되었습니다. 로마의 권세가 아무리 하늘을 찌른다 하더라도 하나님께서는 반드시 로마를 멸하실 것입니다. 하나님의 승리를 기대하면서 인내하고 하나님에 대한 믿음을 드러낼 것을 권면하는 것이 요한계시록이 강조하는 핵심 메시지입니다.

요한계시록은 학자들마다 해석하는 관점이 너무나 다른 본문입니다. 66권의 성경 본문 가운데 학자들 사이에서 의견 일치가 가장 안 되는 본문이 요한계시록입니다. 요한계시록을 어떤 학자는 과거주의적 관점으로 해석하고 어떤 학자는 이상주의적 관점으로 어떤 학자는 역사주의적 관점으로 어떤 학자는 미래주의적 관점으로 해석합니다. 그래서 누군가가 요한계시록을 강의할 때 먼저 어떤 관점으로 해석하는지에 대해 물어보셔야 합니다. 저도 요한계시록을 강의하다 보면 그런 질문을 많이 받는데 저는 이렇게 대답합니다. "저는 각 본문에 따라서 네 가지 관점 모두를 사용합니다." 실제 하나의 관점만 가지고 요한계시록을 해석하는 것은 쉽지 않습니다. 과거주의적 관점으로 봐야 할 본문이 있고 미래주의적 관점으로 봐야 할 본문이 있습니다. 학자들 사이에도 합의된 의견이 없이 네 가지 관점이 팽팽하게 맞서고 있는 것이 요한계시록 해석의 특징입니다. 각 본문에 대한 해석에 있어서도 이 말씀에 대한 정확한 의미는 이것이라는 합의된 의견을 찾기가 쉽지 않습니다. 학자들 사이에 합의된 것은 지금 이 땅을 다스리고 있는 로마를 하나님이 심판하시고 하나님의 영원한 통치가 시작된다는 것이 핵심입니다. 요한계시록의 핵심 내용에 대해서는 합의가 되었지만 본문의 세부적인 내용과 관련해서는 학자들 사이에 다양한 의견이 있다고 이해하시면 되겠습니다.

요한계시록을 해석하는 주요 관점에 대해 살펴보겠습니다. 요한계시록을 해석하는 관점에는 크게 네 가지가 있습니다. 첫째는 과거주의적 해석입니다. 과거주의적 해석은 요한계시록에 기술되어 있는 이 모든 내용들이 5세기 안에 이루어졌다고 보는 것입니다. 그런데 과거주의적 해석을 받아들이게 되면 요한계시록 본문의 말씀들은 지금 우리와는 직접적인 상관이 없는 내용이 되어버립니다. 대부분의 신앙인들은 요한계시록을 예수님 재림 즈음에 일어날 일에 대한 기록이라고 생각합니다. 그런데 놀랍게도 많은 학자들은 요한계시록을

과거주의적으로 해석하고 있습니다. 학자들이 그런 입장을 가지게
된 이유가 무엇일까요? 요한계시록은 요한이 1세기에 쓴 것입니다.
누구를 염두에 두고 쓴 본문입니까? 소아시아에 있던 일곱 교회가
읽을 것을 기대하며 쓴 것입니다. 즉 1세기에 살았던 요한이 1세기에
로마의 박해를 받고 있던 소아시아 일곱 교회가 읽을 것을 기대하면
서 쓴 본문이 요한계시록입니다. 성경 해석의 가장 중요한 원칙 가운
데 하나는 이 본문이 쓰였을 당시에 일차적인 의미가 무엇인가 하는
것입니다. 요한이 소아시아 일곱 교회에게 요한계시록을 쓸 때 무엇
을 기대하며 쓴 것일까요? 요한계시록을 읽었던 일차 독자들에게 의
미 있는 내용으로 요한계시록이 기술되어진 것으로 보는 것이 과거
주의적 해석입니다. 이런 해석을 받아들이게 되면 요한계시록 안에
나오는 모든 이야기들은 본서가 쓰인 당시의 사건들과만 관계된다
고 보게 됩니다. 이처럼 일차 독자들에게 주의를 기울이는 해석이 바
로 과거주의적 해석입니다. 그리고 이 과거주의적 해석을 취하게 되
면 요한계시록 안에 나오는 모든 내용들은 5세기까지 대부분 성취되
어졌다고 해석합니다. 476년에 서로마가 멸망합니다. 초대 교인들을
핍박했던 로마는 기독교를 국교로 받아들이게 되고 결국 멸망하게
됩니다. 이것을 새 하늘과 새 땅의 도래 사건으로 바라보는 것입니
다. 요한계시록에 기술된 모든 내용들이 실제로 500년 안에 모두 현
실로 이루어졌음을 강조하는 것이 과거주의적 해석입니다.

둘째는 요한계시록의 본문을 가지고 하나님과 사탄, 선과 악, 기독
교와 이교도의 싸움으로 보는 것입니다. 이것을 이상주의적 해석이
라고 합니다. 이상주의적 해석이 말하고자 하는 바는 분명합니다. 하

나님께서 사탄과의 싸움에서 승리하신다는 것이고 선이 악과의 전쟁에서 이긴다는 것입니다. 11세기부터 13세기에 십자군 전쟁이 일어났습니다. 기독교와 이슬람 간의 전쟁입니다. 이때 이상주의자들은 요한계시록을 인용하며 하나님과 사탄의 싸움에서 하나님이 승리하는 것처럼 기독교와 이교도의 싸움에서 반드시 기독교가 승리할 것이라고 주장했습니다. 그런데 결과는 어떻게 되었습니까? 이런 주장에는 논리적인 허점이 있습니다. 하나님은 사탄과의 싸움에서 승리하시지만 현실 종교로서의 기독교가 항상 승리한다고 말할 수는 없는 것입니다. 왜냐하면 현실 기독교가 하나님과 동일한 존재는 아니기 때문입니다. 선과 악의 싸움에서 선이 이긴다고 말할 수 있습니다. 하나님과 사탄의 싸움에서 하나님이 이기신다는 것도 말할 수 있습니다. 그러나 기독교와 이교도의 싸움에서 기독교가 항상 이기는 것이 하나님의 뜻은 아닐 수 있습니다. 더욱이 그 시대의 기독교가 타락하고 부패했다면 그 시대의 기독교는 하나님의 심판의 대상이 될지언정 결코 하나님과 한 편이 될 수는 없습니다. 실제 기독교 2천 년의 역사에서 현실 기독교가 하나님의 대적자로 존재한 적이 많습니다. 이처럼 이상주의적 해석은 현실 기독교를 정당화하기 위한 위험한 논리로 악용될 수도 있습니다.

셋째는 역사주의적 해석입니다. 역사주의적 해석은 요한계시록의 기술을 오순절 성령 강림부터 예수님의 재림 때까지 어떤 일이 일어날 것인가에 대해서 기술되어 있는 하나의 타임 테이블로 보는 것입니다. 요한계시록 전체를 이렇게 보면 매 시대마다 사람들은 이런 질문을 하게 될 것입니다. 지금 우리 시대는 이 타임 테이블 가운데서 어디쯤에 존재하는 것인가요? 이것이 역사주의적 해석자들의 주된 관심사입니다. 이처럼 역사주의적 해석을 하는 사람들은 적용에 관심이 많습니다. 지금 우리 시대가 요한계시록 1장부터 22장 가운데 어디쯤에 해당하는지에 대해 지대한 관심을 쏟습니다. 그런데 재미있는 것은 대부분의 경우에는 자기들의 시대를 주님이 재림하시는 마지막 시대로 해석한다는 것입니다. 지금이 마지막 시대이기 때문에 자기 집단이 말하는 것에 순종해야 만이 온전한 구원을 받을 수 있다는 식으로 사람들을 현혹합니다.

넷째는 미래주의적 해석입니다. 한국 교인들이 가장 많이 가지고 있는 입장입니다. 4장 1절 이하를 주님이 재림하기 직전에 대환란 기간에 일어날 일들을 기술해 놓은 것으로 보는 것입니다. 이것이 미래주의적인 해석입니다. 이런 입장을 취하게 되면 요한계시록의 말씀은 지금의 우리와는 직접적인 연관이 없는 말씀이 되어버립니다. 지금 주님이 재림하지 아니하고 한참 이후에나 재림한다고 한다면 4장 1절 이하의 말씀들은 미래에만 해당되는 말씀으로 간주되는 것입니다. 다시 강조하지만 요한계시록의 주제는 지금 이 땅을 다스리는 것처럼 보이는 불의한 권세는 반드시 멸망하고 하나님이 승리한다는 것입니다. 따라서 불의한 권세에 무릎 꿇지 말라는 것이 요한계시록의 강조점입니다. 이것이 과거에만 해당되거나 미래에만 해당되는 이야기입니까? 아닙니다. 각자가 살고 있는 시대마다 하나님께 바쳐져야 할 우리의 충성심을 가로채고 자기들에게 굴복하게 만드는 그 시대의 로마가 있습니다. 그 시대에 세상 권력을 장악한 로마에 종속되지 말고 지배받지 말고 온전한 출애굽을 하라는 것이 요한계시록의 메시지입니다. 이 메시지를 우리 모두 주목해야 합니다.

이제 본문 1장을 보겠습니다. 4절입니다.

요한은 아시아에 있는 일곱 교회에 편지하노니.

요한계시록에는 일곱이라는 숫자가 여러 차례 등장합니다. 일곱 교회, 하나님의 일곱 영들, 일곱 사자, 일곱 인, 일곱 나팔, 일곱 대접 등입니다. 여기서 일곱이라는 숫자는 완전수입니다. 따라서 일곱 교회라고 하는 것은 이 땅에 있는 모든 교회를 말하는 것입니다. 요한계시록에는 완전수로 일곱이 사용되고 있습니다. 12절과 13절을 보면 예수님은 지상 교회의 생명을 감독하시는 분입니다. 일곱 금 촛대는 그리스도께서 돌보고 계신 일곱 교회를 상징하고 일곱 별은 일곱 교회의 사자들을 가리킵니다. 예수님께서 일곱 교회를 돌보고 계신다는 말은 지상에 있는 모든 교회를 돌보고 계신다는 의미입니다.

9절을 보겠습니다.

나 요한은 너희 형제요 예수의 환난과 나라와 참음에 동참하는 자라 하나님의 말씀과 예수를 증언하였음으로 말미암아 밧모라 하는 섬에 있었더니.

여기에 밧모 섬이 등장합니다. 요한은 황제 숭배를 거부한 것으로 인하여 밧모 섬에 유배가게 되었고 그곳에서 환상을 보고 요한계시록을 기술했다고 봅니다. 그런데 이 주장을 받아들이기에는 두 가지 문제가 있습니다. 하나는 당시에 밧모라고 하는 섬이 유배지로 사용된 적이 없다는 것입니다. 다른 하나는 로마 황제 숭배를 거부하면 그 사람을 처형했지 유배를 보내지는 않았다는 것입니다. 재미있는 것은 위키백과 사전에도 요한이 밧모 섬에 유배를 갔다고 기록하고 있는데 그 근거가 9절입니다. 그런데 여기서 유배를 갔다는 표현은 나오지 않습니다. 그냥 밧모 섬에 있었다는 표현만 나옵니다. 과연 진실은 무엇일까요? 만약 우리가 생각하는 것처럼 요한이 유배를 갔다면 자기를 지키는 군인들이 두 눈 시퍼렇게 뜨고 감시하는 상황에서 어떻게 요한계시록을 쓸 수 있었을까요? 밧모 섬은 오랜 기간 무인도였습니다. 여기서 요한계시록을 쓸 수 있는 재료들을 어떻게 구입할 수 있었는지도 설명해야 합니다.

이 문제에 대해 다수의 학자들은 요한이 박해를 피해서 밧모 섬으로 도피를 했다고 이해합니다. 로마에 의해서 유배를 간 것이 아니라 박해를 피해서 스스로 도피를 했다고 보는 것입니다. 그리고 밧모 섬에 있으면서 환상 가운데 임한 마지막 때에 관한 말씀들을 기술했다고 보는 것입니다. 많은 분들이 요한이 밧모 섬으로 유배를 갔다고 생각하는데 역사적으로 밧모 섬은 유배지로 사용된 적이 없고 로마가 황제 숭배를 거부했던 그리스도인들을 유배를 보냈다는 기록도 없습니다. 따라서 이러한 생각은 수정되어야 합니다. 소아시아 일곱 교회를 감독하고 있던 요한은 박해를 피해 사람이 살고 있지 않은 무인도였던 밧모 섬으로 도피를 했다고 봐야 합니다. 이것이 좀 더 타당한 주장이라고 할 수 있습니다.

우리가 교회에서 오랜 세월 동안 당연하게 받아들여 왔던 성경 내용들이 있습니다. 예를 들면 출애굽의 규모가 어떻게 될까 하고 말할 때 출애굽기 12장 37절에 근거하여 20세 이상의 장정이 60만 명이니 여성과 어린아이까지 포함하면 200만 명 정도 될 것이라고 생각했습니다. 그런데 인구 학자들은 주전 15세기에 이집트 전체 인구를 100만 명으로 추정합니다. 전체 인구가 100만 명인데 200만 명이 출애굽 했다는 것은 말이 되지 않는 주장입니다. 이것에 대해 어떻게 설명해야 할까요? 21세기는 통섭의 시대, 즉 간학문의 시대입니다. 한 분야의 주장에 대해 다양한 분야에서 날카로운 질문들을 던지고 있습니다. 신학도 학문으로서의 자기 자리를 지키기 위해서는 비판적 질문에 대해 대답할 수 있어야 합니다. 작은 것 하나에서 신뢰를 잃어버리게 되면 나머지 이야기에 대해서도 사람들은 경청하지 않게 될 것입니다. 그래서 이제는 기존에 당연하게 주장해왔던 것들에 대해 철저한 검증이 우리 안에서 선행되어야 합니다. 너무나 오랜 세월 동안 요한이 밧모 섬에 유배를 간 것이고 유배지에서 요한계시록을 쓴 거야 하고 생각하고 있었는데 누군가가 '밧모 섬이 유배지로 사용된 적이 있습니까', '초대 교인들이 황제 숭배를 거부했을 때 로마가 그들을 유배 보냈습니까'라고 질문하면 이런 질문이 너무 낯설 수밖에 없습니다. 이런 문제에 대해 답하기 위해서라도 우리가 그동안 당연한 듯이 들어왔던 것들에 대해 정말 제대로 알아야 합니다.

2장과 3장은 소아시아 일곱 교회에 보내는 편지가 나오는데, 각각의 편지는 '~~하신 이가 그것을 말씀 하신다'로 서론을 시작하는데 이것을 사자 어투라고 말합니다. 사자 어투라는 말은 하나님의 말씀을 대신 전하는 사자들의 특징이 그렇다는 것입니다. "여호와께서 이르시되"와 같이 구약에서 하나님의 말씀을 대언하는 사람들이 말을 했던 일반적인 방식이 요한계시록 2장과 3장에 그대로 나옵니다. 주요 부분은 '나는 알고 있다'로 시작해서 지금 그 교회의 현재 상황에 대해서 긍정하거나 책망하는 내용이 나오고 후에는 회개 요청이 나옵니다. 2~3장에 나오는 일곱 교회는 지상에 존재하는 모든 교회를 가리킵니다. 본문에 나오는 에베소, 서머나, 버가모, 두아디라, 사데, 빌라델비아, 라오디게아 교회는 기독교 2천 년 역사에서 늘 존재했던 교회들입니다. 일곱 교회 가운데 어떤 칭찬도 받지 못하고 책망만 받은 라오디게아 교회도 있고 칭찬만 받은 서머나 교회와 빌라델비아 교회도 있습니다. 그리고 나머지 네 교회처럼 칭찬받을 것도 있고 책망 받을 것도 있었던 교회들도 있습니다. 이 일곱 교회의 모습은 오늘날 우리 교회와도 매우 닮아 있습니다. 대부분의 교회는 칭찬 받을 것도 있고 책망 받을 것도 있을 것입니다. 비록 소수이지만 서머나 교회와 빌라델비아 교회처럼 칭찬만 받는 교회도 있을 것입니다. 반대로 라오디게아 교회처럼 책망만 받는 교회도 있을 것입니다. 오늘 우리들이 속해 있는 교회가 어떠한 교회의 모습을 닮고 있는지를 다시 성찰하고 돌이켜야 할 것들은 과감하게 돌이켜야 합니다. 역설적인 것은 칭찬만 받았던 서머나 교회와 빌라델비아 교회는 외형적으로는 너무도 가난하고 가진 것이 없는 교회였다는 사실입니다. 마치 하나님의 복을 받지 못한 교회처럼 인식되었습니다. 반대로 책망만 받았던 라오디게아 교회는 외형적으로 보면 너무나 가진 것이 많은 부유한 교회였습니다. 하나님의 복을 많이 받은 교회라는 인식을 했을지도 모릅니다. 그러나 서머나 교회와 빌라델비아 교회는 칭찬만 받았고 라오디게아 교회는 책망만 받았습니다. 이런 역설이 2장과 3장에 기술되어 있습니다.

이제 각 교회에 대해 좀 더 구체적으로 살펴보겠습니다. 첫 번째는 에베소 교회입니다. 에베소 교회는 첫사랑을 버린 일로 인해서 책망을 받습니다. 이것은 에베소 교회가 잘못한 것입니다. 그런데 에베소 교회는 니골라 당을 미워했습니다. 올바른 진리 안에 거했던 것입니다. 이것으로 인해 칭찬을 받습니다. 2~3장에 나오는 발람, 니골라, 이세벨은 초대 교회에 있었던 거짓 선지자들과 거짓 지도자들이라고 이해하시면 됩니다. 한마디로 옳지 않은 것을 교회에서 가르치던 이단들입니다. 그런데 에베소 교인들은 니골라 당을 미워했습니다. 옳고 그름에 대한 명확한 이해를 가지고 이단들을 단호하게 거부했던 것입니다. 에베소 교회가 그렇게 할 수 있었던 중요한 이유가 있습니다. 에베소 교회는 쟁쟁한 분들이 목회했던 곳입니다. 바울이 개척한 교회이고 바울이 3년 동안 목회했습니다. 바울 이후에는 요한이 목회했습니다. 이런 기둥 같은 목회자로부터 말씀을 배웠기 때문에 무엇이 옳은지 그른지에 대해 명확한 이해를 가지고 있었습니다. 그 결과 니골라 당을 추종하는 사람들이 이상한 소리를 하는 것에 대해 단호하게 책망할 수 있었습니다. 이처럼 신학적인 지식은 잘 갖추고 있었지만 그들은 첫사랑을 잃어버렸습니다. 시간이 지날수록 하나님에 대한 사랑이 깊어진 것이 아니라 더 약화된 것입니다. 신앙의 연수와 하나님에 대한 사랑이 반비례하게 된 것입니다. 이것으로 인해 에베소 교회는 책망을 받게 된 것입니다.

두 번째는 서머나 교회입니다. 서머나 교회는 책망 받지 않고 오직 칭찬만 받은 교회입니다. 2장 9절을 보겠습니다.

내가 네 환난과 궁핍을 알거니와 실상은 네가 부요한 자니라 자칭 유대인이라 하는 자들의 비방도 알거니와 실상은 유대인이 아니요 사탄의 회당이라.

본문에서 유대인들이 모이는 회당을 사탄의 회당으로 말합니다. 이런 표현을 통해서 우리는 요한계시록이 기록될 당시에 유대교와 초대 교회가 완전히 원수지간처럼 갈라졌음을 알 수 있습니다. 초대 교인들이 바라볼 때 유대인들이 모여 있는 회당은 이미 사탄의 회당이 되어 버렸습니다. 유대교는 초대 교회를 핍박했습니다. 로마 정부에 교회를 고발하면서 교회가 핍박을 받는 것을 기뻐했습니다. 무엇보다 당시 유대인들은 황제 숭배에 대해 면제를 허락받았습니다. 그래서 초대 교인들 가운데 황제 숭배를 하지 않으면서도 하나님을 믿을 수 있는 길을 모색하다가 유대교로 역개종한 사람들이 생겨났습니다. 이것을 막기 위해서 요한은 단호하게 유대인의 회당을 사탄의 회당이라고 말하고 있는 것입니다. 히브리서 6장 4~6절의 말씀을 연상하시면 이해가 빠릅니다. 히브리서에서도 유대교에 있다가 초대 교회로 개종한 사람들이 핍박과 박해를 받는 상황에서 다시 유대교로 역개종하는 경우들이 많았습니다. 그 역개종을 막기 위해서 히브리서 저자가 강력한 경고의 표현들을 사용했습니다. 여기서도 황제 숭배를 면제받은 유대교로 다시 돌아가려고 하는 것을 막기 위해서 유대인들의 회당을 사탄의 회당이라고 규정하며 역개종을 막고자 한 것입니다. 10절을 보겠습니다.

서머나 교회는 칭찬만 받은 교회입니다. 그런데 칭찬만 받은 교회에도 장차 고난이 임하게 된다는 것입니다. 하나님 앞에 올바르게 서 있다고 해서 고난으로부터 면제되지는 않습니다.

세 번째는 버가모 교회입니다. 버가모 교회는 안디바의 순교 중에도 믿음을 지켰지만 발람과 니골라 당의 교훈을 쫓는 자들이 있었습니다. 네 번째는 두아디라 교회입니다. 두아디라 교회는 나중 행위가 처음보다 많았지만 이세벨을 용납했습니다. 버가모 교회와 두아디라 교회를 보면 이때도 교회 공동체에 거짓 선생들이 많이 있었음을 알 수 있습니다. 그 거짓 선생들의 가르침에 현혹된 사람들도 많았습니다. 이처럼 진리가 선포되는 곳에서는 비진리도 암약하고 있습니다. 사람들이 진리 안에 거하지 못하도록 끊임없이 사탄은 교회 공동체를 공격하고 유혹합니다. 예나 지금이나 교회 공동체에 거짓 선생들은 항상 있었고 그들에게 종속된 사람들도 많이 있었음을 볼 때 우리는 더욱 말씀 앞에 깨어 있어야 합니다.

오늘날 신천지 교세가 최소 20만 명에서 최대 34만 명까지 추산하는데 우리가 생각할 때 어떻게 신천지에 이렇게 많은 사람들이 넘어가게 되었지 하고 생각하지만 현실이 그렇습니다. 어떻게 박○○, 문○○, 정○○, 이○○ 같은 사람에게 넘어갈 수 있지 하고 생각하지만 많은 사람들이 그들을 추종합니다. 역설적이지만 초대 교회 때부터 지금까지 교회 공동체에는 항상 거짓 선생들이 있었고 이 거짓 선생들에게 넘어간 사람들도 많이 있었습니다. 지상의 교회에는 언제나 진리 안에 거하는 사람들과 비진리에 거하는 사람들이 있었습니다. 이들이 과연 화목한 관계를 유지할 수 있을까요? 그것은 불가능합니다. 어떻게 보면 교회가 가장 영적 전쟁의 최전선이라고 할 수 있습니다.

다섯 번째는 사데 교회입니다. 3장 1절에 보면 사데 교회는 살았다는 이름은 가졌으나 실상은 죽은 교회였습니다. 여기 살았다는 이름을 가졌다는 말은 겉으로 보면 매우 활기차다는 말입니다. 그런데 실상 하나님 앞에서는 살아 있지 못했습니다. 그들은 본질을 붙잡고 있지 않았기 때문입니다. 어떻게 보면 한국 교회는 사데 교회를 많이 닮아 있습니다. 한국 교회는 스스로 착각에 빠져 있는 경우들이 많습니다. 겉으로 보면 다양한 프로그램들이 있고 예배도 활기차게 드려지고 찬양도 뜨겁고 기도도 열심히 합니다. 그래서 교인들도 우리 교회는 살아 있다는 생각을 하게 됩니다. 그런데 교인들 대부분이 일상의 삶 속에서는 하나님과의 관계가 단절되어 있습니다. 하나님의 사람으로 살아가려고 하는 실천적 분투도 잘 보이지 않습니다. 그런데 스스로는 대단한 신앙을 가지고 있는 것처럼 생각합니다. 과연 하나님이 보실 때도 우리를 살아 있는 신앙인이라고 말씀하실까요? 살아 있는 듯 보이지만 하나님이 보실 때 죽어 있는 모습 그것이 사데 교회의 모습이었습니다.

여섯 번째는 빌라델비아 교회입니다. 빌라델비아 교회는 칭찬만 받은 교회입니다. 그들은 적은 능력을 가지고도 하나님을 배반하지 않았습니다. 역설적이게도 칭찬만 받았던 서머나 교회와 빌라델비아 교회는 가난한 교회였고 핍박받는 교회였습니다. 그러나 그들은 끝까지 믿음을 지켜냈습니다. 반대로 라오디게아 교회는 부유한 교회였지만 하나님께 어떤 칭찬도 받지 못했습니다. 우리를 둘러싼 물질적인 환경 자체가 우리의 믿음을 결정하는 것이 아님을 알 수 있습니다. 큰 능력을 가져야 만이 큰 순종을 할 수 있는 것이 아닙니다.

마지막으로 라오디게아 교회는 칭찬이 전혀 없고 책망만 받은 교회였습니다. 라오디게아 교회는 차지도 않고 덥지도 않은 교회였습니다. 하나님을 부인하는 것도 아니고 그렇다고 하나님을 뜨겁게 사랑하는 것도 아니었습니다. 매우 어정쩡한 태도를 취했습니다. 어떻게 보면 오늘 한국 교회와 교인들이 라오디게아 교회를 많이 닮았다고 할 수 있습니다. 신앙생활을 열심히 한다고 하는 분들을 만나보면 때로는 아쉬움을 느낄 때가 있습니다. '저분은 왜 교회를 다니실까' 하는 생각까지 하게 됩니다. 최근에 교회 임직식에서 권면의 말을 전했는데 그곳에서 어느 교회 장로님 이야기를 들었습니다. 이 분은 수백 억의 자산가인데 담임 목사가 심방을 올 때마다 엄청난 금액을 담임 목사에게 용돈으로 준다고 합니다. 그런데 이분이 여성 편력이 있으셔서 몇 집 살림을 차리셨다고 합니다. 그 사실을 교인들도 알고 있다고 합니다. 그런데도 교회에서 이 문제와 관련해서 어떤 징계도 신앙적 권면도 하지 않았다고 합니다. 교인들도 이분이 재력이 있으니 '장로님, 장로님'하면서 서로 잘 보이려고 애를 쓴다고 합니다. 이게 도대체 뭐 하는 짓입니까? 이런 사람들이 모여 있는 곳을 과연 교회라고 할 수 있습니까?

스스로를 신앙인이라고 말하고 무슨 직분을 가지고 있다고 자랑하는 분들 중에서 도대체 저 사람은 교회를 왜 다니는지, 저 사람에게 하나님은 어떤 분이신지, 저분은 정말 하나님에 대한 경외와 두려움을 가지고 있는지 궁금한 생각을 품게 만드는 분들이 있습니다. 라오디게아 교회가 그러했습니다. 하나님을 완전히 버린 것도 아니고 그렇다고 하나님께 존재를 다하는 것도 아닌 차지도 않고 덥지도 않은 그런 교회였습니다. 그들은 물질적인 풍요에 겨운 나머지 영적인 빈곤과 무력감에 빠져 있었습니다. 그 결과 주님을 교회 문 바깥에 세워놓았습니다. 주님을 교회 안에 모시고 있는 것이 아니라 문밖에 세워놓고 있는 교회는 교회가 아닙니다. 주님이 주인 되지 못한 곳이 어떻게 교회가 될 수 있겠습니까? 그곳은 교회라는 간판을 내걸고 있는 종교 사업체에 불과합니다. 주님은 계속해서 교회 안으로 들어오시려고 문을 두드리고 계십니다. 이때 문을 열고 주님을 맞이해야 합니다. 그래야 진정한 교회가 될 수 있는 것입니다. 한국 교회는 짧은 역사에도 기적 같은 놀라운 양적 성장을 맛보았지만 지금은 급속한 추락을 경험하고 있습니다. 세계에서 가장 큰 장로교회와 감리교회가 한국에 있다는 것을 자랑해 왔는데 오늘날 한국 교회는 라오디게아 교회를 너무나 많이 닮아 있습니다. 우리 안에 자리하고 있는 옳지 못한 모습들을 진지하게 숙고하고 과감하게 돌이켜 회개할 수 있었으면 좋겠습니다.

요한계시록 II

요한계시록 2장과 3장에는 고난과 핍박의 때에 신앙을 저버리지 말고 끝까지 인내하고 충성할 것을 권면합니다. 4장에는 그렇게 권면을 하게 된 이유를 밝히고 있습니다. 왜 성도들이 인내해야 하는지, 끝까지 하나님에 대한 충성을 드러내야 하는지에 대한 이유를 설명하고 있습니다. 그 이유가 무엇입니까? 영원무궁할 것만 같은 로마 제국이 곧 하나님의 심판을 받아 끝난다는 것입니다. 하나님의 영원한 승리가 눈앞에 있다는 것입니다. 그래서 인내해야 하고 하나님에 대한 충성을 지켜내야 한다고 권면합니다. 4장 이하의 내용들이 2장과 3장에서 교회에게 그렇게 권면하게 된 이유와 근거라고 생각하시면 됩니다.

4장에 보면 하나님의 보좌 주위에 이십사 장로들의 보좌가 있습니다. 그리고 에스겔에 나오는 사자, 송아지, 사람, 독수리 등의 네 생물이 보좌에 앉은 이에게 경배를 드리는 모습이 나옵니다. 여기서 요한계시록 전체에 걸친 중요한 구조를 하나 발견하게 됩니다. 요한계시록은 천지상호구조를 가지고 있습니다. 1장에는 하늘의 모습을 보여주고 2장과 3장에는 땅의 현실을 기술합니다. 그리고 4장과 5장에는 또 하늘의 모습을 보여주고 6장에는 땅의 현실을 다시 보여줍니다. 이처럼 요한계시록은 하늘과 땅이 계속적으로 교차하며 등장합니다. 하늘에서 펼쳐지고 있는 모습을 보여준 후에는 땅의 현실을 소개합니다. 이것을 천지상호구조라고 말합니다. 요한계시록이 이러한 천지상호구조를 보여주는 이유가 무엇일까요? 지금 우리 눈에 보이는 땅만 보게 되면 로마의 권세는 절대 무너지지 않을 것 같습니다. 영원무궁토록 존속할 것 같습니다. 살기 위해서는 로마가 시키는 대로 절대 순종해야 할 것 같습니다. 이처럼 눈에 보이는 현실만 주목하게 되면 우리의 믿음을 지켜내는 것이 결코 쉽지 않습니다. 그래서 하나님께서는 땅의 현실 속에 살고 있는 사람들에게 하늘의 모습을 보여주고 계십니다. 땅의 현실만 놓고 보면 로마가 천하만국을 호령하는 것처럼 보이지만 저 하늘 위에서는 하나님께서 강고하게 온 우주만물을 다스리고 계십니다. 하나님의 통치는 조금도 흔들림이 없습니다. 그래서 이 땅에서 살아가고 있는 사람들에게 땅의 시각으로만 현실을 바라보지 말고 하늘의 시각으로 현실을 바라보도록 하늘 한 번, 땅 한 번의 순서로 요한계시록을 기술하고 있습니다. 천지상호구조가 요한계시록의 중요한 구조적인 특징임을 기억하시면 좋겠습니다.

5장을 보면 보좌에 앉으신 성부의 오른손에 일곱 인으로 봉한 책이 하나 등장합니다. 이 책에는 마지막 때에 어떤 사건들이 펼쳐지는지에 대한 내용이 기록되어 있습니다. 그런데 그 책을 보기 위해서는 인을 떼야 합니다. 그런데 아무나 그 인을 뗄 수 없습니다. 6장에 보면 오직 어린 양만이 그 인을 뗄 수 있습니다. 그리고 6장에서 첫 번째부터 여섯 번째 인까지가 떼어집니다. 인을 하나씩 뗄 때마다 그 안에 있는 내용들을 보게 되는 것입니다. 여기에 나와 있는 일곱 인이라고 하는 것은 그리스도의 재림까지 점점 더 두려움이 증가되는 파국의 서문이라고 보시면 됩니다. 묵시 문학적인 네 명의 말 탄 자가 등장하는데 이는 스가랴에 나오는 표현들입니다. 흰말, 붉은 말, 검정 말, 청황색 말을 탄 자들이 연이어 등장합니다. 이것은 로마 제국의 지배로 인해서 벌어지고 있는 외적인 전쟁, 내적인 전쟁, 기근, 전염병으로 죽음 등을 의미합니다. 요한계시록을 보면서 여기에 나오는 각 말의 의미가 무엇인지에 대해 상세하게 알 필요는 없습니다. 핵심은 로마 제국의 통치로 인해 얼마나 많은 사람들이 울부짖고 있는가 하는 것입니다. 그것을 주목하면 됩니다. 마치 출애굽의 구원 사건이 시작된 이유와 동일하다고 보시면 됩니다. 어떻게 출애굽의 구원 사건이 시작되었습니까? 강제 노역에 시달리던 히브리인들의 울부짖음에서 시작된 것입니다. 이와 마찬가지로 지금 로마의 폭정 속에서 전쟁과 기근과 전염병 등으로 인해 너무나 많은 사람들이 죽어 나가고 있습니다. 그들의 신음 소리가 하늘 보좌에 상달되게 된 것입니다.

다섯 번째 인을 떼었을 때 순교자의 수가 짧은 기간 안에 채워질 것이라는 말을 듣게 됩니다. 이게 무슨 뜻입니까? 당시 로마 제국에 의해서 많은 신앙인들이 순교의 제물이 되었습니다. 이제 곧 순교자들의 수가 채워질 것이라는 말은 곧 로마의 통치가 끝났다는 의미입니다. 여섯 번째 인을 떼었을 때 우주가 흔들리게 됩니다. 총체적인 파국의 전조 현상이 일어난 것입니다. 이제 중요한 것은 일곱 번째 인입니다. 일곱 번째 인을 떼었을 때 긴 침묵 후에 일곱 나팔의 환상이 뒤따릅니다. 일곱 인 안에 일곱 나팔의 환상이 담겨 있는 것이고 일곱 번째 나팔 환상 안에 일곱 대접의 내용이 담겨 있는 것입니다. 본문에 나오는 일곱 인, 일곱 나팔, 일곱 대접의 재앙들이 하나하나 무엇을 의미하는가를 주목하는 것은 그다지 중요하지 않습니다. 핵심은 로마 제국의 통치로 말미암아 수많은 사람들이 신음하고 있다는 것이고 그로 인해 하나님께서 로마 제국을 심판하신다는 것입니다. 하나님께서 로마 제국을 치시기 시작하면서 다양한 재앙들이 기술되고 있는 것입니다.

재앙들은 연이어서 등장합니다. 일곱 인이 있고, 일곱 나팔이 있고, 일곱 대접이 있습니다. 이것을 합치면 총 몇 개입니까? 스물 한 개입니다. 그래서 스물 한 개의 재앙들이 연속적으로 일어나는 것이 아닌가 생각하기 쉽습니다. 그런데 어떤 방식으로 재앙이 발생하고 있는가를 잘 보십시오. 일곱 번째 인을 떼었을 때 첫 번째 나팔 재앙이 시작됩니다. 그리고 일곱 번째 나팔 재앙에서 첫 번째 대접 재앙이 시작됩니다. 이것은 무슨 의미입니까? 모든 재앙들이 서로 연결되어 있다는 것입니다. 마치 마트로시카 인형을 연상하면 좋을 것 같습니다. 하나의 인형을 열면 그 안에 똑같이 생긴 더 작은 인형이 있고 또 그것을 열면 그 안에 똑같이 생긴 더 작은 인형이 연속적으로 등장합니다. 첫 번째 인 재앙이 나오는데 마지막 일곱 번째 인을 떼었을 때 첫 번째 나팔 재앙이 나옵니다. 일곱 번째 인 안에 나팔 재앙이 들어 있는 것입니다. 그리고 일곱 번째 나팔 재앙에서 첫 번째 대접 재앙이 나옵니다. 즉 일곱째 인 안에 일곱 나팔 재앙과 일곱 대접 재앙이 다 포함되어 있는 것입니다. 마트로시카 인형처럼 그 안에 모두 담겨져 있다고 보면 됩니다. 중요한 것은 각 재앙이 뜻하는 바가 무엇인가를 알고자 하는 것은 의미가 없습니다. 이것은 학자들 사이에서도 합의가 안 됩니다. 주목해야 할 것은 인 재앙에서 첫 번째부터 네 번째까지는 로마 제국의 폭정으로 인해서 고통 받는 사람들의 이야기이고 다섯 번째는 순교자들의 고난에 대한 이야기이고 여섯 번째는 하나님께서 로마 제국을 심판하기 위해서 온 우주를 흔들기 시작하셨다는 것입니다. 그리고 일곱 나팔과 일곱 대접 재앙에서는 로마를 실제로 치시는 내용입니다. 이렇게 큰 틀에서 연속적인 재앙을 이해하시면 되겠습니다.

요한계시록에서 가장 주목 받는 부분이 7장에 나오는 구원받는 자들의 숫자입니다. 4절을 보면 인 맞은 자들이 이스라엘 중에서 14만 4천 명이라고 말합니다. 한국 교회 대표적인 이단인 전도관은 여기에 나오는 14만 4천 명의 숫자를 강조했습니다. 처음에는 14만 4천 명 안에 들어야 한다고 사람들을 전도합니다. 즉 선착순 구원론을 펼치는 것입니다. 그러다가 14만 4천 명의 숫자가 채워져서 신도수가 20만 명, 30만 명이 되면 어떻게 합니까? 그때는 진짜 믿음을 가진 참된 신자가 아직 부족하다고 하면서 여전히 그 안에서 열심 경쟁을 하게 만듭니다. 이처럼 이단들은 항상 B플랜, C플랜이 있습니다. 이단들일수록 여기 나와 있는 14만 4천 명의 숫자를 문자적인 숫자로 이해하면서 실제로 14만 4천 명의 사람들만이 구원을 받는 것처럼 말합니다. 그 숫자 안에 들어가기 위해 과도한 충성 경쟁을 부추기는 것입니다. 신천지에서는 14만 4천 명은 하나님 나라에서 목자로서의 역할을 하는 제사장의 수로 보고 9절 이하에 나오는 각 민족과 족속으로부터 오는 많은 무리를 구원받는 일반 성도라고 주장합니다. 신천지는 14만 4천 명 안에 들어야 한다는 것을 이후에 하나님 나라에서 성도들을 목회하는 제사장이 되어야 한다는 의미로 해석합니다.

그렇다면 여기에 나오는 14만 4천 명의 수를 어떻게 봐야 할까요? 이스라엘은 열두 지파입니다. 14만 4천 명은 열두 지파 곱하기 1만 2천을 한 수입니다. 1만 2천이라는 숫자를 나누면 12 곱하기 1,000입니다. 즉 14만 4천을 분해하면 12 곱하기 12 곱하기 1,000인 것입니다. 1,000이라고 하는 숫자는 10의 배수입니다. 여기에 사용된 12와 10이라는 숫자 모두가 완전수입니다. 이스라엘 공동체와 세계 만민 가운데서 하나님의 백성 모두가 구원받는다는 것을 의미하는 것입니다. 하나님의 백성은 한 사람도 남김없이 구원받는다는 것을 상징하는 수가 14만 4천입니다. 이 숫자를 물리적인 숫자로 이해하시면 안 됩니다. 이것을 문자 그대로 물리적인 숫자로 이해해서는 안 되는 이유가 있습니다. 요한계시록에서는 각 지파마다 1만 2천 명의 사람이 구원받는다고 말합니다. 민수기 1장과 26장에 나오는 인구 조사에 대한 내용을 기억해 보십시오. 그때 인구 조사에서 1차와 2차 모두 어느 지파의 인구가 가장 많았습니까? 유다 지파입니다. 2차 인구 조사 때 인구가 가장 적은 지파가 어디입니까? 시므온 지파입니다. 유다 지파의 인구는 20세 이상의 성인 남성이 7만 명 가까이 되었고 시므온 지파는 2만 명이 조금 넘었습니다. 그러면 7만 명 가까이 되는 유다 지파도 1만 2천 명이 구원을 받고 2만 명이 조금 넘는 시므온

지파도 1만 2천 명이 구원을 받는다면 인구가 가장 많았던 유다 지파
는 억울할 수밖에 없습니다. 이것은 말도 안 되는 이야기입니다. 여
기 나와 있는 지파별 1만 2천의 수는 상징 숫자입니다. 하나님의 백
성은 그 누구도 제외되지 않고 모두가 구원받는다는 이야기입니다.
14만 4천 명 안에 들어야 만이 구원을 받는다는 선착순 구원론은 하
나님의 뜻과는 아무런 상관이 없는 이단 교주들의 주장일 뿐입니다.

　8장부터 10장은 앞에서도 언급했지만 나팔 재앙은 일곱 번째 인
에서 시작하고 일곱 번째 나팔에서 첫 번째 대접 재앙이 시작됩니다.
그리고 일곱 번째 대접에서 재림과 아마겟돈 전쟁이 시작됩니다. 즉
마지막 일곱 번째 인 안에 일곱 나팔과 일곱 대접 재앙이 모두 포함
되어 있는 것입니다. 여기서 주목해야 할 것은 일곱 나팔 재앙과 일
곱 대접 재앙의 순서가 유사하다는 것입니다. 그리고 재앙의 내용을
보면 우박이 쏟아짐, 물이 피가 됨, 물이 쓴 물이 되어 마실 수가 없
음, 메뚜기와 황충이 와서 사람들을 괴롭힘, 어두움이 임함 등이 나
옵니다. 이러한 재앙들을 어디에서 본 기억이 나지 않습니까? 출애
굽기에 나오는 열 가지 재앙입니다. 물이 피로 변하고 메뚜기 재앙이
있고 삼일 동안 애굽 전역이 어두워지는 내용들은 출애굽기에 등장
합니다. 그 이야기를 알고 있는 독자들을 대상으로 요한계시록의 재
앙 이야기가 기술되고 있는 것입니다. 출애굽기는 열 가지 재앙이었
고 요한계시록에는 일곱 가지 재앙이 두 번 반복됩니다. 여기 10과 7
은 완전수입니다. 완전수라는 말은 꼭 이루어진다, 철저하게 이루어
진다는 의미를 가지고 있습니다. 출애굽기에서 열 가지 재앙 이후에
유월절 날 이스라엘 백성들은 출애굽을 하게 됩니다. 그 내용을 알고

있는 독자들 입장에서는 요한계시록에 기록된 연속적인 재앙 이후에 어떤 일이 일어날 것을 기대할 수 있을까요? 결국에는 로마가 하나님의 심판을 받아 멸망할 것을 확신하게 되는 것입니다. 히브리인들이 열 가지 재앙 이후에 출애굽 했던 것처럼 연속적인 재앙 이후에 초대 교인들도 로마의 압제로부터 해방되어 하나님 나라 백성의 삶을 온전히 살아갈 것을 기대하게 만드는 것입니다.

일곱 나팔 재앙에서는 3분의 1의 심판이 연속적으로 등장합니다. 그리고 일곱 대접 재앙에서는 3분의 1보다 더 강력한 총체적인 파국을 다룹니다. 여기서 주목해야 할 것은 일곱 나팔 재앙과 일곱 대접 재앙은 순서가 매우 유사하다는 것입니다. 무수하게 많은 환란이 있고 그 환란은 매우 유사한 형태를 띠고 계속 반복된다는 것을 알 수 있습니다. 정리하면 일곱 인, 일곱 나팔, 일곱 대접 재앙에서 이것이 무엇을 가리키는 것인지를 규명하는데 시간을 쓸 필요가 없습니다. 해석과 관련해서는 학자들 사이에 어떤 합의도 되어 있지 않습니다. 중요한 것은 하나님 무서운 줄 모르고 기고만장하게 자신들의 권세를 휘두르던 로마 제국을 하나님께서 철저하게 심판하신다는 것입니다. 이것이 일곱 인, 일곱 나팔, 일곱 대접 재앙이 말하고자 하는 핵심입니다.

11장을 보면 두 증인이 대환란 기간 동안에 지상에서 하나님의 백성 공동체의 증인 사역을 열심히 감당합니다. 이 두 증인은 신실한 하나님의 교회를 상징하는 것입니다. 대환란 기간은 거룩한 성이 짓밟히는 기간입니다. 의로운 자들이 불의한 자들에 의해 고난과 핍박을 받는 시간입니다. 환난 받는 기간은 42달 1,260일입니다. 42달은 '세이레 반'입니다. 다니엘에 나오는 '세이레 반'이라는 표현이 여기에 등장하고 있습니다. 증인은 42달 동안 열심히 증인의 사역을 감당하다가 무저갱에서 올라온 짐승에 의해서 죽임을 당합니다. 이는 교회가 핍박을 받는 것을 상징합니다. 그런데 증인의 죽음 자체가 사명의 완성이 됩니다. 왜냐하면 증인은 하나님이 맡겨주신 그 일을 행하다가 순교를 당한 것이기 때문입니다. 이 증인을 이긴 자라고 부르게 됩니다. 신천지에서는 이○○를 이긴 자라고 하는데 이는 요한계시록에 나오는 이긴 자에 대한 오용이라고 할 수 있습니다. 요한계시록에서 이긴 자는 하나님이 맡겨주신 사명을 철저하게 완수해 낸 사람을 말합니다.

11장부터 13장에는 하나님의 교회가 불의한 자들에 의해서 핍박받는 이야기입니다. 12장에는 아이를 해산한 여인과 하늘에서 쫓겨난 용의 이야기가 나옵니다. 여기서 해산한 여인은 교회를 가리키고 여인이 해산한 아이는 작은 예수를 가리킵니다. 이 땅의 교회는 끊임없이 작은 예수들을 배출해 내는 곳입니다. 그런데 용은 그 아이를 집어삼키려고 합니다. 그러나 하나님께서 그 아이를 보호해 주십니다. 결국 아이를 집어삼키지 못한 용은 아이를 출산한 여인을 집어삼키고자 공격합니다. 12장은 교회와 사탄과의 전쟁을 여자와 용의 전쟁으로 묘사하고 있습니다.

13장에는 용, 즉 사탄이 바다에서 올라온 한 짐승에게 권세를 주어서 그리스도의 대적자로 등장하게 합니다. 요한계시록에는 사탄의 두 하수인이 등장합니다. 하나는 바다에서 올라온 짐승이고 다른 하나는 땅에서 올라온 짐승입니다. 용은 바다에서 올라온 짐승에게 권세를 줍니다. 바다에서 올라온 짐승은 그 권세를 받아서 지상에 있는 하나님의 교회를 핍박합니다. 바다에서 올라온 짐승이 무엇입니까? 하나님의 백성들을 핍박하고 죽이는 로마 제국입니다. 13장은 로마 제국을 적그리스도의 화신이라고 말합니다. 그 짐승의 수가 666입니다. 여기서 666이라고 하는 것은 바코드도 아니고 로마 교황을 가리키는 표현도 아닙니다. 히브리어나 헬라어는 알파벳 자음이 수의 기능을 합니다. 이것을 게마트리아라고 합니다. 666을 문자로 풀면 네로 케사르가 됩니다. 네로 케사르는 가이사인 네로 황제를 가리킵니다. 네로 케사르라는 문자를 수로 계산하면 666이 됩니다. 이처럼 13장은 교회를 핍박하는 사탄의 하수인을 로마 황제라고 말하고 있습니다. 바다에서 올라와서 용으로부터 권세를 부여받은 존재가 로마 황제입니다. 이 시기에 교회가 로마 제국으로부터 핍박을 받은 것입니다.

17장에는 음녀가 나옵니다. 이 여인은 땅의 임금들을 다스리는 큰 성으로 로마를 가리키는 표현입니다. 그런데 왜 이 여인을 음녀라고 했을까요? 이 여인이 많은 사람들을 그릇된 길로 인도하고 있기 때문입니다. 음녀는 강력한 힘과 영향력을 가지고 있습니다. 음녀인 로마가 무엇을 결정하느냐에 따라서 많은 사람들이 그 결정에 영향을 받게 됩니다. 그런데 로마의 결정 대다수는 생명과 평화를 증진하는 것과는 거리가 먼 것들입니다. 그래서 로마 제국을 음녀라고 말하는 것입니다. 18장 10절에는 큰 성 바벨론이 멸망할 것을 말하고 있습니다.

19장 2절을 보겠습니다.

그의 심판은 참되고 의로운지라 음행으로 땅을 더럽게 한 큰 음녀를 심판하사 자기 종들의 피를 그 음녀의 손에 갚으셨도다 하고.

여기서 음행으로 땅을 더럽게 하는 큰 음녀는 로마입니다. 하나님 무서운 줄을 모르고 하나님의 뜻을 대적하는 일을 하면서 용의 하수인 역할을 했던 로마 제국을 하나님은 심판하십니다. 여기까지가 19장의 내용입니다.

20장 6절을 보겠습니다.

이 첫째 부활에 참여하는 자들은 복이 있고 거룩하도다 둘째 사망이 그들을 다스리는 권세가 없고 도리어 그들이 하나님과 그리스도의 제사장이 되어 천 년 동안 그리스도와 더불어 왕 노릇 하리라.

하나님에 대한 신앙을 지켰던 사람들이 예수 그리스도와 함께 천 년 동안 왕 노릇 한다는 사실을 우리에게 알려주는데 문제는 천년 왕국과 주님의 재림 시점을 어떻게 볼 것인가 하는 것입니다. 이에 대해 학자들 사이에는 세 가지 견해가 있습니다. 즉 전천년설, 후천년설, 무천년설입니다. 여기서 전과 후는 천년 왕국 전과 후에 주님이 재림하신다는 것을 말합니다. 즉 전천년설은 천년 왕국 전에 주님이 재림하신다는 것이고 후천년설은 천년 왕국 후에 주님의 재림이 일어난다는 것입니다. 그렇다면 무천년설은 무엇일까요? 우리 눈에 보이는 그러한 천년 왕국은 없다는 것입니다. 다시 말해 그리스도와 더불어 천년 동안 왕 노릇하는 것이 천년 왕국인데 주님의 재림과 관련해서는 크게 세 가지 목소리가 있습니다.

첫째는 후천년설입니다. 후천년설은 천년 왕국 후에 주의 재림이 일어난다고 봅니다. 전 세계가 기독교로 개종함으로써 시작된 오랜 황금시대를 천년 왕국으로 보는 것입니다. 후천년설을 신봉하는 사람들의 입장에서는 중세 시대가 천년 왕국의 때라고 볼 수 있습니다. 유럽에 있는 모든 국가들이 기독교 신앙을 받아들이고 교황이라고 하는 존재가 절대 권력을 행사했던 그 때를 천년 왕국의 시기로 생각했을 것입니다. 각 나라와 민족이 기독교 신앙으로 개종하게 되면 이 땅 자체가 하나님의 나라가 되는 것과 같습니다. 이러한 천년 왕국 이후에 주님께서 재림하신다고 보는 것이 후천년설입니다.

둘째는 무천년설입니다. 우리가 생각하는 그런 천년 왕국은 없다는 입장입니다. 회복된 이스라엘과 이방 민족들에 대한 천년이라는 기간 동안의 문자적인 그리스도의 통치를 부인합니다. 대신 성부 하나님의 보좌 우편에 앉아 계시면서 지금도 통치하고 계시는 그리스도의 영적 통치로 천년의 기간을 보는 것입니다. 무천년설은 우리가 상상하는 지상에서의 천년 동안의 통치는 인정하지 않습니다. 주님께서 승천하신 이후에 지금도 성부 하나님과 함께 온 우주만물을 다스리고 계신 것을 천년 왕국으로 이해하는 것입니다. 물리적인 지상의 천년 왕국은 없다고 보는 것이 무천년설입니다. 주님의 영적 통치를 천년 왕국으로 이해하는 것입니다. 신천지 같은 이단들도 영적 통치라는 개념을 좋아합니다. 그들은 이긴 자인 교주 이○○는 결코 죽지 않는다고 주장했습니다. 그런데 이○○가 나이 들고 기력이 쇠하여 언제 죽을지 모르는 상황에서 이러한 주장에 대해 의심하는 사람들이 있지 않겠습니까? 이때 뭐라고 할까요? 예전에 문○○도 그랬습니다. 대부분의 이단들은 자신들의 교주는 죽지 않는다고 주장합니다. 그런데 나중에 죽습니다. 그러면 지금까지 했던 모든 말은 거짓말이 되는 것 아닙니까? 그러나 이단들은 빠져나갈 구멍들을 다 준비해 놓고 있습니다. 교주의 육신은 죽었지만 영으로는 여전히 우리와 함께하면서 우리를 다스리고 있다고 주장합니다. 이처럼 영이라는 표현은 함부로 쓰기에는 참으로 조심스러운 단어입니다. 무천년설은 물리적인 지상 왕국은 없지만 영적으로 통치한다는 주장입니다.

셋째는 전천년설입니다. 천년 왕국 이전에 주님이 먼저 재림하시고 주님께서 당신의 백성들과 함께 천년 동안 이 땅을 다스린다고 봅니다. 그리고 천년 왕국 마지막 시점에 사탄의 마지막 반역이 있을 것이고 이 반역이 즉각 진압된 후에 하나님의 영원한 통치가 이어질 것으로 보는 것이 전천년설입니다. 한국 교회는 대부분 전천년설을 받아들입니다.

21장에는 새 하늘과 새 땅에 대한 이야기가 나옵니다. 1절에 보면 '새 하늘과 새 땅에 바다가 다시 있지 아니하더라'는 표현이 나옵니다. 여기서 바다는 창세기 1장 2절의 원시 바다를 가리킵니다. 우리 한글 성경에는 '깊음'이라고 번역되어 있는데 이것은 원시 바다를 말하는 것입니다. 하나님이 천지를 창조하시기 전에 거대한 물이 땅을 덮고 있었습니다. 거대한 물이 땅을 덮고 있음으로 인해서 땅은 땅의 역할을 하지 못했습니다. 이런 상황에서 하나님께서는 궁창으로 거대한 물을 나누시고 궁창 아래의 물을 한 곳으로 모이게 하셨습니다. 그리하여 물의 압제 가운데 있던 땅을 건져 올리셨습니다. 이것이 바로 창조 사건의 핵심입니다. 성경에 거대한 물인 원시 바다는 하나님을 대적하는 세력을 상징합니다. 그런데 21장 1절에는 새 하늘과 새 땅에서는 바다가 다시 있지 않더라고 말하고 있습니다. 이는 하나님을 대적하는 모든 세력들이 진압되었음을 알려줍니다.

21장 2절에는 새 예루살렘을 수식하는 단어가 나오는데 바로 거룩한 성 예루살렘입니다. 요한계시록에서 우리가 주목해야 할 것이 바로 이것입니다. 하나님의 심판을 받아 멸망당하는 바벨론을 수식하는 단어는 큰 성 바벨론입니다. 그러나 하늘로부터 내려오는 새 예루살렘을 수식하는 단어는 거룩한 성 예루살렘입니다. 이것이 로마 제국의 가치와 하나님 나라의 가치가 충돌하는 지점입니다. 로마 제국은 크고 거대하고 화려한 것을 중시합니다. 그러나 하나님께서는 단 한 번도 이 땅의 교회를 향해서 큰 교회가 되라거나 거대한 교회가 되라거나 화려한 교회가 되라고 요청하신 적이 없습니다. 하나님께서 이 땅의 교회를 향해 기대하시는 것은 오직 하나입니다. 바로 거룩한 교회가 되는 것입니다. 요한계시록에서 하나님의 심판을 받아 멸망하는 바벨론을 수식하는 단어는 '큰 성'이고 예루살렘을 수식하는 단어는 '거룩한 성'입니다.

22장 12절에는 각자가 행한 대로 하나님께서 갚아 주실 것을 약속하고 있습니다.

보라 내가 속히 오리니 내가 줄 상이 내게 있어 각 사람에게 그가 행한 대로 갚아 주리라.

우리는 끝까지 믿음을 지키고 하나님에 대한 충성을 다해야 합니다.

22장 16절을 보겠습니다.

나 예수는 교회들을 위하여 내 사자를 보내어 이것들을 너희에게 증언하게 하였노라 나는 다윗의 뿌리요 자손이니 곧 광명한 새벽 별이라 하시더라.

요한계시록은 고난 받는 교회를 위한 목회 서신적인 성격이 있습니다. 주님은 교회들을 위해서 내 사자를 보냈다고 말씀하십니다. 지금 핍박과 고난을 받고 있는 교회들을 위해서 주님은 사자들을 보내십니다. 그리고 무엇을 가르쳐 주십니까? 마지막 때에 무슨 일이 일어날 것인지를 알려주심을 통해서 믿음을 끝까지 지켜낼 것을 요청하시는 것입니다. 이것이 바로 요한계시록이 우리에게 말하고자 하는 핵심적인 내용입니다.

요한계시록은 미래에 어떤 일이 일어날 것인가에 대한 타임 테이블이 아닙니다. 1세기 로마 제국의 압제 가운데 신음하고 있던 교회에게 믿음을 끝까지 지킬 것을 권면하는 서신입니다. 지금은 전 세계를 로마가 다스리는 것처럼 보이지만 여전히 하나님께서 온 우주만물을 다스리고 계시고 하나님을 대적하는 로마를 곧 심판하실 것임을 교회에게 알려주는 것입니다. 이것을 믿고 끝까지 하나님에 대한 믿음과 충성을 지켜낼 것을 권면하는 이야기가 바로 요한계시록입니다. 이것이 요한계시록의 일차적인 저술 목적입니다. 이단들이 말하는 것처럼 요한계시록의 본문을 가지고 이것은 이런 의미이고 저것은 저런 의미라고 상세하게 규정하고자 하는 것은 요한계시록을 주신 목적을 망각하는 행위입니다. 요한계시록은 궁극적으로 악의 세력에 대한 하나님의 승리를 강조하면서 끝까지 하나님의 편에 온전히 설 것을 촉구하는 본문입니다. 그런 의미에서 오늘을 살아가는 우리 모두에게 요한계시록은 너무나 소중한 본문이라고 할 수 있습니다.